Enriching Our Worship 5

Liturgies and Prayers Related to Childbearing, Childbirth, and Loss

Supplemental Liturgical Materials

prepared by
The Standing Commission on Liturgy and Music

2009

Copyright © 2009 by The Church Pension Fund

Portions of this book may be reproduced by a congregation for its own use. Commercial or large-scale reproduction, or reproduction for sale, of any portion of this book or of the book as a whole, without the written permission of Church Publishing Incorporated, is prohibited.

Unless otherwise noted, Scripture readings are taken from The New Revised Standard Version of the Bible © 1979 by the National Council of Churches of Christ in the U.S.A. Other cited sources: *SSJE Manual, 5th ed.* © 1970 by the Society of Saint John the Evangelist; *A New Zealand Prayer Book He Karakia Mihinare o Aotearoa.* © 1989 by the Anglican Church in Aotearoa New Zealand and Polynesia. *Siddur Haddash: Worship, Study, and Song: for Sabbath and Festival Mornings*, Sidney Greenberg and Jonathan D. Levine, eds. © 1991, Prayer Book Press/Media Judaica.

Church Publishing Incorporated
445 Fifth Avenue
New York NY 10016
www.churchpublishing.org

5 4 3 2 1

Contents

v Rachel's Tears, Hannah's Hopes

Introduction
  1 Theology and Rationale
  2 Historical Foundations
  4 Biblical and Theological Foundations

About the Liturgies
  8 A Template for Communal Worship, Form 1
  9 A Template for Communal Worship, Form 2

The Liturgies
 11 For a Small Gathering
 14 For Private Devotion
 19 Blessing of a Pregnant Woman
 21 A Rite for Mourning the Loss of a Pregnancy
 24 Litany of Remembrance
 27 A Rite of Repentance and Reconciliation for an Abortion
 31 A Liturgy of Lament and Remembrance
 33 Litany of Complaint
 36 Litany of Lament
 39 A Liturgy of Remembrance and Lament
 42 Litany of Remembrance and Lament, Healing and Hope
 48 A Liturgy of Healing and Hope
 52 Litany of Healing and Hope

The Prayers
 56 Prayers Surrounding Difficult Decisions

57 Prayers Surrounding Unexpected or Unwanted Pregnancy
59 Prayers Surrounding the Loss of a Child
61 Prayers Surrounding the Termination of Pregnancy
62 Prayers Surrounding Infertility or Sterilization
65 Prayers Surrounding Adoption
68 Prayers Surrounding Other Losses

Appendices
Appendix A: Suggested Readings from Scripture
71 Opening Sentences (or Short Readings)
  71 Lament
  73 Hope
74 Readings from the Old Testament
75 Readings from the New Testament
75 Readings from the Gospels
76 Assurance of God's Help in Decision-Making
76 Psalms of Lament
77 Psalms of Deliverance from Distress
78 Psalms of Hope and Assurance
78 Canticles

Appendix B: Suggested Songs and Hymns
From Episcopal Church Publications
 79 *The Hymnal 1982*
 81 *Lift Every Voice and Sing II*
 82 *Wonder, Love, and Praise*
 82 *Voices Found*
 83 *My Heart Sings Out*
 83 Other Sources for Songs and Hymns

86 *Appendix C: Anthems*

86 *Appendix D: Other Sources for Prayers, Liturgies, and Music*

87 *Appendix E: General Convention Statements on Childbirth and Abortion*

Rachel's Tears, Hannah's Hopes

Liturgies and Prayers Related to Childbearing, Childbirth, and Loss

A voice is heard in Ramah,
lamentation and bitter weeping.
Rachel is weeping for her children;
she refuses to be comforted for her children,
because they are no more.
— Jeremiah 31:15

Hannah was deeply distressed and prayed to the Lord,
    and wept bitterly. . . .
"O Lord of hosts, if only you will look on the misery of your
    servant, and remember me, and not forget your servant,
    but will give to your servant a . . . child . . . "
— 1 Samuel 1:10-11

Introduction

This body of work provides pastoral support to those experiencing the grief, hope, uncertainty, and loss that may surround childbearing and childbirth. It is designed to promote flexibility so that pastors, liturgists, retreat leaders, and others may create occasions of prayer and opportunities for worship to meet the particular needs of the individuals seeking such resources.

Theology and Rationale

Our God is generous and generative. The gospel according to John proclaims that "All things came into being through him, and without him not one thing came into being" (John 1:30). We are placed in a world that God proclaimed good, teeming with living creatures that swim and fly and swarm over the earth. Each is beautiful and worthy, and all life is interconnected in ways we cannot fathom. Each species reproduces itself according to its own kind, so that the cycle of life, death, and new life may continue. Human beings share with all life this capacity to reproduce, a sharing in God's creating love. *(Genesis 1–2)*

Reproduction transforms human lives and relationships. Throughout the history of God's people as related in Scripture, God promises a child to a woman, often in unlikely circumstances. The angel Gabriel tells a very young, unmarried woman she will bear God's own Son even though she is a virgin. Women past childbearing age—most notably Sarah and Elizabeth—also find themselves granted a child they had given up hoping for. Fertility is a gift, which exposes bodies and emotions to God's mysterious power and unfathomable purposes. But this gift can have unpredictable results. Many pregnancies are welcomed as a blessing by the family or the mother—a cause for rejoicing and new hope. However, others may precipitate crises for those involved. Sometimes individuals or couples may be faced with difficult decisions. They may well feel inadequate and overwhelmed when faced by ethical dilemmas. The Church plays a crucial role in offering spiritual guidance and support so that these challenging choices may be decided as wisely as possible, while imploring God's guidance and healing. In situations involving fertility, individuals and couples may find themselves confronted by harsh realities that can evoke a range of negative emotions, including anger or sorrow, regret or feelings of guilt. These rites and prayers provide opportunities for those so afflicted to lift up their losses and grief to our loving God. Whether mourning for dashed hopes; regretting past decisions; giving voice to feelings of rejection and anger; grieving for a child who was never born or only lived a short time, or perhaps one who was given up for adoption; these liturgies offer occasions to try to come to terms with what has happened, to create a space where grieving people pray for the strength to go on and ultimately to recover the fullness of life.

Historical Foundations

From the earliest days, birth and death have evoked awe and fear, and the rites surrounding them reflect this. Leviticus 12 specifies that a woman should wait for a set period of time after childbirth before presenting herself and her child in the Temple where an offering of a lamb and pigeon or two turtledoves is required for "purification" from the mysterious and dangerous process she has recently undergone. Luke's gospel relates that after forty days, Mary presents Jesus in the Temple in Jerusalem, in fulfillment of this rite (Luke 2:22–38). The Church of the Middle Ages took special care to protect pregnant and nursing mothers in the first period after childbirth. Women were exempt from the rules of fasting during this time, while men were expected to assume household chores that would normally be assigned to their wives. Beating a pregnant woman was subject to ecclesiastical punishment. By the eleventh century, a rite of welcoming the new mother back into the congregation after a set period following the birth (often forty days) became usual in both the Eastern and Western Church. It continues to be practiced in Orthodox communities to this day. Many historic Christian rites focus on the mother resuming her place in society and offering her thanksgiving to God for a safe delivery and a healthy child. The service often took place just before the celebration of the Eucharist, at which time the mother was encouraged to receive the sacrament. The thanksgiving for a safe delivery was offered even when the child had not survived. Miscarried infants or those who died soon after birth were baptized and given the rite of Christian burial. The British feminist theologian, Natalie Knödel, observes in her article on this subject [http://users.ox.ac.uk/~mikef/church.html] that this rite in its various forms makes a theological "connection between events of natural life, like the birth of a child, and the life of the church, the parish eucharist."

Thomas Cranmer included "The Order of the Purification of Women" in the 1549 Prayer Book, following the Sarum rite which welcomed the woman back into her congregational family after childbirth. In the 1552 revision, however, the rite was renamed "The Thanksgiving of Women after Childbirth, Commonly Called The Churching of Women," the title that persisted throughout Anglican prayer books, including the 1928 Book of Common Prayer according to the Episcopal Church. The 1979 Prayer Book contains "A Thanksgiving for the Birth or Adoption of a Child." In the 1552 rite, the rubrics specify that the mother "shall kneel down in some convenient place, nigh unto the place where the table standeth," indicating the sacredness of the event by her proximity to the altar. The rubric also states that she should "receyue the holy Communyon" at this time. Once again, the support of the Church is offered her whether or not her child survived. Thus, rites for a woman who has endured the risks involved with the reproductive process have been present in Prayer Books throughout Anglican history.

Biblical and Theological Foundations

These rites and prayers draw significantly on the biblical tradition of lament as well as rejoicing. Scripture offers many examples of humans raging against God and against the circumstances of their lives. Often those who do so have a particularly intimate relationship with their Creator: Rachel, David, Hannah, Job, and many of the prophets—to name only a few—who love and are loved by God. Nevertheless, circumstances bring them to cry out to God in anger, misery, fear, or deep mourning. In particular, the Wisdom tradition, including the book of Job and the Psalms, invites us to voice our grief and anger, secure in the faith that a compassionate God hears our cries and will respond. The divine action may not always be what we hope for or expect; nonetheless it is important for our relationship with God to voice our honest reactions, even anxiety, grief, anger, and doubt. Throughout Scripture, we hear God's people crying and lamenting. Too often, pastoral care givers try to resolve grief by overly quick reassurances or by telling the sufferer that "This is all for the best." Such advice represses feelings that must be brought to the surface. It is better to assure the afflicted that God hears the cries of the despairing and is present throughout the turmoil of grief. Psalm 88 in particular offers a clear biblical precedent for such lament that does not turn too quickly to hope, from its opening:

O Lord, my God, my Savior, *
by day and night I cry to you.

to its stark conclusion:

My friend and my neighbor you have put away from me, *
and darkness is my only companion.

We can candidly express our feelings to our God who promises never to forsake us. Some of the foundational principles that allow for lament are:

- God created everything, and pronounced all creation good. But in the Fall, sin entered the world, bringing separation from God and death. Nonetheless, God continues to be merciful. As we say in the words of Eucharistic Prayer A: "In your infinite love you made us for yourself; and when we had fallen into sin and become subject to evil and death, you in your mercy, sent Jesus Christ, your only and eternal Son, to share our human nature, to live and die as one of us, to reconcile us to you, the God and Father of all." In that reconciliation, which takes place through the sinless Christ's death for our sins—"the righteous for the unrighteous" (*I Peter 3:18*)—God has "graciously accepted us as living members" of Jesus Christ, and made us heirs of his eternal kingdom. As children of God, we acknowledge that God knows our hearts. It is necessary to be honest with ourselves and with God to sustain this vital relationship, even when we feel "negative" emotions. No part of human experience, including our physical experience, is hidden from God.

- Jesus reached out to all people in whatever stage of joy, grief, rage, faith, unbelief, or shame he met them, in order that he might reconcile them to himself. Following his example, the Church acknowledges the full range of human emotions, working in Christ to heal what is broken and comfort what is hurting. All who come may experience God's healing love. "For I am convinced that neither death, nor life, nor angels, nor rulers, nor things present, nor things to come, nor powers, nor height, nor depth, nor anything else in all creation, will be able to separate us from the love of God in Christ Jesus our Lord." (*Romans 8:38–39*)

- Human emotions, including grief, loss, and failure, may be the impetus for transformation through deeper reconciliation with our loving God. "We know that all things work together for good for those who love God, according to his purpose. For those whom he foreknew he also predestined to be conformed to the image of his Son, in order that he might be the firstborn within a large family." (*Romans 8:28–29*) Therefore we look for healing and hope to come from even the most difficult and painful experiences. This is not to diminish the pain that is felt, but in acknowledgement that Christ experienced the full measure of human suffering. Thus we may find transformation even in the deepest agonies of human existence.

◆ God's love for us remains steadfast regardless of how many times we fail. Christ forgives even human complicity in his death. As he conquered sin and death for us, his forgiveness is unconditional if we but seek it. Only we can choose to reject his forgiveness. Therefore, when our actions bring sorrow or sin, we can repent, fully trusting God to redeem us in compassion, forgiveness, and mercy. In this way, we believe that through confidence in the Love that brought us into being, even our greatest tragedies or our most sinful acts cannot separate us from God. The hope of new life is always present even in our darkest hours. We are promised that in the fullness of time God will wipe away all tears. A new heaven and earth will restore all that was broken and lost in the light of the holy and undivided Trinity whose nature is Love.

About the Liturgies

In providing liturgies of lament, remembrance, and hope, the church offers opportunity for people to acknowledge their grief and receive assurance of God's presence, even in the midst of unspeakable pain.

Beginning the service in silence and darkness creates space for expressions of bereavement and loss to be voiced and acknowledged. All these liturgies have been shaped to facilitate movement from darkness to light, from silence to song, from minor key to major key, from lament to expressions of hope. Those who plan them are nevertheless cautioned not to make this transition too quickly, or to create too great a contrast. If lament is hurried over, the effect may well be to discourage and suppress deep-seated feelings of grieving and loss. Especially in the early stages of grief, or when grief has been discouraged, the bereaved will find a degree of comfort merely by being permitted a safe place to give voice to their actual feelings, rather than being urged to keep up a front or "get over it." At the same time, planners should never assume they fully understand the feelings of the bereaved or try to put words in their mouths. For this reason, the language of Scripture, especially the Psalms and Lamentation, are always appropriate, as they provide a wide range of emotions more fully expressed than any words most of us are capable of expressing. The ultimate aim of these rites is to provide assurance that God is present with us even in the darkest places of pain, even when we cannot sense that presence through our feelings. The most hopeful proclamation may not be that "everything will be fine," but that God feels the anguish of those who grieve and does not abandon us.

The liturgies that follow are intended for use with families and communities where grief remains acute, or at particular times of the year that trigger memories and emotions of profound losses of the past. Examples include religious and secular holidays, including Christmastime, All Saints' Day, Mother's and Father's Day, the expected due date, the child's birthday, or on the anniversary of the loss. For many centuries, and even today in certain cultures, observing the anniversaries of the death of beloved family members and friends permits a reminder that death does not separate us and provides catharsis for mourning and the assurance for the living that we have not forgotten those who have gone before us.

A Template for Communal Worship, Form 1

The Gathering of the People
 may include
 Silence
 Darkness or dim lighting
 A hymn, song, or anthem
 Declaration of purpose
 Collect/gathering prayer

The Ministry of the Word
 may include
 Readings from Scripture
 Poetry or other readings
 Silence
 Music — hymns, songs, instrumental
 Sermon or homily

Prayers

The Healing Action
 Laying-on of hands [and anointing] with prayer

The Memorial
    Sharing of memories, stories, symbolic items, photos,
        or other mementos
    Creating a memorial object
    Silence
    Lighting of candles
    Increased light in the room
    Placing a flower or other symbol of the loss on the altar

Song, Hymn, or Canticle, or Instrumental interlude

Affirmation of Hope and Faith
  May include the celebration of Holy Eucharist

Departure
 Blessing
    may include
        Song, hymn, or canticle, or instrumental postlude
        Silent departure

A Template for Communal Worship, Form 2

This form is particularly suitable for times of deep grief, or in times of decision-making. Liturgy based on this form creates a kind of container for grief and hope, despair and trust, uncertainty and confidence all at once. It invites worshipers to enter and rest in the darkness of grief and/or uncertainty, trusting that God is present even in our darkest hours. This model emphasizes openness to the present moment. It may be compared to the Jewish tradition of "sitting Shiva" with the bereaved.

The service is organized around an interplay of psalms, singing, prayer, readings, and silence. Darkness and candlelight are essential elements. Incense may be used.

The psalms, readings, and hymns should be chosen for their similarity to one another. They should be variations on a theme, reinforcing the unifying idea, coming at the central issue from different angles.

There may be slight movement from despair to hope, from uncertainty to decision, or from darkness to light. But planners are cautioned to not try to wrap things up too neatly. This template in particular honors the process rather than announcing the ending.

Silence should surround each element
    Psalm or opening sentences
    Song or hymn
    Readings from Scripture
    May include readings from other sources
    Prayers
    Ritual action

Each element may occur one or more times, weaving together in a tapestry that gathers up and holds the presenting issue. Specific suggestions for hymns, Scripture readings, and prayers are included in the appendices, beginning on page 71.

The Liturgies

For a Small Gathering
At Home, in the Hospital, or Another Private Setting

Minister   The grace of our Lord Jesus Christ, and the love of God, and the fellowship of the Holy Spirit, be with you all;
People   *And also with you.*

Minister   Dear friends, we are gathered here in the presence of God, [*here the minister names the particular issue of concern*] to offer our grief and seek healing. God is full of compassion and mercy, ready to hear when we pray, to comfort when we mourn, to help us bear our griefs and sorrows, and to quiet our anxiety. The steadfast love of our God never ceases.
People   *Thanks be to God.*

Minister   Let us pray.

The Collect or Gathering Prayer

Prayers for various occasions are found on pages 54 – 70.
Extemporaneous prayer may be offered.

A Reading from Scripture

See appendix A, pages 71 – 78, for suggestions of passages suitable to the particular occasion.

A hymn or canticle may be sung. See appendix B, pages 79 – 85.

The Healing Action

If there is to be laying on of hands [and anointing], the following form is used.

The minister lays hands upon the woman [and anoints her], prays silently, then prays aloud using one of the following forms or similar words

N., I [*anoint you and*] lay my hands upon you in the name of God the holy and undivided Trinity. May Christ be present with you to comfort you, to guard and protect you, and to keep you in everlasting life. *Amen.*

or this

N., I lay my hands upon you [*and anoint you*] in the name of our Savior Jesus Christ, praying you will be strengthened and filled with God's grace, that you may know the healing power of the Spirit. *Amen.*

The minister may add, in these or similar words

As you are outwardly anointed with this holy oil, so may our loving God give you the inward anointing of the Holy Spirit. Of God's bounty, may your suffering be relieved, and your spirit, mind, and body restored to grace and peace. May all of us in the frailty of our flesh know God's healing and resurrecting power. *Amen.*

Silence may follow.

The Prayers

One of the following litanies may be used.

Litany of Remembrance, page 24
Litany of Complaint, page 33
Litany of Lament, page 36
Litany of Remembrance and Lament, Healing and Hope, page 42
Litany of Healing and Hope, page 52, or another suitable litany or selections from the prayers beginning on page 54, or some other suitable prayers

Silence may follow.

The Lord's Prayer

A hymn, psalm, or canticle may be sung.

The Blessing

Minister   May God's love make you whole; may the light of Christ guide your footsteps; and may the presence of the Holy Spirit fill your hearts and remain with you, this day and always. *Amen.*

After the service concludes, those gathered may wish to share memories, stories, photos, or other mementos pertaining to the loss, or create a memorial object.

For Private Devotion
Of Individuals, Couples, Families, or Small Groups

O God of peace, you have taught us that in returning and rest we shall be saved, in quietness and confidence shall be our strength: By the might of your Spirit lift us, we pray, to your presence, where we may be still and know that you are God. *Amen.*

From Psalm 69
1 Save me, O God, *
    for the waters have risen up to my neck.

2 I am sinking in deep mire, *
    and there is no firm ground for my feet.

3 I have come into deep waters, *
    and the torrent washes over me.

4 I have grown weary with my crying;
    my throat is inflamed; *
    my eyes have failed from looking for my God.

15 In your great mercy, O God, *
    answer me with your unfailing help.

16 Save me from the mire; do not let me sink; *
    let me be rescued from those who hate me
    and out of the deep waters.

17 Let not the torrent of waters wash over me,
    neither let the deep swallow me up; *
    do not let the Pit shut its mouth upon me.

18 Answer me, O Lord, for your love is kind; *
    in your great compassion, turn to me.

or this, from Psalm 46

1 God is our refuge and strength, *
  a very present help in trouble.

2 Therefore we will not fear, though the earth be moved, *
  and though the mountains be toppled into the depths of the sea;

3 Though its waters rage and foam, *
  and though the mountains tremble at its tumult.

4 The Lord of hosts is with us; *
  the God of Jacob is our stronghold.

5 There is a river whose streams make glad the city of God, *
  the holy habitation of the Most High.

6 God is in the midst of her;
  she shall not be overthrown; *
  God shall help her at the break of day.

11 "Be still, then, and know that I am God; *
  I will be exalted among the nations;
  I will be exalted in the earth."

12 The Lord of hosts is with us; *
  the God of Jacob is our stronghold.

Psalm 22:15–21 or Psalm 88:1–10 may be substituted.
See appendix A (pages 71 – 78) for additional suggestions.

One of the following, or some other suitable passage of Scripture
(see appendix A, pages 71 – 78) is read:

Thus says the Lord: As a mother comforts her child, so I will comfort you; you shall be comforted in Jerusalem. You shall see, and your heart shall rejoice; your bodies shall flourish like the grass; and it shall be known that the hand of the Lord is with his servants. *Isaiah 66:12a, 13–14a*

Surely I know the plans I have for you, says the Lord, plans for your welfare and not for harm, to give you a future with hope. Then when you call upon me and come and pray to me, I will hear you. When you search for me, you will find me; if you seek me with all your heart, I will let you find me, says the Lord. *Jeremiah 29:11–14a*

The Lord waits to be gracious to you; he will rise up to show mercy to you. For the Lord is a God of justice; blessed are all those who wait for him. Truly, O people in Zion, inhabitants of Jerusalem, you shall weep no more. He will surely be gracious to you at the sound of your cry; when he hears it, he will answer you. Though the Lord may give you the bread of adversity and the water of affliction, yet your Teacher will not hide himself any more, but your eyes shall see your Teacher. And when you turn to the right or when you turn to the left, your ears shall hear a word behind you, saying, "This is the way; walk in it." *Isaiah 30:18–21*

Trust in the Lord with all your heart, and do not rely on your own insight. In all your ways acknowledge him, and he will make straight your paths. *Proverbs 3:5–6*

For we know that if the earthly tent we live in is destroyed, we have a building from God, a house not made with hands, eternal in the heavens. For in this tent we groan, longing to be clothed with our heavenly dwelling—if indeed, when we have taken it off we will not be found naked. For while we are still in this tent, we groan under our burden, because we wish not to be unclothed but to be further clothed, so that what is mortal may be swallowed up by life. He who has prepared us for this very thing is God, who has given us the Spirit as guidance. So we are always confident, even though we know while we are at home in the body we are away from the Lord—for we walk by faith, not by sight. Yes, we do have confidence, and we would rather be away from the body and at home with the Lord. So whether we are at home or away, we make it our aim to please him. *2 Corinthians 5:1–9*

Blessed be the God and Father of our Lord Jesus Christ. By his great mercy he has given us a new birth into a living hope through the resurrection of Jesus Christ from the dead, and into an inheritance that is imperishable, undefiled, and unfading, kept in heaven for you, who are being protected by the power of God through faith for a salvation ready to be revealed in the last time. In this you rejoice, even if now for a little while you have had to suffer various trials, so that the genuineness of your faith—being more precious than gold that, though perishable, is tested by fire—may be found to result in praise and glory and honor when Jesus Christ is revealed. Although you have not seen him, you love him; and even though you do not see him now, you believe in him and rejoice with an indescribable and glorious joy, for you are receiving the outcome of your faith, the salvation of your souls. *1 Peter 1:3–9*

Ask, and it will be given you; search, and you will find; knock, and the door will be opened for you. For everyone who asks receives, and everyone who searches finds, and for everyone who knocks, the door will be opened. Is there anyone among you who, if your child asks for bread, will give a stone? Or if the child asks for a fish, will give a snake? If you then, who are evil, know how to give good gifts to your children, how much more will your Father in heaven give good things to those who ask him! *Matthew 7:7-11*

At that time Jesus said, "I thank you, Father, Lord of heaven and earth, because you have hidden these things from the wise and the intelligent and have revealed them to infants; yes, Father, for such was your gracious will. All things have been handed over to me by my Father, and no one knows the Son except the Father, and no one knows the Father except the Son and anyone to whom the Son chooses to reveal him. Come to me, all you that are weary and are carrying heavy burdens, and I will give you rest. Take my yoke upon you and learn from me; for I am gentle and humble in heart, and you will find rest for your souls. For my yoke is easy, and my burden is light." *Matthew 11:25-29*

At that time the disciples came to Jesus and asked, "Who is the greatest in the kingdom of heaven?" He called a child, whom he put among them, and said, "Truly I tell you, unless you change and become like children, you will never enter the kingdom of heaven. Whoever becomes humble like this child is the greatest in the kingdom of heaven. Whoever welcomes one such child in my name welcomes me. Take care that you do not despise one of these little ones; for, I tell you, in heaven their angels continually see the face of my Father in heaven. What do you think? If a shepherd has a hundred sheep, and one of them has gone astray, does he not leave the ninety-nine on the mountains and go in search of the one that went astray? And if he finds it, truly I tell you, he rejoices over it more than over the ninety-nine that never went astray. So it is not the will of your Father in heaven that one of these little ones should be lost." *Matthew 18:1–5, 10–14*

Silence may follow the reading.

A hymn or canticle may be sung. (See appendices A, pages 71 – 78, and B, pages 79 – 85, for suggestions.)

Prayers may be offered. (See pages 54 – 70 for suggested prayers.)

The Lord's Prayer

Concluding Collect

God of Life, you give us life and hope. Be with us in the chaos of this time. Calm our fears, be the light for our path, and strengthen our trust in your promise never to leave or forsake us. We pray through Christ, in the power of your Holy Spirit. *Amen.*

Blessing of a Pregnant Woman

This blessing may be offered at any time and in any place. If the blessing is to include friends and family, the priest may begin with these or similar words:

We have gathered today to implore God's grace upon N., and to seek divine mercy for her and her expected child.

- V. God is our refuge and strength
- R. A very present help in trouble.
- V. She shall not be overthrown
- R. God shall help her at the break of day.
- V. Hear our prayer O God.
- R. Let our cry come to you.
- V. May God be with you.
- R. And also with you.

Let us pray.

Loving God, by your grace the virgin mother of your incarnate Son visited her cousin Elizabeth in their pregnancies. May this visitation encourage N. in her pregnancy and give her confidence in your mercy and loving-kindness, through Jesus Christ our Redeemer, who lives and reigns with you, and the Holy Spirit, one God, for ever and ever. *Amen. (After the collect for the Visitation, BCP p. 240)*

or this

Eternal God, creator of all, and source of all goodness and hope; hear the prayer of N., who bids your blessing for the preservation of the child you have given her to conceive. Continue your care for her, that by your mercy her child may come safely to birth in good time, and be whole and healthy, so that they both may come to rejoice in your loving-kindness, who holds all our souls in life and sealed the salvation of your world in the gift of the birth of Jesus Christ. *Amen.* (SSJE Manual)

Here the woman may be sprinkled with holy water and/or anointed

Then may be said one or more of the following Psalms: 67, 113, or 117

V.   Let us bless the Holy, Blessed, and Glorious Trinity, one God.
R.   Let us praise and magnify our God for ever.
V.   May God be with you.
R.   And also with you.

Let us pray.

Gracious God, visit your daughter N., as she waits the birth of her child. Protect her from all that might threaten her and her child; let your holy angels be with them to preserve them in your peace, and let your blessing be ever upon them, in the name of Jesus Christ, our Savior. *Amen*

or this

Loving God, giver of life, hear our prayer for N. and for the child she has conceived, that, by your grace, they both may come in safety to a timely and healthy birth, and rejoice in your gracious providence. We ask this in the name of Jesus Christ, who lives and reigns with you and the Holy Spirit, one God, now and for ever. *Amen.*

When appropriate, any or all of the following may be added:

Blessed are you, loving God. You have blessed the union of N. and N. Amen.

Blessed are you, merciful God. May your blessing be upon N. and the child she carries. *Amen.*

Blessed are you, gracious God. May this time of pregnancy be for N. and N. a time of drawing nearer to you and to each other. *Amen.*

Blessed are you, holy God. May N. and N's. experience of birth be full of awe, wonder, and the joy of sharing in your creation. *Amen.*

or this:

The blessing of God, Father, Son, and Holy Spirit be upon you and your child and bring you both through a safe and happy birth. *Amen.*

(Adapted from "The Blessing of a Pregnant Woman," SSJE Manual, 5th ed., 1970. Note also material from The Book of Occasional Services 2003, *pages 157 – 58.)*

A Rite for Mourning the Loss of a Pregnancy

Concerning the Service

This liturgy is intended for use by people who have experienced the loss of a pregnancy through miscarriage. It may be adapted for other situations.

The loss of a pregnancy is often experienced as the loss of a child. The parents' grief may be compounded by the sadness of not having seen or held the child to whom they were committed. Since the loss of a pregnancy in our culture and even in the Church is seldom acknowledged as a death, the parents have too often been left to mourn in isolation.

Grief for the loss of an unborn child should be honored. Healing may be facilitated through the ministry of the Church.

One or more objects associated with babies may be placed in the sight of the people.

The Gathering of the People

Music may be played or sung, or Scripture read, as the people gather.

The presider reads one or more of the following opening sentences (or another opening sentence from the suggestions in appendix A, pages 71 – 78).

God will feed his flock like a shepherd; he will gather the lambs in his arms, and carry them in his bosom. *Isaiah 40:11*

The eternal God is thy refuge, and underneath are the everlasting arms. *Deuteronomy 33:27 (KJV)*

As a mother comforts her child, so I will comfort you, says the Lord. *Isaiah 66:13a*

For these things I weep; my eyes flow with tears . . . But you, O Lord, reign forever; your throne endures to all generations. *Lamentations 1:1 6a; 5:19*

The Lamb at the center of the throne will be their shepherd, and he will guide them to springs of the water of life, and God will wipe away every tear from their eyes. *Revelation 7:17*

The presider welcomes the people, and states briefly the purpose of the gathering, using these or similar words:

Here in God's presence we gather with N. [*and* N.] to mourn the loss of *their* child, and to support *them* in *their* grief. Because *their child* died before birth, *their* family is diminished and *their* hope has turned to sorrow. Let us grieve with *them*, and call on God in the name of Jesus Christ, our crucified and risen Savior who sent his Spirit to comfort and heal.

The Collect

Let us pray.

Compassionate God, you hold us in your constant love. Comfort us as we grieve the loss of this child who never was born. Be with N. [*and* N.] in *their* anguish. Grant to *their* child, [N.], the joys of heaven; and to each of us, bring healing and grace. Renew our hopes for the future and our faith in your goodness. We pray through Jesus Christ, who carries all our sorrows and brings us from death to new life. *Amen.*

or this

O God, who gathered Rachel's tears over her lost children, hear now the sorrow and distress of N. [*and* N.] for the death of *her* expected child. In the darkness of loss, stretch out to *her* the strength of your arm and renewed assurance of your love; through your own suffering and risen Child Jesus. *Amen.* (*From* Enriching Our Worship 2)

or this

Heavenly Father, your love for all children is strong and enduring. We were not able to know N. as we had hoped. Yet you knew *her* growing in *her* mother's womb, and *she* is not lost to you. In the midst of our sadness, we thank you that N. is with you now. *Amen.* (*From* Enriching Our Worship 2)

A Reading from Scripture

See appendix A (pages 71 – 78) for suggested readings.

Hymn, Psalm, or Canticle

The following canticle, or Canticle F "A Song of Lamentation," Canticle H "A Song of Hosea," or Canticle I "A Song of Jonah," from Enriching Our Worship 1 *may be said or sung, or a suitable hymn may be sung. One of the following Psalms may be substituted: 13; 27:12–18; 38:6–11.*

A Song of Christ's Goodness *Anselm of Canterbury*

Jesus, as a mother you gather your people to you; *
   you are gentle with us as a mother with her children.
Often you weep over our sins and our pride, *
   tenderly you draw us from hatred and judgment.
You comfort us in sorrow and bind up our wounds, *
   in sickness you nurse us and with pure milk you feed us.
Jesus, by your dying, we are born to new life; *
   by your anguish and labor we come forth in joy.
Despair turns to hope through your sweet goodness; *
   through your gentleness, we find comfort in fear.

Your warmth gives life to the dead, *
   your touch makes sinners righteous.
Lord Jesus, in your mercy, heal us; *
   in your love and tenderness, remake us.
In your compassion, bring grace and forgiveness, *
   for the beauty of heaven, may your love prepare us.

The following litany may be said.

Litany of Remembrance

[Adapted from the Reform Jewish Prayer Book*]*

Memories of N. will come to us, unbidden, sometimes unexpected, in all the various moments of our lives. Although memories may bring pain, they also bring comfort—for as long as we remember, N. *is* still part of us.

Silence may be kept. The name(s) of lost children may be spoken aloud.

In the rising of the sun and its going down,
we remember her.

At the blowing of the wind and in the chill of Winter,
we remember her.

At the opening of buds and in the rebirth of Spring,
we remember her.

At the blueness of the skies and in the warmth of Summer,
we remember her.

At the rustling of leaves and the beauty of Autumn,
we remember her.

At the beginning of the year and when it ends,
we remember her.

When we are weary and in need of strength,
we remember her.

When we are lost and sick at heart,
we remember her.

When we have joys we yearn to share,
we remember her.

When we have decisions that are difficult to make,
we remember her.

After a period of silence, the presider may say

Merciful God, look with pity upon the sorrows of this family for whom we pray. Remember them in your mercy; nourish them with patience; comfort them with a sense of your goodness; lift up your countenance upon them; and give them peace; through Jesus Christ our Lord. *Amen.*

This anthem or some other suitable anthem, or a hymn may be sung or said

Give rest, O Christ, to your child with your saints
where sorrow and pain are no more,
neither sighing, but life everlasting.

The Commendation

We commend to your mercy, O God, our child N., that death may be for *her* the gate of life and peace with you. At your heavenly banquet, may we rejoice with *her* and all your children to see you face to face, one holy and undivided Trinity in glory everlasting. *Amen.*

Give rest, O Christ, to your child with your saints
where sorrow and pain are no more,
neither sighing, but life everlasting.

The following anthem may be added.

Into paradise may the angels lead you. At your coming may the martyrs receive you and bring you into the holy city, Jerusalem.

The Dismissal

Let us go forth in the name of Christ. Alleluia. Alleluia.
Thanks be to God. Alleluia. Alleluia.

A Rite of Repentance and Reconciliation for an Abortion

Introduction

Sometimes people feel themselves carrying unresolved guilt over an abortion, or mishaps of pregnancy and infertility. Relationships can also be damaged in these processes. We recognize that all of these situations have a tragic dimension and call for great pastoral sensitivity to the needs of the woman and others involved. The Episcopal Church recognizes "all abortion as having a tragic dimension, calling for the concern and compassion of all the Christian community." While affirming the legal right to have an abortion, nevertheless, Resolution A054 of the 1994 General Convention of the Episcopal Church goes on to say, "as Christians we believe strongly that if that right is exercised, it should be used only in extreme situations" (see appendix E for Resolution A054). The Episcopal Church recognizes a range of opinion among its members that allows individuals to examine their own consciences, preferably "with the advice and counsel of members of the Christian community." All options should be explored and "it is the responsibility of members of this Church, especially the clergy, to become aware of local agencies and resources which will assist those faced with problem pregnancies."

A woman who repents an abortion is to be received like any other penitent. Her sense of loss and remorse should be honored. It is the church's role to assure her of God's redeeming love and forgiveness, to promise her that her burden is removed because she has asked for God's mercy, and that grace and newness of life will be hers. (See appendix E, Resolution D083.)

Christ has given his Church power to absolve sins. If a formal confession is to be made, and absolution granted, this must be done by a priest. Another Christian may be asked to hear the confession, but it must be made clear to the penitent that absolution will not be pronounced; instead, a declaration of forgiveness is provided. Either of the two forms of The Reconciliation of a Penitent (pages 447 and 449 of the Book of Common Prayer) or else the following rite is appropriate.

Should a couple wish to participate in this rite together, the presider should adapt the words to include the man as well as the woman. If a man wishes to repent of a decision he made regarding an abortion, the rite may be adapted for that purpose as well.

The service may also be adapted for corporate use, as seems appropriate to the circumstance: for instance, a ministry for counseling women who have had abortions might change this to accommodate a group rather than an individual.

A Rite of Repentance and Reconciliation

The priest says

My sister, what do you seek?

The penitent answers

My past actions weigh heavily upon me. I seek God's forgiveness and renewal in my life.

If the woman desires to address directly what burdens her, she may do so here.
The priest may then say

Listen to the words of Christ Jesus from the Gospel according to Luke:

"Which one of you, having a hundred sheep and losing one of them, does not leave the ninety-nine in the wilderness and go after the one that is lost until he finds it? When he has found it, he lays it on his shoulders and rejoices. And when he comes home, he calls together his friends and neighbors, saying to them, 'Rejoice with me, for I have found my sheep that was lost.' Just so, I tell you, there will be more joy in heaven over one sinner who repents than over ninety-nine righteous persons who need no repentance." *Luke 15:3b–7*

My sister, God rejoices that you have come seeking God's merciful forgiveness. Let us say this psalm together.

Priest and penitent together

1 Happy are they whose transgressions are forgiven, *
 and whose sin is put away!

2 Happy are they to whom the Lord imputes no guilt, *
 and in whose spirit there is no guile!

3 While I held my tongue, my bones withered away, *
 because of my groaning all day long.

4 For your hand was heavy on me day and night; *
   my moisture was dried up as in the heat of summer.

5 Then I acknowledged my sin to you, *
   and did not conceal my guilt.

6 I said, "I will confess my transgressions to the Lord." *
   Then you forgave me the guilt of my sin.

7 Therefore all the faithful will make their prayers to you
      in time of trouble; *
   when the great waters flow, they shall not reach them.

8 You are my hiding-place; you preserve me from trouble; *
   you surround me with shouts of deliverance.

9 "I will instruct you and teach you in the way that you should go; *
   I will guide you with my eye." *Psalm 32:1–9*

The penitent may tell her story, using the form below or similar words. If she has already talked about her experience in counseling before the rite, she may briefly restate the cause of pain for which she seeks reconciliation.

I confess my transgressions to the Lord. Here, in the presence of Almighty God, the Church, and you, I acknowledge my faults, especially_____. I mourn the life that was within me that I let go. I am haunted by what might have been. I humbly beg forgiveness of God and of Christ's Church.

Here the priest may offer words of comfort and counsel.

The priest then pronounces absolution using one of the following forms

May God who knows the depths of our hearts and yet abounds in mercy grant you forgiveness and healing, and the strength and comfort of the Holy Spirit, through the intercession of Jesus Christ our Advocate. *Amen.*

or

May God forgive you all your sins, that you may enter into the new and everlasting life promised you through Christ our great High Priest, enlivened by God's Holy Spirit dwelling in you now and for ever. *Amen.*

If the officiant is a deacon or lay person, the following declaration of forgiveness is used.

Our Lord Jesus Christ, who offered himself to be sacrificed for us, forgives your sins by the grace of the Holy Spirit. *Amen.*

The officiant may conclude with the following

Now there is rejoicing in heaven; for you were lost, and are found; you were dead, and are now alive in Christ Jesus our Lord. God's arms are open for you and for your child, for Christ offered himself to be sacrificed for our sins, which are washed away in repentance. Go in peace to love and serve God all your days. And pray for me, a sinner. *Amen.*

A candle may be lighted, as a sign of God's promise of new life.

A Liturgy of Lament and Remembrance

For Loss of Children through Miscarriage, Stillbirth, Abortion, Placing for Adoption, or Inability to Conceive

This service follows Form 1, described on page 8.

Concerning the Service

Lament is the heart's expression of grief, an essential element in our conversation with God. Throughout Scripture, men and women pour out their grief and loss to God who hears and comforts them in their loss. Jesus wept for the death of his friend, Lazarus, and we should feel confident that when we pour out our sorrow, Christ knows our pain and is present in our suffering, ready to walk with us through the long process of bereavement and to bring healing in the fullness of time. The loss of an anticipated child plunges us from joyful expectation of new life to bereavement. We must mourn a loss before we can continue our journey towards new life.

This Liturgy of Lament provides a reminder to the participants that God understands our feelings of sorrow or anger, and can be trusted to hold us in love and heal us in the fullness of time, restoring our hope and trust. The rite provides worshipers opportunities for tears, for times of speaking and times of silence. The space chosen should accommodate enough freedom of movement so that those gathered may sit, stand, kneel, or even lie down. Pauses may be made in the litany when people are overcome by emotion. This service should be planned with pastoral sensitivity that respects the depth of grief, and gently points to a new confidence in God's healing love.

The Gathering of the People

The ministers enter in silence.

One or more of the following is read (or some other opening sentences; see appendix A, page 71)

A voice is heard in Ramah, lamentation and bitter weeping. Rachel is weeping for her children; she refuses to be comforted for her children, becaus they are no more. *Jeremiah 31:15*

2 Have pity on me, Lord, for I am weak; *
  heal me, Lord, for my bones are racked.

3 My spirit shakes with terror; *
  how long, O Lord, how long?

4 Turn, O Lord, and deliver me; *
  save me for your mercy's sake.

6 I grow weary because of my groaning; *
  every night I drench my bed
  and flood my couch with tears.

7 My eyes are wasted with grief. *
  Psalm 6:2–4, 6–7a

1 O Lord, my God, my Savior, *
  by day and night I cry to you.

2 Let my prayer enter into your presence; *
  incline your ear to my lamentation.

3 For I am full of trouble; *
  my life is at the brink of the grave.

4 I am counted among those who go down to the Pit; *
  I have become like one who has no strength;

5 Lost among the dead, *
  like the slain who lie in the grave,

6 Whom you remember no more, *
  for they are cut off from your hand.
  Psalm 88:1–6

Then follows the Litany of Complaint, or some other suitable litany or prayer.

Litany of Complaint

Each worshiper should adopt the posture most helpful to the full expression of his or her grief.

Leader	Hear the cries of your people, O God.
People	We will lament and not hold back.
	We will refuse to be comforted
	until we have made known to you our sorrow.
	We are bereft.
Leader	Our souls cleave to the dust.
People	Our eyes are wasted with grief.
	We are drenched with tears.
	Our hearts melt like wax.
Leader	Our souls melt away for sorrow.
People	We are poured out like water.
	Our bodies are racked.
Leader	Our eyes have failed for watching for your promise.
People	When will you comfort us?
Leader	We open our mouths and pant in pain.
People	Why do you stand so far off, O Lord,
	and hide yourself in time of trouble?
Leader	Our eyes shed streams of tears.
People	Our indignation consumes us.
Leader	We cry out to you.
People	We grow weary with our groaning.
Leader	Early in the morning we call to you.
People	Let our cry come before you, O Lord.
	Deliver us according to your promise of mercy.

A brief silence is kept.

Leader	O Lord, we wait for you.
People	More than sentries wait for the morning,
	our souls wait for you alone.

A hymn or song of lament may be sung.

Silence may be kept.

Leader   Let us pray.

Gracious God, the comfort of all who sorrow, the strength of all who suffer: Let the cry of those in misery and need come to you, that we may find your mercy present with us in all our afflictions; give us strength for the sake of him who suffered for us, your son Jesus Christ our Lord. *Amen.*

The Ministry of the Word

The people are seated.

The readings should include at least one from Scripture. If Eucharist is to be celebrated, the readings must include one from the Gospel. A psalm, hymn, or silent reflection follows each lesson. See appendix A beginning on page 71 for suggested Scripture readings. Suggested hymns are in appendix B, pages 79 – 85.

A homily may be preached.

The Healing Action

If there is to be laying on of hands [and anointing], the following form is used.

If oil for anointing is to be blessed, the priest says

Blessed are you, O God, source of life and health. In Jesus you became flesh and came to know the depth of human suffering. You sent the disciples to heal those who were sick. Sanctify this oil that all who are anointed with it may be healed, strengthened, and renewed, by the power of your Holy Spirit. *Amen.*

The minister may introduce the laying on of hands [and anointing] with these or similar words

The ministry of Jesus invites us to new life in God and with each other. In the laying on of hands [*and anointing*] we proclaim the Good News that God promises to restore us to wholeness in Christ. You are invited to offer yourself and ask for healing in the name of the holy and undivided Trinity.

The minister may invite each person to be anointed to give her or his name and any particular request for prayer. The minister then lays hands upon each person [and anoints the person], prays silently, then prays aloud using one of the following forms or similar words

N., I [*anoint you and*] lay my hands upon you in the name of God the holy and undivided Trinity. May Christ be present with you to comfort you, to guard and protect you, and to keep you in everlasting life. *Amen.*

or this

N., I lay my hands upon you [*and anoint you*] in the name of our Savior Jesus Christ, praying you will be strengthened and filled with God's grace, that you may know the healing power of the Spirit. *Amen.*

The minister may add, in these or similar words

As you are outwardly anointed with this holy oil, so may our loving God give you the inward anointing of the Holy Spirit. Of God's bounty, may your suffering be relieved, and your spirit, mind, and body restored to grace and peace. May all of us in the frailty of our flesh know God's healing and resurrecting power. *Amen.*

The Memorial

Mourners may be given time to tell of their loss, grief, or memories.

Symbols of loss and grief may be spoken of or placed on an altar.

There may be silence, journal writing, or the creation of memorial objects.

The Prayers of the People

Litany of Lament

In place of the Litany of Lament, the Litany of Remembrance and Lament, Healing and Hope on page 42, or another litany, may be used.

Leader	God, hear our prayer,
People	And let our cry come to you.

Leader Merciful God, we come to you in sorrow.
Help us to grieve; let our tears flow; and look upon our broken hearts.
God, hear our prayer,
People And let our cry come to you.

Leader We have lost children. We have lost hope. We have lost our way.
Consider our losses.
God, hear our prayer,
People And let our cry come to you.

Leader Our faith has been shaken.
We are haunted by memories and weighed down with guilt.
We are sick with sadness, weak with despair.
Help us know your presence.
God, hear our prayer,
People And let our cry come to you.

Leader In our suffering, we turn away from those who suffer also.
Our bonds have been strained, one with another.
Show us your compassion and help us forgive others and feel their sorrows.
God, hear our prayer,
People And let our cry come to you.

Leader   We longed for [this child], but our bodies betrayed
our hopes.
Help us surrender them, and trust in your faithfulness.
God, hear our prayer,
People   And let our cry come to you.

Leader   Help us envision a future filled with promise,
even if we cannot know what lies in store for us.
Help us have confidence in your love as we take
each new step.
God, hear our prayer,
People   And let our cry come to you.

The leader or presiding minister concludes with this collect:

Lord of all mercies: abide with us when the darkness deepens and we suffer loss, pain, and grief. Help us to know and understand you are with us even when we cannot feel your presence. Let your saving help shine through the shadows as you hold your cross before our eyes, reminding us that you share our sufferings and have overcome death so that we might rise again with you. Let morning break upon our sorrowing hearts; abide with us in life and in death, Lord, so that we may live in your peace and rejoice in your love. *Amen.*

The following psalm of deliverance may be said by all. Or another psalm may be said; see suggestions on page 77.

1 In you, O Lord, have I taken refuge; *
let me never be ashamed.

2 In your righteousness, deliver me and set me free; *
incline your ear to me and save me.

3 Be my strong rock, a castle to keep me safe; *
you are my crag and my stronghold.

4 Deliver me, my God, from the hand of the wicked, *
from the clutches of the evildoer and the oppressor.

5 For you are my hope, O Lord God, *
 my confidence since I was young.

6 I have been sustained by you ever since I was born;
 from my mother's womb you have been my strength; *
 my praise shall be always of you.

12 O God, be not far from me; *
 come quickly to help me, O my God.
    Psalm 71:1–6, 12

The Eucharist

If the Eucharist is not to be celebrated, the Lord's Prayer may be said here. If the Eucharist is to be celebrated, the service continues with the Peace.

The Blessing

This or another blessing may be offered at the end of the service:

May God, our Creator, fill you with peace. *Amen.*
May Christ, our Savior, redeem all your sorrows. *Amen.*
May the Holy Spirit, our Comforter, heal and restore you. *Amen.*

The service may end in silence, or with the singing of a hymn.

Worshipers may be invited to remain in the worship space for as long as they wish, in prayer and reflection. Pastoral caregivers should be available for those who experience intense grief, having perhaps expressed their lament aloud for the first time.

A Liturgy of Remembrance and Lament

For Reproductive Loss

This service follows Form 2, described on page 9.

This may be adapted for other community crises such as the murder of a child, a school shooting, or the death of teenagers in a car accident when the community at large is affected.

The service begins in darkness; the Paschal Candle may be lit before the people gather, or as the service begins. A small candle or other light is provided for the reader.

Out of the silent darkness, the first psalm is read.

Psalm 69:1–4, 15–18

1 Save me, O God, *
   for the waters have risen up to my neck.

2 I am sinking in deep mire, *
   and there is no firm ground for my feet.

3 I have come into deep waters, *
   and the torrent washes over me.

4 I have grown weary with my crying;
   my throat is inflamed; *
   my eyes have failed from looking for my God.

15 In your great mercy, O God, *
   answer me with your unfailing help.

16 Save me from the mire; do not let me sink; *
   let me be rescued from those who hate me
   and out of the deep waters.

17 Let not the torrent of waters wash over me,
  neither let the deep swallow me up; *
    do not let the Pit shut its mouth upon me.

18 Answer me, O Lord, for your love is kind; *
    in your great compassion, turn to me.

Silence

Candles may be lit from the Paschal Candle. A few lights may be turned on.

Song or Hymn

Suggested: Within our darkest night (Taizé)
　　　　　　Commit thou all that grieves thee (*The Hymnal 1982*)
　　　　　　Abide with me (*The Hymnal 1982*)
　　　　　　Stay with me (Taizé)

The people may sit or kneel.

During the singing, pictures and other symbols of grief and loss may be brought forward and placed on the altar.

Silence

Psalm 130 *may be read in unison*

1 Out of the depths have I called to you, O Lord;
    Lord, hear my voice; *
  let your ears consider well the voice of my supplication.

2 If you, Lord, were to note what is done amiss, *
    O Lord, who could stand?

3 For there is forgiveness with you; *
    therefore you shall be feared.

4 I wait for the Lord; my soul waits for him; *
   in his word is my hope.

5 My soul waits for the Lord,
   more than watchmen for the morning, *
   more than watchmen for the morning.

6 O Israel, wait for the Lord, *
   for with the Lord there is mercy;

7 With him there is plenteous redemption, *
   and he shall redeem Israel from all their sins.

Silence

One to three readings are read, including at least one from Scripture.

Silence follows each reading; a song or hymn may be sung following each reading.

A homily may be preached.

The following litany, or another litany or prayers, may be said.

Litany of Remembrance and Lament, Healing and Hope

The prayers are arranged so that different intercessors may lead the various sections, each of which addresses a particular pastoral need. The liturgist or leader may choose to omit some petitions or entire sections. Usually, parts I and V should be included.

The prayers gather up the corporate lament of a community. Individuals may not share all the feelings voiced by the prayers, yet in praying together the community gives voice to all of its members.

The prayers are introduced with these words:

Compassionate God, Father of our Savior Jesus Christ, you know our deepest pain and sorrow. Behold the anguish of our broken dreams, and let our cry come to you.

I

Leader   We are crushed, afraid, and overwhelmed by what we cannot understand.
People   Living God, be with us in our pain.

Leader   We are weary of weeping, sick with despair, aching with emptiness.
People   Living God, be with us in our pain.

Leader   We are confused and angry, but you do not answer.
People   Living God, be with us in our pain.

Leader   Our bodies cannot rise or rest, our hearts are like stones.
People   Living God, be with us in our pain.

II

Leader   We have lost our way and are isolated in our sorrow.
People   Loving God, stay with us.

Leader   Our bonds are strained; our relationships suffer; shallow answers and hollow comfort increase our sadness.
People   Loving God, stay with us.

Leader   Some forsake us, others avoid us, compounding our grief.
People   Loving God, stay with us.

Leader   Friends and family are afflicted by our loss; they grieve in their own way while their pain deepens ours.
People   Loving God, stay with us.

III

Leader   In our grief we have turned against you and against one another.
People   Merciful God, heal us.

Leader   We are jealous of those whose children live.
People   Merciful God, heal us.

Leader   We speak unjustly against others; we blame unfairly; we withdraw or lash out.
People   Merciful God, heal us.

Leader   We torment ourselves and one another for past choices; we blame ourselves for what has gone wrong.
People   Merciful God, heal us.

Leader	Shame and guilt weigh us down; our courage fails; we are bitter and anxious, fearful of the future.
People	Merciful God, heal us.

IV

Leader	For those among us who could not raise children and gave them up for adoption,
People	Redeeming God, give your people peace.
Leader	For those unable to welcome a child, who terminated a pregnancy,
People	Redeeming God, give your people peace.
Leader	For those whose choices brought harm to their child,
People	Redeeming God, give your people peace.
Leader	For those unable to find reconciliation, who bear their wounds in secrecy and loneliness,
People	Redeeming God, give your people peace.
Leader	For those unable to conceive a child, who languish in longing and despair,
People	Redeeming God, give your people peace.

V

Leader	Send your Holy Spirit to renew our broken hearts.
People	Lord of Love, save us and help us.
Leader	Forgive our despair, fill us with hope, and teach us to trust in your goodness.
People	Lord of Love, save us and help us.
Leader	Grant us patience with you, ourselves, and one another.
People	Lord of Love, save us and help us.

Leader	Help us to know your never-failing care.
People	Lord of Love, save us and help us.
Leader	Deliver us from past hurts, and help us understand your will for us.
People	Lord of Love, save us and help us.
Leader	Turn our grief into compassion for others and for ourselves.
People	Lord of Love, save us and help us.
Leader	Release us from fear, renew us in love, rekindle our hopes.
People	Lord of Love, save us and help us.
Leader	In all things, renew us by your Holy Spirit, that we may live as children of God.
People	Amen.

Silence may follow.

Words of assurance may be read.

The following psalm may be read or sung, by one voice or by the assembly.

Psalm 116

1 I love the Lord, because he has heard the voice of my supplication, *
   because he has inclined his ear to me whenever I called upon him.

2 The cords of death entangled me; the grip of the grave took hold of me; *
   I came to grief and sorrow.

3 Then I called upon the Name of the Lord: *
   "O Lord, I pray you, save my life."

4 Gracious is the Lord and righteous; *
    our God is full of compassion.

5 The Lord watches over the innocent; *
    I was brought very low, and he helped me.

6 Turn again to your rest, O my soul, *
    for the Lord has treated you well.

7 For you have rescued my life from death, *
    my eyes from tears, and my feet from stumbling.

8 I will walk in the presence of the Lord *
    in the land of the living.

9 I believed, even when I said,
    "I have been brought very low." *
    In my distress I said, "No one can be trusted."

10 How shall I repay the Lord *
    for all the good things he has done for me?

11 I will lift up the cup of salvation *
    and call upon the Name of the Lord.

15 I will offer you the sacrifice of thanksgiving *
    and call upon the Name of the Lord.

16 I will fulfill my vows to the Lord *
    in the presence of all his people.

Song or Hymn

Suggested O God, our help in ages past (*The Hymnal 1982*)
You shall walk the barren desert (*Wonder, Love, and Praise*)
Precious Lord, take my hand (*Lift Every Voice and Sing II*)
Bless the Lord, my soul (Taizé)
Healer of our every ill (*Gather, The Faith We Sing*)
Great is thy faithfulness (*Lift Every Voice and Sing II*)

Dismissal

Glory to God whose power, working in us, can do infinitely more than we can ask or imagine; glory to God from generation to generation in the Church, and in Christ Jesus for ever and ever. *Amen. Ephesians 3:20, 21*

or this

Jesus Christ, Son of the Living God, as you hung upon the cross in agony, remember our suffering and sorrow, our sin and loss. Heal and restore us, merciful Savior, and bring us to everlasting glory with the Father and the Holy Spirit, in your land where there is no sorrow and sighing, but the fullness of life for ever more. *Amen.*

The people depart in silence.

A Liturgy of Healing and Hope

Officiant   Bless the Lord, all angels, all hosts of heaven, all ministers of God's will.
People   Bless the Lord, O my soul, and let all within me bless God's holy name.

A song or canticle of God's healing love may be sung.
These canticles from Enriching Our Worship I *are especially appropriate:*

A Song of Jerusalem Our Mother
Isaiah 66:10–14

Rejoice with Jerusalem and be glad for her *
   all you who love her,
Rejoice, rejoice with her, *
   all you who mourn over her,
That you may drink deeply with delight *
   from her comforting breast.
For thus says our God, *
   "I will extend peace to her like a river,
   the wealth of nations like an overflowing stream.
"You shall nurse and be carried on her arm,
   and you shall nestle in her lap.
"As a mother comforts her child, so will I comfort you; *
   you shall be comforted in Jerusalem.
"You shall see, and your heart shall rejoice, *
   you shall flourish like the grass of the fields."

A Song of Christ's Goodness
Anselm of Canterbury

Jesus, as a mother you gather your people to you; *
   you are gentle with us as a mother with her children.

Often you weep over our sins and our pride, *
    tenderly you draw us from hatred and judgment.
You comfort us in sorrow and bind up our wounds, *
    in sickness you nurse us and with pure milk you feed us.
Jesus, by your dying, we are born to new life; *
    by your anguish and labor we come forth in joy.
Despair turns to hope through your sweet goodness; *
    through your gentleness, we find comfort in fear.
Your warmth gives life to the dead, *
    your touch makes sinners righteous.
Lord Jesus, in your mercy, heal us; *
    in your love and tenderness, remake us.
In your compassion, bring grace and forgiveness, *
    for the beauty of heaven, may your love prepare us.

A Song of True Motherhood
Julian of Norwich

God chose to be our mother in all things *
    and so made the foundation of his work,
    most humbly and most pure, in the Virgin's womb.
God, the perfect wisdom of all, *
    arrayed himself in this humble place.
Christ came in our poor flesh *
    to share a mother's care.
Our mothers bear us for pain and for death; *
    our true mother, Jesus, bears us for joy and endless life.
Christ carried us within him in love and travail, *
    until the full time of his passion.
And when all was completed and he had carried us so for joy, *
    still all this could not satisfy the power of his wonderful love.
All that we owe is redeemed in truly loving God, *
    for the love of Christ works in us;
    Christ is the one whom we love.

The Collect

Presider God be with you.
People And also with you.
Presider Let us pray

Most holy God, as a father has compassion on his children, so do you have mercy on us. As a mother carries and feeds her children, so do you carry us in our afflictions, heal us, and nurture us. Holy One, hear our cry and renew us in your love, through Christ who has borne our griefs and carried our sorrows, in whom all things are redeemed for eternal life. *Amen.*

The Ministry of the Word

The readings should include at least one from Scripture. If the Eucharist is to be celebrated, a reading from the Gospel must be included. A psalm, hymn, or silent reflection follows each lesson. See appendix A, pages 71 – 78 for suggested Scripture readings. See appendix B, pages 79 – 85, for suggested hymns.

A homily may be preached.

The Healing Action

If there is to be laying on of hands [and anointing], the following form is used.

If oil for anointing is to be blessed, the priest says

Blessed are you, O God, source of life and health. In Jesus you became flesh and came to know the depth of human suffering. You sent the disciples to heal those who were sick. Sanctify this oil that all who are anointed with it may be healed, strengthened, and renewed, by the power of your Holy Spirit. *Amen.*

The minister may introduce the laying on of hands [and anointing] with these or similar words

The ministry of Jesus invites us to new life in God and with each other. In the laying on of hands [*and anointing*] we proclaim the Good News that God promises to restore us to wholeness in Christ. You are invited to offer yourself and ask for healing in the name of the holy and undivided Trinity.

The minister may invite each person to be anointed to give her or his name and any particular request for prayer. The minister then lays hands upon each person [and anoints the person], prays silently, then prays aloud using one of the following forms or similar words

N., I [*anoint you and*] lay my hands upon you in the name of God the holy and undivided Trinity. May Christ be present with you to comfort you, to guard and protect you, and to keep you in everlasting life. *Amen.*

or this

N., I lay my hands upon you [*and anoint you*] in the name of our Savior Jesus Christ, praying you will be strengthened and filled with God's grace, that you may know the healing power of the Spirit. *Amen.*

The minister may add, in these or similar words

As you are outwardly anointed with this holy oil, so may our loving God give you the inward anointing of the Holy Spirit. Of God's bounty, may your suffering be relieved, and your spirit, mind, and body restored to grace and peace. May all of us in the frailty of our flesh know God's healing and resurrecting power. *Amen.*

The Memorial

Mourners may be given time to talk about their loss, grief, and healing.

Symbols of loss, grief, and hope may be placed on an altar. Prayers, poems, or other writings may be read.

There may be silence, journal writing, or creation of memorial objects.

Litany of Healing and Hope

In place of this litany, another litany or other prayers may be used.

Weeping may spend the night, but joy comes with the morning.

For the losses we have endured,
Hear our cry, O God.
For miscarried babies and unborn hopes,
Hear our cry, O God.
For those children we will never know,
Hear our cries, O God.
For broken hearts and broken lives,
Hear our cries, O God.
For wounded innocence and shattered dreams,
Hear our cries, O God.

During a brief silence, particular griefs may be named.

When we are weary or lost,
O Christ, lead us home.
When we are hopeless and sad
O Christ, lead us home.
When we are angry and tears become our food
O Christ, lead us home.
When we are faithless and fearful
O Christ, lead us home.
When we grieve and despair
O Christ, lead us home.
Because you have been our companion in sorrow,
Holy Spirit, give us peace.
Because every child you have made lives forever,
Holy Spirit, give us peace.
Because suffering can make us kinder and more courageous,
Holy Spirit, give us peace.
Because nothing can separate us from your goodness,
Holy Spirit, give us peace.

Because you pray within us ceaselessly,
Holy Spirit, give us peace.

Weeping may spend the night, but joy comes with the morning;
Holy God, we bless your name.
You remove our mourning clothes and dress us in gladness;
Mighty God, we bless your name.
You will turn our lament into dancing;
Loving God, we bless your name.
You forgive all our sins and heal our infirmities;
Immortal God, we bless your name.
You renew us in your loving-kindness;
We are your people and you are our God.

Hear our cries, O God. Heal and restore us. Fill us with your peace. In all things remind us of your love, for the sake of your Son, Jesus Christ, in the power of the Holy Spirit. *Amen.*

A hymn may be sung.

If the service continues with the Eucharist, the Peace is now exchanged.

If the Eucharist is not to be celebrated, the service concludes with the Lord's Prayer, a blessing, and a dismissal.

The Prayers

Some of these prayers are to be prayed for those named. Others are to be prayed by the specified individual or couple. They may also be adapted for pastoral use, as needed.

Prayers Surrounding Difficult Decisions

1. For Guidance in Decision-Making
2. Following a Difficult Decision

Prayers Surrounding Unexpected or Unwanted Pregnancy

3. For Help in Accepting an Unplanned Pregnancy
4. For the Parent(s) of a Pregnant Child [*to be prayed by them*]
5. For the Parent(s) of a Boy Who Has Fathered a Child [*to be prayed by them*]
6. For an Unexpected Pregnancy [*for the woman/or for her and her partner*]
7. For Discernment Regarding an Unexpected Pregnancy [*for an individual or couple*]

Prayers Surrounding the Loss of a Child

8. Following a Miscarriage
9. Following a Stillbirth, or Death Shortly after Birth
10. For Use by a Woman Whose Child Has Died in the Womb [*for the woman*]
11. When Releasing a Child for Adoption

Prayers Surrounding the Termination of Pregnancy

12. For Guidance in Decision-Making
13. Following an Abortion
14. For Unresolved Grief or Guilt, or on the Anniversary of an Abortion [*for the woman or couple*]

Prayers Surrounding Infertility or Sterilization

15. For Help in Deciding Whether to Have a Child
16. For Help to Conceive or to Accept Infertility [*for the couple*]
17. For Those Trying to Conceive a Child in Mature Years [*for the couple*]
18. For Letting Go the Hope of Childbearing [*for the couple*]
19. When the Decision Has Been Made Not to Bear Children [*for the woman or couple*]
20. When Surgeries Will Prevent a Desired Conception [*for the woman*]
21. After a Hysterectomy [*for the woman*]

Prayers Surrounding Adoption

22. For the Child Being Released for Adoption [*for the mother*]
23. For the Birth Parents [*to be prayed for the biological parents by the adopting parents*]
24. A Birth Mother's Prayer [*to be prayed by her*]
25. For Help in Selecting Adoptive Parents [*for the mother*]
26. Saying Good-Bye to a Child [*for the birth mother*]
27. For Help in Deciding Whether to Adopt [*for the couple*]
28. When the Decision Has Been Made to Adopt [*for the couple*]
29. Of Children or Birth Parents Seeking the Other [*for the individual*]

Prayers Surrounding Other Losses

30. After Mastectomy [*for the woman*]
31. In a Difficult Pregnancy
32. After a Traumatic Birth
33. When a Child Has Been Born with Special Needs
34. Confession and Assurance of Pardon

The Prayers

Some of these prayers are to be prayed for those named. Others are to be prayed by the specified individual or couple. They may also be adapted for pastoral use, as needed.

Prayers Surrounding Difficult Decisions

1. For Guidance in Decision-Making

Compassionate God: you have blessed your people with the capacity for discernment. Fill our hearts and minds with your peace as you come to N. [*and* N.] now in *their* time of need. Cleanse the thoughts of *their* hearts that *they* might perfectly love you in this moment. Grant *them* wisdom, grace, and courage as *they* listen for your voice. Fill *their hearts* with calm and strengthen them in the assurance of your never-failing love. Help *them* decide wisely. We ask this through Christ our Savior who, with you and the Comforter, abides with us always. *Amen.*

2. Following a Difficult Decision

Lord Jesus Christ, the same yesterday, today, and for ever: help N. [*and* N.] accept with courage and grace the consequences of *her* choice. Grant *her* acceptance of your forgiveness, and sure confidence in your mercy. Stay with *her* now to uphold and guide *her* along the path ahead, for your tender mercy's sake. *Amen.*

Gracious God, *we* thank you for the love that sustained *us* through the difficult choice *we* have made. *We* bless your name for granting *us* courage, peace, and strength. Give *us* grace in the days ahead to recognize your boundless mercy. Strengthen *our* faith and support *us* with your love that your goodness and mercy may follow *us* all the days of *our* lives, through Christ, our Good Shepherd. Amen.

Prayers Surrounding Unexpected or Unwanted Pregnancy

3. For Help in Accepting an Unplanned Pregnancy

For surely I know the plans I have for you, says the Lord, plans for your welfare and not for harm, to give you a future with hope. *Jeremiah 29:11*

O God of heavenly powers, your providence offers each of us a future beyond anything we could dream or imagine. When our own plans fail, you strengthen us to face new challenges so that our faith may be strengthened and that we might become the people you created us to be. Help us see others with the mind of Christ and love them with your never-failing love. Especially, comfort N. [*and* N.] *who have* conceived a child *they* had not expected. Give *them* grace to welcome this little one with hope in your future and to trust in your eternal goodness; through Christ our Savior. *Amen.*

4. For the Parent(s) of a Pregnant Child

Merciful God, throughout the changes and chances of our lives your faithfulness is everlasting. Be with *us* now in the midst of the turmoil that surrounds *us*. *Our* child has conceived a child, and *we* cannot see the way before *us*. Help *us* entrust our daughter to you. Grant her wisdom in her choices and the courage to do what is best. Fill *us* with your Holy Spirit that *we* may believe in your never-failing goodness; through Christ our Redeemer. Amen.

5. For the Parent(s) of a Boy Who Has Fathered a Child

Your grace, O God, surpasses anything *we* can imagine. Surround and sustain *our* son with your love as he *and* N. discern how best to care for the child they have conceived. *We* pray for the mother, N., and for her family. Grant all of us wisdom, strength, and courage for the living of this hour. Of your mercy, give *us* grace to see *our* son through the eyes of your unconditional love. Amen.

6. For an Unexpected Pregnancy

Come to *me*, loving Jesus, in *my* confusion. Calm *my* fears and give *me* the wisdom of the Holy Spirit so that *I* may discern what is best for *me*, [for *my* family,] and for the child I carry. Come to *me*, *my* Savior, and help *me*, for the sake of your love. Amen.

7. For Discernment Regarding an Unexpected Pregnancy

Holy Immortal One, your grace is never-ending and your love unfailing. *We* have conceived a child *we* feel unable to welcome or provide for. Fill *us* with the comfort of your Holy Spirit. [*Make* us *faithful and tender to each other in this difficult time, and*] grant *us* knowledge of what you would have *us* do; through your Son Jesus Christ in whom all things are healed, restored, and redeemed. Amen.

Prayers Surrounding the Loss of a Child

8. Following a Miscarriage

Heavenly God, the Rock of Ages, you sustain the universe with the power of your love and hold us in the tenderness of your unfailing care. Support N. [*and* N.] who mourn the loss of *their* child. Comfort them in *their* pain and heal *them* in your grace. Hold *their* little one in your everlasting arms. We pray in the name of Jesus Christ who has borne our griefs and carried our sorrows from death to eternal life. *Amen.*

O God, who gathered Rachel's tears over her lost children: Hear now the sorrow and distress of N. [*and* N.] for the death of the child *they* longed for; in the darkness of loss, stretch out to *them* the strength of your arm and renewed assurance of your love; through your own suffering and risen Child Jesus. *Amen.*
(*From* Enriching Our Worship 2)

9. Following a Stillbirth, or Death Shortly after Birth

Heavenly Father, your love for all children is strong and enduring. We were not able to know N. as we had hoped. Yet you knew *her* growing in *her* mother's womb, and *she* is not lost to you. In the midst of our sadness, we thank you that N. is with you now. *Amen.* (*From* Enriching Our Worship 2)

Loving God, we thank you that in your mercy you brought your daughter N. through childbirth in safety. We pray that N. [*and* N.] will know your support in this time of trouble and enjoy your protection always; through Jesus Christ our Savior. *Amen.* (*From* Enriching Our Worship 2)

10. For Use by a Woman Whose Child Has Died in the Womb

God, I cry out in anguish for this child of my body whose death has robbed me of hope and my joy. With your strong arm, uphold me in the sorrow of my labor to come. Do not leave me comfortless, but help me to trust that my beloved whom you have known in my womb now sees your face. As my child slides from my arms, hold *her/him* secure in your everlasting arms in that place of reunion and love, that dear, dear country of the blessed where your Child Jesus Christ reigns in eternal light. Amen.

11. When Releasing a Child for Adoption

See also Prayers Surrounding Adoption, pages 65 – 67.

Gracious God, send your healing love to sustain N. [*and* N.] as *they* place *their* child with the parents who will raise *him*. Your strength carried N. through pregnancy and childbirth; surround her [*and* N.] now and in the days to come. Confirm in *them* the conviction that *their* courageous act of love comes in response to your love for *them* and for all your children. Help *them* know that *they*, together with this child and the parents who adopt *him* are all part of your family whom you love unceasingly. We pray in Jesus' name. *Amen.*

Prayers Surrounding the Termination of Pregnancy

The termination of a pregnancy is always a grave matter. Even when protecting the physical or emotional health of the mother, the decision to terminate should be entered into prayerfully, with a contrite heart and the support of the church community in addition to other caregivers. (See appendix E.)

Before and after an abortion, the Prayers Surrounding Difficult Decisions (pages 56 – 57) may be helpful.

12. For Guidance in Decision-Making

Compassionate God, source of all life, be present now with N. [*and* N.] as *they* face this painful decision. Give *them* grace to choose wisely and fill *them* with the assurance of your love for *them* and for all life. Help *them* rest in the certain knowledge that you are near to guide *them* and that nothing can separate us from your steadfast love. *Amen.*

13. Following an Abortion

Holy and life-giving God, we thank you for being with N. [*and* N.] through this difficult time. Help *her* to accept that you love *her* as you love the young life who is now held in Christ's arms. Fill *her* heart with your mercy. Heal *her* in body and mind that *she* may trust in your goodness. Guide *her* in the days to come, that *she* may know *herself* to be your beloved child. We ask this in Jesus' name. *Amen.*

Compassionate God, I have ended the life briefly held in my body. This action has brought sorrow to others and grief to me. Forgive my sins and cleanse me with your abundant mercy. Uphold me by your grace that I may know the healing power of your love; for the sake of Jesus Christ, my Redeemer. Amen.

14. For Unresolved Grief or Guilt, or on the Anniversary of an Abortion

Merciful God, hear *my* cry to you. Relieve the sorrow of *my* heart. *I* regret *my* decision [*to end* my *pregnancy*]. Yet you are a merciful God, slow to anger, abounding in steadfast love, and quick to forgive the penitent. Of your loving-kindness, forgive *me*. Heal *my* broken heart. Bring *me* the joy of your saving help again, and renew a right spirit within *me*, for the sake of your Son, Jesus Christ. Amen.

Gracious God, you forgive our sins and heal our sorrows. The abortion N. underwent has left scars of regret, pain, and loss. Fill her with the certain knowledge that all who live, however briefly, are redeemed by your mercy, and that your love and grace are eternal. Heal and forgive her, Lord God, that she may know the joy of your salvation; for the sake of Jesus Christ our Redeemer. *Amen.*

Prayers Surrounding Infertility or Sterilization

15. For Help in Deciding Whether to Have a Child
See also #27, For Help in Deciding Whether to Adopt, page 67.

Holy God, you have searched *me* out and known *me*. Help *me* make a wise decision, according to your will. You know *my* doubts about rearing a child. Free *me* from the anxiety of disappointing you, others, and *myself*. Teach *me* to understand *my* nature and purpose, fill *me* with your wisdom, and guide *me* to act according to your will. *I* pray in the name of Jesus, *my* Savior. Amen.

You have made us in your image, O God, and blessed us through one another. You make our home holy with your presence. Grant us your understanding as we consider whether to have a *[another]* child. Fill our hearts with humility and increase our trust in your goodness, that we may live fully this life you have given us. Amen.

God of all wisdom, bless *N. and N.* as they pray whether to conceive a *[another]* child. Help them understand their own capacities and discern your will for them, through Jesus Christ in the grace of the Holy Spirit. *Amen.*

16. For Help to Conceive or to Accept Infertility

Merciful Creator, every day you bring new life into this world. We long to share in this generation by bearing a child. Yet our attempts have brought grief, frustration, and fear. Now we feel spent and our hope fades. Give us grace to surrender our longing to you. Hold our hearts' desire in your heart, helping us trust that our lives unfold according to your unfailing love, through Christ our Redeemer. Amen.

17. For Those Trying to Conceive a Child in Mature Years

God, our unfailing hope and strength; you heard the pleas of our ancestors in Scripture that they might bear children, even as their expectation faded; hear also our great desire and longing for a child. Help us to welcome that future you bring to us according to your will and to make our lives fruitful and joyful beyond what we may expect or imagine; we pray in the name of your child Jesus and through the Holy Spirit that prays in us with groans too deep for words. Amen.

18. For Letting Go the Hope of Childbearing

Holy God, you offer abundance of life and fullness of joy to your children. We have longed to bear children of our own. As we grieve the loss of this dream, turn our sorrow to hope for a different future than the one we had imagined. Transform the desires of our hearts into grace that we may bear your love to others in all we do and say, through Jesus Christ, our Redeemer. Amen.

19. When the Decision Has Been Made Not to Bear Children

God who has searched us out and known us: We have sought your guidance in discerning our readiness to be parents and your will for our lives; be with us now in our decision not to bear children, that in this and in all our actions we may give you honor, praise, and service; through Jesus Christ our Savior and your Holy Spirit, who dwell with you in glory everlasting. Amen.

20. When Surgery Will Prevent a Desired Conception

God our strong Defender, stand with me in this surgery. Guide the hands of my doctors and nurses; keep me in the awareness of your presence; and raise me up to health and fresh hopes and joys beyond what I can now imagine or ask for, through the love of Christ and the life-giving of your Holy Spirit. Amen.

21. After a Hysterectomy

God of all wisdom, you knew me from my mother's womb. I thank you for making me a woman *[and for the children born of my body]*. I grieve the loss of part of me. Holy One, you made me in your image. Help me to realize that I remain the person you created. Bring to birth in me gifts of new fruitfulness in reaching out to others. Heal and restore my body, and in the years ahead, grant me fullness of joy; through Christ our Lord. Amen.

Prayers Surrounding Adoption

22. For the Child Being Released for Adoption

For surely I know the plans I have for you, says the Lord, plans for your welfare and not for harm, to give you a future with hope. *Jeremiah 29:11*

Life-giving God, you have given *me* the gift of this child. Before *she* was conceived in the womb, you knew *her*. *She* is surrounded by your love, and for love's sake *we* entrust *her* to those who will raise *her*. Guide and protect *her* all the days of *her* life. May *she* live and grow in grace as your beloved; *we* pray in the name of your Child Jesus, our Savior. Amen.

23. For the Birth Parents

Gracious God, may your mercy uphold N. as she sends this child born of her body to new parents who will nurture and raise *him*. As our love goes with *him*, surround N. also with your love. May she have your peace in her heart. May her spirit find rest in your unchanging presence. In Jesus' holy name we pray. *Amen.*

Holy God, send your blessing upon the birth parents of *our* child. Give them an abiding awareness of your love. Lead them into a future bright with promise. May they always rest in the certainty of your loving care for them, and for the child they have entrusted to *us*. In Jesus' name we pray. Amen.

24. A Birth Mother's Prayer

Heal my heart, dear God. I send forth my *daughter*, born of my body, to the family who will love and raise *her*. A part of *her* will always remain with me. Give me grace to live each day knowing you uphold *her* and me in strength, guidance, and mercy. I pray in the name of Jesus Christ, my Redeemer. Amen.

25. For Help in Selecting Adoptive Parents

Loving God, our Creator, you knew this child when *he* was formed in the womb, and have numbered the hairs on *his* head. Help us discern a family in which *he* will thrive, growing up as the person you created *him* to be. Even now, prepare the hearts and home of *his* future parents, granting that their lives will be blessed with goodness and peace; through Christ our Savior. *Amen.*

26. Saying Good-Bye to a Child

N., my child, go in the light and love of God.
May you live in abundance of joy, free from harm. *Amen.*
May you find true and trusted friends. *Amen.*
May you find purposeful work and the meaning of Sabbath. *Amen.*
May you learn justice, kindness, and humility; and live them. *Amen.*
May you experience the gift of love. *Amen.*
May you come to know the risen Christ. *Amen*
May you encounter the Holy Spirit who dwells within you. *Amen.*
May you have a full life, and come at length to rest in your heavenly home. *Amen.*

God who watches every moment of our days; *I* commend this child N. to your care. Before *she* was *mine, she* is yours. You gave *her* life. Be *her* protector, companion, and guide. Grant that *her* adoptive parents may love *her* as their own. May *she* flourish in their care as *she* grows in your wisdom. Keep *her* safe and well; make *her* strong and true. Lead *her* to walk in your ways in love and joy. *I* pray this in the name of Jesus, who blessed the children in his arms, in whose arms *I* now place *her. Amen.*

27. For Help in Deciding Whether to Adopt

O God, as a loving parent you have made *us* your own *children* through adoption into Christ. Guide *us* as *we* decide whether to adopt, to share the love you have given *us* with a child. Give *us* humility to make this decision wisely, for the sake of Jesus Christ, your Child, in the grace of your Holy Spirit. Amen.

28. When the Decision Has Been Made to Adopt

Heavenly Father, all the peoples of the earth are one family in you: bless *our* decision to adopt. Help *us* freely and gladly share *our* lives, *our* love, and *our* home with a child who needs *us*. Remind *our* family in times of doubt or frustration that every moment is filled with your grace. Surround this decision and those to come with your steadfast love; through Christ who took little children to himself. Amen.

29. Of Children or Birth Parents Seeking the Other

Holy God, in *my heart* there is a place of longing and questions about the *child/parents* I never knew. *My* eyes have not seen *her/them*, *my* arms have not held *her/them*, yet we are related. Give *me* your guidance, God, and grant that *my* search will unfold according to your will. *I* thank you for the *parents/spouse/children* with whom I share my life, and pray that *they* will always know how precious they are to *me* and to you. *I* ask the grace of your Holy Spirit in this and all *my* actions, through *my* Savior Jesus Christ. Amen.

Prayers Surrounding Other Losses

30. After Mastectomy

Christ came in our poor flesh to share a mother's care.
Our mothers bear us for pain and for death;
our true mother, Jesus, bears us for joy and endless life.
From "A Song of True Motherhood," Julian of Norwich

God of tender mercy, hear my prayer. I grieve the loss of my breast(s), a change to my body and to my sense of self as a woman. Help me to remember that you made me in your image and that in you I am made whole, despite all wounds. Give me confidence and fill me with hope in all that lies ahead. I pray through Christ who, like a mother, bears us for joy and endless life. Amen.

31. In a Difficult Pregnancy

He will feed his flock like a shepherd; he will gather the lambs in his arms, and carry them in his bosom, and gently lead the mother sheep. *Isaiah 40:11*

Good shepherd of the flock, tender Jesus, carry N. [*and N.*] through the perils of this pregnancy. Strengthen *their* trust that you are at work in this and every circumstance, and encourage *them* with your grace. Keep alive the flame of hope that you are present with *them* and with this child you knit together in the womb. Fill *them* with confidence in God the Creator and comfort in the Holy Spirit, for your tender mercy's sake. *Amen.*

See also the "Blessing of a Pregnant Woman" page 19.

32. After a Traumatic Birth

Life-giving Christ, be our faithful and loving companion in every moment of our lives. Visit N. with your healing grace. Heal the pain and trauma she has undergone through this birth. As you labored in agony on the cross so she suffered in labor. Now bring her the joy of new life that nothing can take away. Let your angels watch over this mother and child as they heal and rest. In the days to come, help N. know your promise that weeping may linger for the night, but joy comes with the morning. So may this mother and child rise to give you thanks tomorrow and always, secure in you, who with the Father and the Holy Spirit, reign throughout all ages. *Amen.*

33. When a Child Has Been Born with Special Needs

God of creation, you made all peoples of the earth one family; we thank you for N., a child created in your love and a precious gift to *his* family. Bring N. fullness of joy. Make *him* a witness to your compassion for all your creation and a blessing to those who know *him*. Sustain *his* family and all those who care for *him* in their anxieties and questions. Give them grace to love this child with your love and increase their faith and knowledge of you. Enable us who love them to provide support and comfort, through the power of your holy and life-giving Spirit, through Christ who loves all children. *Amen.*

God the creator of us all, *we* give you thanks for the life of *this child*. Grant *us* accepting and understanding hearts, and the gifts of courage and patience to face the challenge of caring for *her*. Let your love for *us* be seen in *our* lives, that *we* may create an atmosphere in which *she* will live a life of dignity and worth. *We* ask this in the name of Jesus, the compassionate. *Amen. (From* A New Zealand Prayer Book, *page 756)*

34. Confession and Assurance of Pardon

This form may be used by a lay or ordained confessor with a penitent or at other times when an entire liturgical rite is not needed.

Holy God, Holy and Mighty: I confess that in my sinfulness I have wounded the body of Christ, and both brought grief and injury to others and to myself, [*especially, I confess* _____]. Holy Immortal One, lift the weight of this burden from my shoulders; forgive, cleanse, and renew me; and put a new and right spirit within me, according to your mercy and loving-kindness; through the grace of Jesus Christ my Savior. *Amen.*

Confessor's words of pardon

N., beloved child of God; through Jesus Christ the grace of God flows to you conferring forgiveness and absolution of all your sin, and raises you to renewed life by the power of the Holy Spirit working in you more than you dare ask for or imagine. Abide in peace; through Christ your faith has made you whole.

Appendices

Appendix A
Suggested Readings from Scripture

Opening Sentences (or Short Readings)

Lament

Have pity on me, Lord, for I am weak; save me for your mercy's sake. I grow weary because of my groaning; every night I drench my bed and flood my couch with tears. My eyes are wasted with grief. *Psalm 6:2a, 4b, 6–7a*

My God, my God, why have you forsaken me? Why are you so far from my cry and from the words of my distress? *Psalm 22:1*

Have mercy on me, O Lord, for I am in trouble; my eye is consumed with sorrow for my life is wasted with grief, and my years with sighing; my strength fails me because of affliction, and my bones are consumed. *Psalm 31:9–10*

My tears have been my food day and night. *Psalm 42:3*

Hear my cry, O God, and listen to my prayer. I call upon you from the ends of the earth with heaviness in my heart. *Psalm 61:1–2*

Save me, O God, for the waters have risen up to my neck. I am sinking in deep mire, and there is no firm ground for my feet. I have grown weary with my crying; my throat is inflamed; my eyes have failed from looking for my God. In your great mercy, O God, answer me with your unfailing help. Answer me, O Lord, for your love is kind; in your great compassion, turn to me. *Psalm 69:1–2, 4, 15, 18*

In the day of my trouble I sought the Lord; my hands were stretched out by night and did not tire; I refused to be comforted. Will the Lord cast me off for ever? Has his loving-kindness come to an end for ever? *Psalm 77:2, 7a, 8a*

O Lord, I cry to you for help; in the morning my prayer comes before you. Lord, why have you rejected me? Why have you hidden your face from me? Darkness is my only companion. *Psalm 88:14–15, 19b*

My days drift away like smoke, and my bones are hot as burning coals. My heart is smitten like grass and withered, so that I forget to eat my bread. Because of the voice of my groaning I am but skin and bones. I have eaten ashes for bread, and mingled my drink with weeping. *Psalm 102:3–5, 9*

Out of the depths have I called to you, O Lord; Lord, hear my voice. *Psalm 130:1*

My spirit faints within me; my heart within me is desolate. O Lord, make haste to answer me; my spirit fails me. *Psalm 143:4, 7a*

For these things I weep; my eyes flow with tears, for a comforter is far from me, one to revive my courage. *Lamentations 1:16*

I have sewed sackcloth upon my skin and have laid my strength in the dust. My face is red with weeping and deep darkness is on my eyelids. *Job 16:15–16*

Hope

O Lord, my God, I cried out to you, and you restored me to health. Weeping may spend the night, but joy comes in the morning. *Psalm 30:2, 6*

I have trusted in you, O Lord; I have said, "You are my God. Make your face to shine upon your servant; and in your loving-kindness save me." *Psalm 31:14, 16*

Be strong and let your heart take courage, all you who wait for the Lord. *Psalm 31:24*

The righteous cry, and the Lord hears them, and delivers them from all their troubles. *Psalm 34:17*

The Lord is near to the brokenhearted, and will save those whose spirits are crushed. *Psalm 34:18*

Create in me a clean heart, O God, and renew a right spirit within me. Cast me not away from your presence, and take not your Holy Spirit from me. Give me the joy of your saving help again, and sustain me with your bountiful Spirit. *Psalm 51:11–13*

For God alone my soul in silence waits; from him comes my salvation. *Psalm 62:1*

You shall not be afraid of any terror by night, nor of the arrow that flies by day. For he shall give his angels charge over you, to keep you in all your ways. *Psalm 91:5, 11*

The cords of death entangled me; the grip of the grave took hold of me; I came to grief and sorrow. [But] you have rescued my life from death, my eyes from tears, and my feet from stumbling. *Psalm 116:2, 7*

I lift up my eyes to the hills; from where is my help to come? My help comes from the Lord, the maker of heaven and earth. *Psalm 121:1–2*

Those who sowed with tears will reap with songs of joy. *Psalm 126:6*

I wait for the Lord; my soul waits for him; in his word is my hope. My soul waits for the Lord more than watchmen for the morning, more than watchmen for the morning. *Psalm 130:4–5*

O Lord, I call to you; come to me quickly; hear my voice when I cry to you. Let my prayer be set forth in your sight as incense, the lifting up of my hands as the evening sacrifice. *Psalm 141:1–2*

The souls of the righteous are in the hand of God and no torment will ever touch them. In the eyes of the foolish, they seem to have died, and their departure was thought to be disaster and their going from us to be their destruction, but they are at peace. *Wisdom 3:1–3*

Those who trust in God will understand truth, and the faithful will abide with God in love, because grace and mercy are upon his holy ones and God watches over his elect. *Wisdom 3:9*

Readings from the Old Testament

Genesis 32:24–30	*Jacob wrestles with God*
1 Samuel 1:1–18	*Hannah prays for a child*
1 Kings 19:4–9a	*In his despair, Elijah is fed and strengthened for the journey*
1 Kings 19:9b–13	*The Lord speaks to Elijah in the sound of sheer silence*
Job 3:1–4, 11–13	*Job curses the day of his birth*
Job 3:20–26	*Why is light given to one in misery?*
Ecclesiastes 3:1–8, 14–15	*For everything there is a season*
Ecclesiastes 7:1–4, 8–14	*Sorrow is better than laughter, for by sadness of countenance the heart is made glad.*
Isaiah 25:6–9	*He will swallow up death for ever*

Isaiah 30:18–21	*Your ears shall hear ... "This is the way, walk in it."*
Isaiah 43:1–4a	*Can a woman forget her nursing child....?*
Isaiah 66:10–14a	*As a mother comforts her child, so I will comfort you*
Jeremiah 29:11–14	*I know the plans I have for you*
Jeremiah 31:15–17, 23–24	*Rachel weeping for her children*
Lamentations 3:22–26	*The steadfast love of the Lord never ceases*
Ezekiel 36:24–28	*A new heart I will give you*
Ezekiel 37:1–14	*The valley of dry bones*

Readings from the New Testament

Romans 8:31–39	*If God is for us, who is against us?*
1 Thessalonians 4:13–18	*We do not want you to be uninformed about those who have died.*
1 John 3:1–2	*See what love the Father has given us*
Revelation 7:13–17	*These are they who have come out of the great Ordeal; and God will wipe away every tear*
Revelation 21:1–5	*A new heaven and a new earth; death will be no more*

Readings from the Gospels

Matthew 5:1–10	*Blessed are those who mourn*
Matthew 7:7–11	*Ask, and it will be given you ...* [See also Luke 11:9–13]
John 6:37–39	*Everything that the Father gives me will come to me*
John 10:11–16	*I am the good shepherd*
John 11:32–37	*Jesus weeps for Lazarus*
John 11:38–44	*Jesus raises Lazarus*

Assurance of God's Help in Decision - Making

Psalm 37:4–9	*Take delight in the Lord, and he shall give you your heart's desire*
Psalm 73:23–26	*You will guide me by your counsel*
Psalm 119:169–76	*Give me understanding according to your word*
Proverbs 2:1–11	*The Lord gives wisdom*
Proverbs 3:1–8	*Trust in the Lord with all your heart*
Proverbs 8:1–21	*Does not wisdom call, and does not understanding raise her voice?*
James 1:5–8	*If any of you is lacking in wisdom, ask God*
James 5:13–18	*The prayer of the righteous is powerful and effective*

Psalms of Lament

Psalm 6:1–7	*I grow weary because of my groaning*
Psalm 13	*How long, O Lord? will you forget me for ever?*
Psalm 22	*My God, my God, why have your forsaken me?*
Psalm 31:9–16	*My eye is consumed with sorrow*
Psalm 42:1–8a	*My tears have been my food day and night*
Psalm 51	*Have mercy on me, O God, according to your loving-kindness*
Psalm 61:1–4	*Hear my cry, O God. . . . I will take refuge under the cover of your wings*
Psalm 69:1–4, 15–18	*Save me, O God, for the waters have risen up to my neck*
Psalm 77:1–10	*I will cry aloud to God. . . . In the day of my trouble I sought the Lord*
Psalm 86	*Bow down your ear, O Lord, and answer me, for I am poor and in misery*

Psalm 88	O Lord, my God, my Savior, by day and night I cry to you
Psalm 102	Lord, hear my prayer, and let my cry come before you
Psalm 142	I cry to the Lord with my voice; to the Lord I make loud supplication
Psalm 143	Lord, hear my prayer, and in your faithfulness heed my supplication

Psalms of Deliverance from Distress

Psalm 18:1–7, 17, 20	I called upon the Lord in my distress… He heard my voice from his heavenly dwelling
Psalm 30:1–7, 11–13	You have turned my wailing into dancing
Psalm 34:3–8, 18	Taste and see that the Lord is good
Psalm 40	I waited patiently upon the Lord; he stooped to me and heard my cry
Psalm 46	God is our refuge and strength, a very present help in trouble
Psalm 57	Be merciful to me, O God;… in the shadow of your wings will I take refuge
Psalm 71	In you, O Lord, have I taken refuge
Psalm 90	Lord, you have been our refuge from one generation to another
Psalm 91	You are my refuge and my stronghold
Psalm 92:1–5	For you have made me glad by your acts, O Lord
Psalm 103	Bless the Lord, O my soul
Psalm 116	I love the Lord, because he has heard the voice of my supplication

Psalms of Hope and Assurance

Psalm 20 — *May the Lord answer you in the day of trouble*
Psalm 23 — *The Lord is my shepherd*
Psalm 27 — *The Lord is my light and my salvation*
Psalm 121 — *I lift up my eyes to the hills; from where is my help to come?*

Canticles

The Song of Hannah	*Canticle C*	*Enriching Our Worship I*
A Song of the Wilderness	*Canticle D*	*Enriching Our Worship I*
A Song of Jerusalem Our Mother	*Canticle E*	*Enriching Our Worship I*
A Song of Lamentation	*Canticle F*	*Enriching Our Worship I*
A Song of Jonah	*Canticle I*	*Enriching Our Worship I*
A Song of Our Adoption	*Canticle K*	*Enriching Our Worship I*
A Song of Christ's Goodness	*Canticle Q*	*Enriching Our Worship I*
A Song of True Motherhood	*Canticle R*	*Enriching Our Worship I*

Appendix B

Suggested Songs and Hymns

From Episcopal Church Publications

The Hymnal 1982

687/688	A mighty fortress is our God (based on Psalm 46)
662	Abide with me
665	All my hope on God is founded
671	Amazing grace! how sweet the sound
658	As longs the deer for cooling streams (paraphrase of Psalm 42:1–7)
488	Be thou my vision
301	Bread of the world, in mercy broken (Look on the heart by sorrow broken)
508	Breathe on me, breath of God
516	Come down, O Love divine
487	Come, my way, my truth, my life
686	Come, thou fount of every blessing
669	Commit thou all that grieves thee
654	Day by day
339	Deck thyself, my soul, with gladness, leave the gloomy haunts of sadness
712	Dona nobis pacem
465/466	Eternal light, shine in my heart
151	From deepest woe I cry to thee
694	God be in my head, and in my understanding
677	God moves in a mysterious way
690	Guide me, O thou great Jehovah
318	Here, O my Lord, I see thee face to face (Here would I lay aside each earthly load)
515	Holy Ghost, dispel our sadness
472	Hope of the world, thou Christ of great compassion
636/637	How firm a foundation
517	How lovely is thy dwelling place (paraphrase of Psalm 84)
692	I heard the voice of Jesus say, "Come unto me and rest"

668	I to the hills will lift mine eyes (paraphrase of Psalm 121)
490	I want to walk as a child of the light
635	If thou but trust in God to guide thee
699	Jesus, Lover of my soul
693	Just as I am
641	Lord Jesus think on me
482	Lord of all hopefulness, Lord of all joy
593	Lord, make us servants of your peace (Prayer of St. Francis)
702	Lord, thou hast searched me and dost know (paraphrase of Psalm 139:1–11)
247	Lully, lullay, thou little tiny child
585	Morning glory, starlit sky (hidden is love's agony, love's endeavor, love's expense)
691	My faith looks up to thee
664	My Shepherd will supply my need (paraphrase of Psalm 23)
333	Now
308	O Food to pilgrims given (vv. 1 & 2)
680	O God our help in ages past (paraphrase of Psalm 90:1–5)
700	O love that casts out fear
681	Our God, to whom we turn
666	Out of the depths I call (paraphrase of Psalm 130)
685	Rock of ages, cleft for me
708	Savior, like a shepherd lead us
711	Seek ye first the kingdom of God
509	Spirit divine, attend our prayers
678/679	Surely it is God who saves me (paraphrase of The First Song of Isaiah)
707	Take my life, and let it be consecrated, Lord, to thee
645/646	The King of love my shepherd is (paraphrase of Psalm 23)
663	The Lord my God my shepherd is (paraphrase of Psalm 23)
676	There is a balm in Gilead
469/470	There's a wideness in God's mercy
554	'Tis the gift to be simple, 'tis the gift to be free
640	Watchman, tell us of the night
715	When Jesus wept

Lift Every Voice and Sing II

181	Amazing grace! how sweet the sound
183	Be not dismayed whate'er betide (God will take care of you)
111	Come, Thou fount of every blessing
147	Come, ye disconsolate
91	Give me Jesus
189	Great is thy faithfulness
217	He's got the whole world in His hand
191	His eye is on the sparrow
192	I need thee every hour
70	I want Jesus to walk with me
193	I will trust in the Lord
71	In times like these
188	It is well with my soul
79	Jesus, lover of my soul
218	Jesus loves me
72	Just a closer walk with thee
137	Just as I am
82	Just when I need Him, Jesus is near
104	The Lord is my Shepherd (paraphrase of Psalm 23)
88	My faith looks up to thee
99	My hope is built (On Christ the solid Rock)
118	Oh, let the Son of God enfold you (Spirit Song)
106	Precious Lord, take my hand
115	Spirit of the Living God
118	Spirit Song
177	Standin' in the need of prayer
103	Steal away
203	There is a balm in Gilead
207	We'll understand it better by and by
109	What a friend we have in Jesus
188	When peace, like a river, attendeth my way (It is well with my soul)
191	Why should I feel discouraged (His eye is on the sparrow)

Wonder, Love, and Praise

799	Abide with me: fast falls the eventide
727	As panting deer desire the waterbrooks (paraphrase of Psalm 42)
811	Be not afraid (You shall cross the barren desert)
825	Bless the Lord my soul (Taizé)
819	Guide my feet, Lord
773	Heal me, hands of Jesus
805	I want Jesus to walk with me
797	It's me O Lord (Standin' in the need of prayer)
798	Lord Jesus, think on me
772	O Christ, the healer
770/771	O God of gentle strength
827	O Lord hear my pray'r (Taizé)
810	On eagle's wings
791	Peace before us
800	Precious Lord, take my hand
750	So the day dawn for me
826	Stay with me (Taizé)
804	Steal away
758	Tu has venido a la orilla (You have come down to the lakeshore)
811	You shall walk the barren desert (Be not afraid)
810	You who dwell in the shelter of the Lord (On Eagles' Wings)
813	Way way way

Voices Found

92	Be still and know that I am God
142	Bless now, O God, the journey
60	Come and seek the ways of Wisdom
21	God of the women
91	Heal me, Lord
96	Healing river of the Spirit
94	In boldness, look to God
97	In deepest night, in darkest days

82/83/84	Just as I am, without one plea
145	Lo, the winter's past
131	Lord of all hopefulness
71/72	Mothering God, you gave me birth
146	Nothing distress you
132/133	Take my life, and let it be consecrated, Lord, to thee
24	When, like the woman at the well, I lived with broken dreams

My Heart Sings Out

146	God to enfold you
86	In the bulb there is a flower
55	May the Lord, mighty God
142	Mothering God, you gave me birth (Norwich)
46	Take, O take me as I am

Other Sources for Songs and Hymns

Knowledge of Peace by Eric H. F. Law

5	A new heart I'll give to you

Songs & Prayers from Taizé

9	Bless the Lord, my soul
28	Come and fill (Confitemini Domino)
19	In God alone (Mon ame se repose)
29	Nothing can trouble (Nada te turbe)
20	O Lord, hear my prayer
14	Our darkness is never darkness in your sight (La tenebre)
21	Stay with us (Bleib mit deiner Gnade)
12	Wait for the Lord
25	When the night becomes dark
37	Within our darkest night (Dans nos obscurites)

Evangelical Lutheran Worship (ELCA)

656	Blest be the tie that binds
781	Children of the heavenly Father
185	Create in me a clean heart (Psalm 51:10–12)
186	Create in me a clean heart (Psalm 51:10–12)
187	Create in me a clean heart (Psalm 51:10–12)
188	Create in me a clean heart (Psalm 51:10–12)
737	He comes to us as one unknown
612	Healer of our every ill
698	How long, O God?
769	If you but trust in God to guide you
699	In Deepest Night
616	Jesus, remember me (Taizé)
735	Mothering God, you gave me birth (Lady Chapel Singers)
778	The Lord's my shepherd (Brother James Air)

Gather Comprehensive (RC)

647	Come to me, come when you are weary
650	Come to me (Ask, and you shall receive)
637	Come to me, O weary traveler
882	Healer of our every ill
875	Jesus, heal us
589	May the Lord, mighty God
652	Our God is rich in love
877	Out of the depths, O God, we call to you
641	Shepherd of my heart (paraphrase of Psalm 23)
575	We cannot measure how you heal
654	With a shepherd's care, God leads us
649	You are mine (Do not be afraid, I am with you)

African American Heritage Hymnal

438	Come by here, my Lord
354	Come to Jesus
361	I will arise and go to Jesus
437	Kum Ba Yah
470	People need the Lord
442	Sweet hour of prayer
418	We'll understand it better by and by

The Faith We Sing (United Methodist)

2155	Blest are they (based on the Beatitudes)
2217	By the Babylonian rivers (Latvian melody) (Psalm 137)
2166	Christ beside me (St. Patrick's Breastplate)
2213	Healer of our every ill
2136	Out of the depths, O God, we call to you
2218	You are Mine (I will come to you in the silence)

The Presbyterian Hymnal

246	By the Babylonian rivers (Latvian melody) (Psalm 137)
245	By the Waters of Babylon (Billings) (Psalm 137)
275	God of our Life

Bring the Feast

5	Braided rugs (Braided lives)
8	By the waters of Babylon (Billings)
12	En medio de la vida (You are the God within life)
23	Like a mother who has borne us
26	Mothering God, you gave me birth (Mother round)
27	My mother's life I celebrate this day
36	Seeking healing on our journey
42	We are women at the well
45	When like the woman at the well (Craven)
47	Womb of life, and source of being

Appendix C

Anthems

"Out of the Depths," Alan Hovahness, Peters Edition
"There Is a Balm in Gilead," William Dawson, Kjos Publishing
"Don't Give Up," Richard Smallwood, Bridge-Building Music
"I Love the Lord," Richard Smallwood, Rich-Wood Music &
   Bridge-Building Music
"He Won't Leave You," Richard Smallwood, Rich-Wood Music &
   Bridge-Building Music
"O God, Beyond All Praising," Richard Proulx, GIA Music
"We Fall Down," Kyle Matthews, Careers-BGM Music
   Publishing, Inc. & Final Four Music
"Search Me, Lord," Thomas A, Dorsey, Martin & Morris Music
"God Is Love" & "We Are Redeemed in the Lord," E Mass,
   Church Publishing, Inc.

The following are available online:

"Bridge Over Troubled Water"
"Come Unto Him"
"Be Still, My Soul"
Selections from Handel's "Messiah"
"Finlandia" Theme from Jean Sibelius

Appendix D

Other Sources for Prayers, Liturgies, and Music

Human Rites, by Hannah Ward and Jennifer Wild. Mowbray Publishing, 1995.
Women's Uncommon Prayers. Church Publishing Incorporated, 2000.
Lifting Women's Voices. Church Publishing Incorporated, 2009.

Mother Songs, edited by Sandra M. Gilbert, Susan Gerbar, and Diana O'Hehir. W. W. Norton and Co., 1995.
A Wee Worship Book from Wild Goose Worship Group. GIA Publications, Inc., 1999.
A New Zealand Prayer Book
The St. Helena Psalter, personal edition. Church Publishing Incorporated, 2005.
Bring the Feast: Songs from the Re-imagining Community. The Pilgrim Press, 1998.

Appendix E

General Convention Statements on Childbirth and Abortion

Resolution Number: 1994-A054

Title: Reaffirm General Convention Statement on Childbirth and Abortion

Legislative Action Taken: Concurred as Substituted and Amended

Final Text:

Resolved, the House of Bishops concurring, That this 71st General Convention of the Episcopal Church reaffirms resolution C047 from the 69th General Convention, which states: All human life is sacred from its inception until death. The Church takes seriously its obligation to help form the consciences of its members concerning this sacredness. Human life, therefore, should be initiated only advisedly and in full accord with this understanding of the power to conceive and give birth which is bestowed by God. It is the responsibility of our congregations to assist their members in becoming informed concerning the spiritual and physiological aspects of sex and sexuality.

The Book of Common Prayer affirms that "the birth of a child is a joyous and solemn occasion in the life of a family. It is also an occasion for rejoicing in the Christian community" (p. 440). As Christians we also affirm responsible family planning. We regard all abortion as having a tragic dimension, calling for the concern and compassion of all the Christian community.

While we acknowledge that in this country it is the legal right of every woman to have a medically safe abortion, as Christians we believe strongly that if this right is exercised, it should be used only in extreme situations. We emphatically oppose abortion as a means of birth control, family planning, sex selection, or any reason of mere convenience.

In those cases where an abortion is being considered, members of this Church are urged to seek the dictates of their conscience in prayer, to seek the advice and counsel of members of the Christian community and where appropriate, the sacramental life of this Church.

Whenever members of this Church are consulted with regard to a problem pregnancy, they are to explore, with grave seriousness, with the person or persons seeking advice and counsel, as alternatives to abortion, other positive courses of action, including, but not limited to, the following possibilities: the parents raising the child; another family member raising the child; making the child available for adoption.

It is the responsibility of members of this Church, especially the clergy, to become aware of local agencies and resources which will assist those faced with problem pregnancies. We believe that legislation concerning abortions will not address the root of the problem. We therefore express our deep conviction that any proposed legislation on the part of national or state governments regarding abortions must take special care to see that the individual conscience is respected, and that the responsibility of individuals to reach informed decisions in this matter is acknowledged and honored as the position of this Church; and be it further

Resolved, That this 71st General Convention of the Episcopal Church express its unequivocal opposition to any legislative, executive, or judicial action on the part of local, state, or national governments that abridges the right of a woman to reach an informed decision about the termination of pregnancy or that would limit the access of a woman to safe means of acting on her decision.

Citation: General Convention, *Journal of the General Convention of . . . The Episcopal Church, Indianapolis, 1994* (New York: General Convention, 1995), pp. 323–25.

Resolution Number: 2000 D083-
Express Concern for and Support Ministry to Those Suffering from Postabortion Stress

Resolved, That the 73rd General Convention of the Episcopal Church acknowledge that some men and women suffer from post-abortion stress; and be it further

Resolved, That the General Convention of the Episcopal Church call for the Church to embrace and minister to men and women who have participated in an abortion and who may feel the need for pastoral and sacramental ministries of this church; and be it further

Resolved, That the General Convention of the Episcopal Church urge parishes to become safe communities for women and men to talk about their abortion experience and to receive pastoral care directed at the healing process; and be it further

Resolved, That the General Convention of the Episcopal Church encourage its clergy to become informed about the symptoms and behaviors associated with postabortion stress; and be it further

Resolved, That the General Convention of the Episcopal Church direct parishes to make available contact information for counseling agencies that offer programs to address postabortion stress for all seeking help.

Citation: General Convention, *Journal of the General Convention of . . . The Episcopal Church, Denver,* 2000 (New York: General Convention, 2001), p. 654f.

www.ingramcontent.com/pod-product-compliance
Ingram Content Group UK Ltd.
Pitfield, Milton Keynes, MK11 3LW, UK
UKHW021830140426
5217IPUK00021B/1374

Dietrich Fürst/Andrea Bache/
Lina Trautmann (Hrsg.)

Postfossile Gesellschaft

Bibliografische Information der Deutschen Nationalbibliothek
Die Deutsche Nationalbibliothek verzeichnet diese Publikation
in der Deutschen Nationalbibliografie; detaillierte bibliografische
Daten sind im Internet über http://dnb.d-nb.de abrufbar.

ISSN 1610-2444
ISBN 978-3-631-65427-9 (Print)
E-ISBN 978-3-653-04570-3 (E-Book)
DOI 10.3726/978-3-653-04570-3

© Peter Lang GmbH
Internationaler Verlag der Wissenschaften
Frankfurt am Main 2014
Alle Rechte vorbehalten.
PL Academic Research ist ein Imprint der Peter Lang GmbH.

Peter Lang – Frankfurt am Main · Bern · Bruxelles · New York ·
Oxford · Warszawa · Wien

Das Werk einschließlich aller seiner Teile ist urheberrechtlich
geschützt. Jede Verwertung außerhalb der engen Grenzen des
Urheberrechtsgesetzes ist ohne Zustimmung des Verlages
unzulässig und strafbar. Das gilt insbesondere für
Vervielfältigungen, Übersetzungen, Mikroverfilmungen und die
Einspeicherung und Verarbeitung in elektronischen Systemen.

Diese Publikation wurde begutachtet.

www.peterlang.com

Inhalt

Dietrich Fürst
Postfossile Gesellschaft – Fluchtlinien in die Zukunft 7

Roland Czada
Gesellschaft, Staat und Politische Ökonomie im postfossilen Zeitalter 13

Arno Brandt, Martin Heine
Elektromobilität und der Wandel der Wirtschaftsstruktur 27

Thomas Köhler
Post Oil City: Urbanität nach dem Ende des billigen Öls
Welche Folgen hat ein postfossiles Energieregime für die moderne
Großstadtkultur? 39

Claudia Palmas, Christian Albert
Räumliche Energiepotenziale und Szenarioanalyse als Entscheidungsunterstützung für die Regionalplanung – Struktur eines Forschungsvorhabens in
der Region Hannover 55

Axel Priebs
Klimaoptimierter Regionalplan und Masterplan 100 % Klimaschutz –
Beiträge für die postfossile Zukunft der Region Hannover? 71

Hansjörg Küster
Postfossile Zukunft in peripheren Räumen 89

Martina Hülz, Andreas Stefansky
Energiewende und Raumplanung 101

Martina Glomb
Mode in der postfossilen Gesellschaft
Redesign, Upcycling und Zero Waste: Modedesign-Konzepte aus
Hannover für energieärmere Entwicklung von Bekleidung 131

Dietrich Fürst
Nullwachstum – eine Option? 147

Zu den Autorinnen und Autoren 169

In den einzelnen Beiträgen wurden überwiegend grammatische Formen gewählt, die weibliche und männliche Personen gleichermaßen einschließen. War dies nicht möglich, wurde zwecks besserer Lesbarkeit und aus Gründen der Vereinfachung nur eine geschlechterspezifische Form verwendet.

Dietrich Fürst

Postfossile Gesellschaft – Fluchtlinien in die Zukunft

Postfossile Gesellschaft ist kein wissenschaftlicher Terminus. Vielmehr bezeichnet der Begriff einen Aspekt einer möglichen Gesellschaftsentwicklung, die weitgehend auf fossile Energieträger (Öl, Kohle) verzichtet und mit erneuerbaren Energiequellen (Solar-, Wasser-, Wind-, Bio-, Geothermie-Energie) auskommen möchte.

Postfossile Gesellschaften sind umweltsensibel. Zwar ist das Bewusstsein dafür, dass der Mensch mit seinen wirtschaftlichen Aktivitäten die Umwelt massiv nutzt und „vernutzt", erst relativ spät in der Menschheitsgeschichte aufgetreten. Aber der Zusammenhang ist sehr alt und die Geschichte kennt eine Reihe von Umweltkatastrophen, die ganze Gesellschaften gefährdet, wenn nicht sogar vernichtet haben. Das lesenswerte Buch „Kollaps, Warum Gesellschaften überleben oder untergehen" von Jared Diamond gibt eine Vielzahl solcher Beispiele. Darunter finden sich auch Umweltkatastrophen, die vom Menschen mit-verursacht wurden, unwissentlich zwar, aber verschuldet.

Postfossile Gesellschaft klingt wie eine schöne, bessere Welt, in der weniger klimaschädliche Emissionen in die Luft gejagt werden, der Klimawandel verlangsamt wird, sich eine neue Wirtschaftsstruktur herausbildet, die mit neuen Technologien und auch neuen Berufen arbeitet etc. Aber der Weg dahin ist steinig: Gesellschaften ändern sich nur langsam von innen heraus, sondern meist auf Druck von außen, sei es politischer, physischer (auch Krieg) oder wirtschaftlicher Druck (z.B. zu Ende gehende Rohölkapazitäten). Die bisherigen Vermutungen, weshalb unsere Gesellschaft „postfossil" werden wird, stützen sich auf die versiegende Rohölreserven, die Herausforderungen des Klimawandels und die politisch verordnete „Energiewende" nach dem Fukushima-Schock. Aber ob dieser Druck aufrecht erhalten bleibt, ist ungewiss. Zum Einen zeigt sich, dass die Energiewende aufwändiger und sehr viel schwieriger zu gestalten ist als ursprünglich angenommen. Man rechnet bei 50-prozentiger Umstrukturierung auf erneuerbare Energie mit Kosten von mindestens 1000 Mrd. €, wobei erhebliche Umverteilungsprozesse in der Gesellschaft stattfinden werden (allein als Folge des „Gesetzes über den Vorrang Erneuerbarer Energie",

EEG, und der zahlreichen unkoordinierten EE-Förderprogramme). Ferner ist noch völlig unklar, ob das Management des Wandels wie gewünscht funktionieren wird – der Koordinationsbedarf unserer vertikal und horizontal fragmentierten Politikstrukturen mit der großen Zahl von Interessengruppen und schwer beherrschbaren Energiemärkten könnte zu systemischer Überforderung führen. Und schließlich bleibt das Problem der Grundlast, das zur Zeit noch auf die großen Energieversorger abgewälzt wird, aber von diesen nicht auf Dauer getragen werden wird.

Zum Anderen ist auch nicht sicher, ob das versiegende Erdöl ein ausreichender Handlungsdruck ist. Inzwischen gibt es Vermutungen, dass die Gewinnung von Erdöl und Erdgas über „hydraulic fracking" zu neuen Versorgungssystemen führen kann und die erneuerbaren Energien auf dem Energiemarkt wieder zurückdrängen könnte (vgl. zu den Problemen der Energiewende: Roland Czada in diesem Band).

Wenn der Wandel dennoch wider Erwarten schnell vorankommen sollte, ist mit erheblichen strukturellen Verwerfungen in der Wirtschaft zu rechnen: Prozesse der De-Industrialisierung, der Neubewertung des Grund und Bodens mit dem Potenzial, dass sich Landwirte zu „Ackerscheichs" (Kühnast) entwickeln, sind zu erwarten, neuartige, postfossile Produktionsregime werden entstehen, Anforderungen an staatliche Steuerung und Planung werden wachsen u. Ä.: „Die Ökologisierung der Wirtschaft lässt sich nämlich nicht ohne tief greifende steuernde Eingriffe in Wirtschaft und Gesellschaft bewerkstelligen – und zwar in einem Ausmaß, das die Planungseuphorie der 1970er Jahre in den Schatten stellen könnte" (Roland Czada in diesem Band).

Die neuen Herausforderungen für die Wirtschaft treten vielleicht am augenfälligsten in der Automobilwirtschaft ein. Denn wenn der traditionelle Verbrennungsmotor wegfällt und stattdessen die E-Mobilität eingesetzt wird, wird eine ganze Technologie obsolet, und mit ihr die daran hängenden Zulieferzweige. Neue Bereiche gewinnen an Bedeutung, „darunter elektrische Antriebssysteme, elektronische Komponenten, Batterietechnik, Telematik, IT-Systeme oder der Leichtbau im Bereich des Karosseriebaus" (Arno Brandt/Martin Heine in diesem Band). Aber auch die Berufswelt ändert sich, weil der klassische Kfz-Mechaniker immer weniger benötigt wird. Stattdessen brauchen wir Fachleute im IT-Bereich, in der Carbon-Chemie (Leichtbau), in der Kenntnis neuer Werkstoffe etc. Darauf muss sich die Bildungsinfrastruktur einrichten

Aber auch in der Raumstruktur werden wir Änderungen erleben, die zu den bereits jetzt ablaufenden (demographischer Wandel; Wirtschaftsstrukturwandel zu IT-Branchen und Service-Einrichtungen; Globalisierung der Wirtschaft) hinzutreten. Zum Einen beschert eine postfossile Gesellschaft den städtischen Räumen höhere Resonanz als den traditionellen ländlichen Räumen. Denn Städte sind strukturell bedingt am stärksten durch die Auswirkungen einer Energiewirtschaft geprägt, die auf Kohle, Öl und Erdgas basiert. „Die energie-

Einführung 9

und ressourcenverschlingende Urbanisierung schreitet immer noch mit atemberaubendem Tempo voran, aber sie zehrt dabei gleichzeitig in ebenfalls atemberaubendem Tempo ihre eigenen Bestandsvoraussetzungen auf. Wie viele Milliarden Menschen am Ende nach einem eigenen Auto, einem Einfamilienheim nahe der Stadt oder dem Luxus-Appartement mitten drin, nach dem all(halb)jährlichen Urlaubsflug als Lebensziel streben und weiter dafür arbeiten wollen – und dadurch die Welt weiter an den Abgrund treiben, das lässt sich schwerlich vorhersehen." (Thomas Köhler in diesem Band) Vor allem im Verkehrswesen, aber auch im Wohnungsbau muss sich ein Übergang zur postfossilen Gesellschaft sichtbar und nachhaltig auswirken. Stadtbewohner sind zudem sensibler für Umweltprobleme und soziale Spannungen – in Deutschland erkennbar an der regionalen Verteilung der Wahlerfolge der Partei DIE GRÜNEN.

Zum Anderen wird der Wettbewerb um Flächen in ländlichen Räumen erheblich zunehmen, und zwar nicht nur durch die Energiegewinnungsanlagen, sondern auch durch Verwendung von Pflanzen für neue Werkstoffe (so planen die Continental-Werke, aus Löwenzahn Kunst-Kautschuk herzustellen). Die alternativen Bodenverwendungen verdrängen die Nahrungsmittel-Produktion, zumal ländlicher Bodenbesitz für die Stationierung von Windenergieanlagen Pachteinnahmen zwischen 25000 und 50000 € pro Jahr einbringt. Gesellt sich dazu noch die Bodenspekulation durch Kapitalsammelorganisationen (Fonds), werden die über steigende Bodenpreise ausgelösten sozialen Spannungen zunehmen. Die räumliche Planung, insbesondere auf der überlokalen Ebene (Regionalplanung), unterstützt solche Prozesse, indem sie planerische Voraussetzungen für die postfossile Energiegewinnung schafft (Vorrangräume). Aber sie kommt damit nolens-volens zunehmend unter Druck, wenn sie mitverantwortlich gemacht wird für die Verknappung der wirtschaftlich nutzbaren Flächen – was jedoch eine zwangsläufige Folge einer restriktiven Flächenausweisungs-Strategie der räumlichen Planung sein wird.

Das könnte ein gewisses Dilemma für die Raumplanung werden. Denn Räume für erneuerbare Energieversorgungen sind planungsbedürftig, weil sie nicht beliebig festzulegen, sondern an natürliche Gegebenheiten gebunden sind, die planerisch ermittelt und genutzt werden müssen. Dafür werden neue Methoden und Planungsverfahren entwickelt, die differenziertere Aussagen machen lassen als herkömmliche Verfahren (Christian Albert/Claudia Palmas in diesem Band): Zur plausibleren Abschätzung möglicher Potenziale für erneuerbare Energien und zur effektiveren Unterstützung von Entscheidungsprozessen wird dabei auch mit Szenarien gearbeitet, die mit Hilfe eines weiterentwickelten Modells zur ökologischen Risikoanalyse darauf hin analysiert werden, welche potenziellen Auswirkungen sie auf Natur und Landschaft haben werden.

Planung kann noch auch einen Schritt weitergehen und die regionalen Akteure dazu motivieren, sich stärker für die Ziele des Klimaschutzes und damit für eine Entwicklung zur postfossilen Zeit einzusetzen. Einige Regionalplaner in Deutschland haben hier innovative Ansätze entwickelt – die Region Hannover gehört dazu (s. Beitrag Axel Priebs in diesem Band): „Seit 2012 ist die Netzwerkarbeit im Klimaschutzkuratorium der Region Hannover institutionalisiert, das auch die Arbeiten am Masterplan Klimaschutz begleitet. Im Kuratorium sind Kommunen, Kammern, Verbände, Energieversorger, Hochschulen und andere Akteure vertreten. (…) Mit den Maßnahmen (…) [eines Verkehrsentwicklungsplans] pro Klima sollen die verkehrsbedingten CO_2-Emissionen um 40% bis zum Jahr 2020 gegenüber dem Basisjahr 1990 reduziert werden. Nach intensiven Diskussionen mit den regionsangehörigen Städten und Gemeinden sowie mit Vertretern von Verbänden, Unternehmen und Politik wurde ein integriertes Handlungskonzept mit konkreten Umsetzungsansätzen entwickelt." Es erübrigt sich, darauf hinzuweisen, dass dabei die Kooperation mit Wissenschaftlern immer wichtiger wird (Beispiel Albert/Palmas für die Region Hannover).

Geobotaniker wie Hansjörg Küster (s. Beitrag in diesem Band) machen auf weitere Potenziale für Biomassegewinnung im Naturschutz und in der Landschaftsgestaltung aufmerksam – ein neues Aufgabenfeld für Ökologen: „Ökologen dürfte beim Aufbau dieser Form von Energiegewinnung eine neue Aufgabe zufallen: Sie ermitteln, wo und wie man Biomasse aus zahlreichen Kompartimenten der Landschaft gewinnen kann, wobei es zugleich darauf ankommt, Biodiversität und Landschaft in einem schützenswerten Zustand zu bewahren. Über diesen Zustand muss man sich verständigen."

Allerdings setzt deren Nutzung auch voraus, dass die Energiegewinnung stärker dezentralisiert und regionalisiert wird. Jedoch sind solche Forderungen leichter ausgesprochen als in der Praxis zu befriedigen. Denn der Übergang zur dezentralen Energieversorgung ist gerade für die Stromnetze eine große Herausforderung, weil das Erfordernis der Energie-Versorgungssicherheit verlangt, dass der Netzverbund besonders effektiv operiert, was ohne ein Mindestmaß an Zentralisierung kaum bewerkstelligt werden kann.

Aber Räumliche Planung muss auch dafür sorgen, dass der Wandel nicht einseitig zulasten der Bewohner ländlicher Räume geht. Es kann nicht sein, dass Menschen in diesen Teilräume die Verlierer der Entwicklung sind. Wie das planerisch zu leisten ist, beschäftigt zur Zeit die planerische „Zunft" in hohem Maße, wobei unterschiedliche Lösungen diskutiert werden, aber keine Patentrezepte angeboten werden können. Denn die sog. „Energiewende" hat auf die Raumstruktur Auswirkungen, die nicht alle abgefedert werden können. Womit in besonderem Maße zu rechnen ist, zeigt der Beitrag von Martina Hülz und Andreas Stefansky.

Dennoch: In überschaubaren Zeiträumen werden wir das postfossile Zeitalter nicht erleben – dafür sorgen schon die Widerstände bestehender Strukturen, die politische Veto-Kraft der potenziellen Verlierer des Strukturwandels sowie die enormen wirtschaftlichen Kosten der Strukturveränderung. Dazu gehören nicht

Einführung

nur die 16 Mrd. jährliche Subventionen für erneuerbare Energien, sondern die Kosten für den Netzausbau, die Abschreibung der nicht mehr benötigten Anlagen der großen Energiekonzerne (für die Europäische Union rechnet man damit, dass die Vermögensminderung der großen Versorger in den letzten fünf Jahren mehr als 500 Mrd. € Wertverluste eingefahren haben) und die Kosten der Sicherung der Grundlast

Gleichwohl etablieren sich bereits heute zahlreiche Ansätze, die in diese Zukunft verweisen, selbst in Bereichen, an die man zunächst nicht in erster Linie denken würde: die Mode-Industrie. Hier gibt es eine vergleichsweise starke Bewegung hin zu neuen Werkstoffen und darauf orientierte neue Modedesign-Konzepte, bis hin zu Ansätzen, aus Milch neue Textilfasern zu gewinnen, aus „Abfällen" neue Stoffe zu erzeugen oder die Produktionsabfälle bei Stoffen gegen null zu reduzieren (s. Beitrag Martina Glomb in diesem Band).

Damit verbindet sich dann auch die Frage, ob eine postfossile Gesellschaft nicht auch ihre Konsummuster ändern muss – im Extremfall auf Nullwachstum zurückgehen müsste. Damit ist nicht gemeint, dass das – auf Wachstum abgestellte – kapitalistische Wirtschaftssystem außer Kraft gesetzt werden sollte. Wohl aber, dass die Wachstumsraten sich so stark verringern, dass außer dem Produktionsvolumen des Vorjahrs einschließlich der damit verbundenen Ersatzinvestitionen keine zusätzlichen wirtschaftlichen Wachstumseffekte erzeugt werden sollen. Die Annahmen, um dieses zu erreichen, sind allerdings so heroisch, dass damit in der überschaubaren Zukunft nicht zu rechnen ist (s. Beitrag Dietrich Fürst).

Der Wandel zur postfossilen Gesellschaft – so sie wirklich einmal kommen sollte – ist ein evolutorischer Prozess, der nur sehr eingeschränkt gesamtgesellschaftlich geplant werden kann. Spontan entwickeln sich neue Verhaltensmuster (z.B. „share-economy" anstelle der „have-economy"), entwickeln sich neue Produkte und Produktionsmaterialien, formieren sich neue Konsum- und Produktionssysteme (z.B. auf Basis genossenschaftlicher Regelungen) etc.. Nichtsteuerbar ist auch die Preisentwicklung der unterschiedlichen Energiesysteme. Sie lässt sich nicht in ein konsistentes Konzept pressen: Erdgas kann sich durch das amerikanische „shale gas" so verbilligen, dass es die erneuerbare Energiegewinnung erschwert; durch die Verbilligung der Solarenergie-Panel wird Sonnenenergie verstärkt gefördert, verlangt aber dezentrale Netzstrukturen, die mit den z.Zt. noch bestehenden zentralisierten Strukturen (Energiegroßanlagen als Zentren) schlecht harmonieren. Selbst die erforderlichen Investitionen in die Netze, Speicher und Energieanlagen lassen sich kaum koordinieren – zumindest stehen die Marktsignale nicht in Harmonie mit den politischen Signalen wie beispielsweise der Strommarkt am 16.Juni 2013 zeigte: An diesem sonnigen und windigen Sonntag produzierten die erneuerbaren Anlagen fast 29 GW, während das Netz maximal 45 GW verkraften konnte, ohne instabil zu werden. Die Folge war: Es kam zu einem erheblichen Preisverfall, weil Energie nicht gespeichert werden konnte, Preise wurden sogar negativ (der Verbraucher bekam Geld für Energiekonsum), um das Angebot zu drosseln und die Nachfrage anzuregen, so dass das Netz nicht überlastet würde. Insofern ist der mit dem Wandel des Energiesystems verbundene Strukturwandel anders zu sehen und zu bewerten als beispielsweise die Verdrängung traditioneller Produktionszweige durch die globalen Märkte, das Zeitungssterben als Folge der sozialen Medien oder der Telefonindustrie durch die IT-Entwicklung: Die Wirkung bleibt nicht auf Branchen beschränkt, sondern erzeugt Veränderungen in der Gesellschaft, die bis in die Konsumverhaltensweisen, Raumstrukturmuster und regionale Mobilität gehen.

Mit diesem Bändchen, das auf Vorträge in einer interdisziplinären Ringvorlesung der Universität Hannover zurückgeht, wird versucht, einen Einblick in diese „umstürzenden Wirkungen" zu geben und einige der Spuren nachzuzeichnen, die zu einer postfossilen Gesellschaft führen können.

Welche Probleme und Erwartungen mit dem Übergang in eine solche Gesellschaft verbunden sind, zeigen die Beiträge sehr eindrücklich.

Dietrich Fürst *Hannover, August 2013*

Roland Czada

Gesellschaft, Staat und Politische Ökonomie im postfossilen Zeitalter

Inhalt

1 Die Rede von den „Ackerscheichs"
2 Renaissance des Bodeneigentums
3 Neues Produktionsregime
4 Governance der Energiewende
5 Fazit

Die 2011 beschlossene Energiewende markiert den Beginn eines postnuklearen und postfossilen Zeitalters in Deutschland. Der damit verbundene Umbruch von Energieproduktion und Energienutzung ist mit den historischen Übergängen zur holzwirtschaftlichen Forstplanung, zur industriellen Kohlewirtschaft, zum Öl-Zeitalter und schließlich zum Atomzeitalter vergleichbar. Jeder dieser Übergänge war mit epochalen gesellschaftlichen, ökonomischen und politischen Veränderungen verbunden. Der Übergang von der agrarisch-jagdlichen Waldnutzung zu einem auf Energiesicherung ausgerichteten Forstregime zeugt vom Aufstieg des modernen Staates und der Durchsetzung seines Herrschaftsanspruchs gegenüber althergebrachten Rechten von Adel, Bauern und Gemeinden. Das Wachstum der Großindustrie und die Migrationsströme im Gefolge des Steinkohlenbergbaues schufen im 19. Jahrhundert die Grundlage für tiefgreifende soziale Umwälzungen und die Entstehung einer Arbeiterklasse. Die Verwendung von Erdöl als Energiequelle beförderte eine zuvor ungeahnte Mobilität an Land und auf See. Öl ist als „Motor der tragischen Geschichte des 20. Jahrhunderts" bezeichnet worden (Laurent 2006), weil es zur Revolutionierung von Technik, Industrie, Verkehr und Kriegsführung in einer Weise beitrug, die

Wirtschaft, Gesellschaft, Politik und individuelle Lebensweisen fundamental veränderte.

Vom Atomzeitalter waren nicht weniger große Umbrüche erwartet worden. Im „Atomplan der SPD", verabschiedet auf dem Münchner Parteitag von 1956, heißt es: „die Entwicklung von Kernkraftmaschinen an Stelle der Dieselmotoren und anderer Verbrennungskraftmaschinen für feste und fahrbare Kraftstationen, für Schiffe, Flugzeuge und andere Verkehrsmittel muß den Platz Deutschlands in der Reihe der Industrievölker sichern". Derselbe Parteitag beschloss die „Ausarbeitung eines Grundsatzprogrammes", in dessen Präambel drei Jahre später die Nutzung der „Ur-kraft des Atoms" mit der Erwartung verknüpft wird, „daß der Mensch im atomaren Zeitalter sein Leben erleichtern, von Sorgen befreien und Wohlstand für alle schaffen kann". Es kam anders und das Ende der Kernkraftnutzung markiert mit der Katastrophe von Fukushima den Beginn eines neuen postnuklearen und postfossilen Zeitalters.

Im Folgenden werde ich mich mit dem gerade beginnenden neuen Energiezeitalter der Postfossilität auseinander setzen und zu ergründen suchen, warum und wie die mit ihm verbundenen Umbrüche und gesellschaftlichen Risiken die Gesellschaft abermals im Ganzen verändern werden. Wie die postfossile Zukunft genau aussehen wird, weiß heute niemand. Es ist jedoch nicht ausgeschlossen, dass der Übergang zur postfossilen Wirtschafts- und Lebensweise alle vorangegangenen Energiewenden in den Schatten stellt. Was die Verfechter einer Energiewende als ökologische Gesellschaftsreform bis hin zu einer Postwachstumsgesellschaft begrüßen, erscheint anderen als ein Projekt der Deindustrialisierung. Politische und soziale Konflikte sind vorprogrammiert. Vermutlich birgt das postfossile Zeitalter, anders als das vorangegangene Atomzeitalter, weniger technische, dafür aber noch mehr politisch-administrative und gesellschaftliche Risiken.

Die postfossile Energiewirtschaft erfordert ein Maß informationeller Vernetzung und Planung, das gängigen liberalen, marktwirtschaftlichen Ordnungsvorstellungen zuwider läuft. Es ist voraussehbar, dass künftig jegliche energetische Aktivität im Verkehr, am Arbeitsplatz oder im Haushalt zentral registriert und zu Steuerungs- und Abrechnungszwecken gespeichert wird. Ob bislang übliche Begriffsbestimmungen und Nutzungsformen von Bodeneigentum mit den Erfordernissen einer postfossilen Wirtschaft und Gesellschaft kompatibel sind, bleibt abzuwarten. Gleiches gilt für den Gebrauch von Verkehrsmitteln und Verkehrsinfrastrukturen: Wem ist heute bewusst, dass Autos vom privaten Eigentum zu Clubgütern werden könnten und Straßen von öffentlichen zu privaten Gütern? Car-Sharing-Modelle und nutzungsabhängige Mautsysteme könnten diese Veränderung in absehbarer Zeit bewirken und damit eine Entwicklung einleiten, die bisher gewohnte Mobilitätskonzepte auf den Kopf stellt. Die mit der postfossilen Energiewende verbundenen Erwartungen sind diffus und groß. Sie könnten ebenso enttäuscht werden wie diejenigen, die einst mit dem beginnenden Atomzeitalter verknüpft wurden.

1 Die Rede von den „Ackerscheichs"

Im August 2004 bezeichnete die damalige Ministerin für Landwirtschaft und Verbraucherschutz, Renate Künast, Landwirte als die Scheichs der Zukunft. Nur wenige glaubten damals an diese Vision. Das spöttische Wort von den „Ackerscheichs" kam auf. Dabei war dies nur ein früher Ausblick auf ein zukünftiges postfossiles Zeitalter, in dem die Erzeugung von Energie mit einem erheblichen Flächenverbrauch verbunden sein wird. Nach dem heutigen Stand der Technik kann die Versorgung mit postfossilen, erneuerbaren Energien nur durch die Inanspruchnahme von Agrarflächen gedeckt werden. Eine Folge dieser Entwicklung wurde von der Ministerin angesprochen: „Für die deutschen Landwirte dürften sich die Absatzchancen außerhalb des Nahrungs- und Futterbereichs spürbar verbessern", argumentierte sie, und damit werde auch der ländliche Raum insgesamt eine spürbare Aufwertung erfahren. Da von „Absatzchancen" landwirtschaftlicher Produkte die Rede war, konnten mit dieser Vision nur der Anbau und die Verwendung nachwachsender Rohstoffe zur Energieerzeugung gemeint sein. Der wahre Boom regenerativer Energien hat sich aber in der Zwischenzeit auf einem ganz anderen Feld als der bioenergetischen Landwirtschaft ereignet.

Mit der Entwicklung, Produktion, Einrichtung und dem Betrieb von Wind- und Solarfarmen entstand ein neuer, rasch wachsender Wirtschaftssektor und mit ihm auch neue gut organisierte wirtschaftliche Interessengruppen. Die wachsende Wind- und Solarlobby fand im Verband der Kommunalunternehmen (VKU), in dem die Stadtwerke organisiert sind, und dem traditionell starken Deutschen Bauernverband einflussreiche Bündnispartner. Trotz interner Gegensätze, wie sie zwischen Anlagenherstellern und Betreibern oder in Fragen der Finanzierung, Trägerschaft und Flächennutzung auftreten, bilden sie inzwischen ein starkes politisches Gegengewicht zu den Verbänden der Großenergiewirtschaft. Mit der Hinwendung zu einer postfossilen Energieerzeugung sind weit umfassendere politisch-ökonomische gesellschaftliche und kulturelle Transformationsprozesse verbunden, als es die Öffentlichkeit bislang wahrnimmt. Unter anderem entwickelt sich fast unbemerkt eine landwirtschaftsfremde Rentenökonomie, die weitreichende sozialräumliche Folgen zeitigt und tatsächlich in Grundzügen an die Wirtschaftsweise von Ölscheichtümern erinnert. In nur einem Jahrzehnt ist die 2004 formulierte Vision von „Ackerscheichs" von der Realität nicht nur eingeholt, sondern sogar überholt worden.

Das rasante Wachstum einer postfossilen Energiewirtschaft ist nicht das Ergebnis von Marktkräften. Es beruht vielmehr auf einem über mehrere

Jahrzehnte entwickelten, nahezu unüberschaubar gewordenen Fördersystem (vgl. Häder 2010). Der subventionierte Anbau von Ölsaaten zur Gewinnung von Biokraftstoff oder der Betrieb einer Biogasanlage lohnt sich, wie am rasanten Zubau solcher Anlagen zu erkennen ist. Zugleich verdrängt er die landwirtschaftliche Nahrungsmittelproduktion und zwingt sie zu noch intensiverer Bewirtschaftung knapper Agrarflächen, deren Preise seit Jahren ansteigen. Der daraus resultierende Zielkonflikt zwischen Energiewende, nachhaltiger Landwirtschaft, Tierschutz und Nahrungsmittelsicherheit erscheint kaum lösbar und wird politisch erst ansatzweise bearbeitet.

Neben der Produktion von Biokraftstoffen treten andere Formen regenerativer Energiegewinnung in den Vordergrund. Die erzielbaren Einnahmen aus dem Anbau von Biokraftstoffen sind gering im Vergleich zu dem, was Bodeneigentümer aus dem Pachtpreis für eine Windkraftanlage oder gar einen Windpark erzielen können. Die Knappheit dieser Standorte hat einen neuen Berufsstand hervorgebracht: Flächenmakler für Erneuerbare Energien. In diesem Metier werden Agrarflächen höchst lukrativ in nicht-landwirtschaftlich genutzte Flächen umgewandelt.

Eine Windenergieanlage mit 3,4 MW Leistung, 104 m Rotordurchmesser und 128 m Nabenhöhe erzeugt rund 6,6 Mio. kWh Strom im Jahr. Daraus ergab sich 2013 eine Standortpacht von rund 25.000 €/Jahr. In windreichen Lagen Ostfrieslands sind 60.000 € Jahrespacht und mehr pro Anlage nicht ungewöhnlich. Es gibt Landwirte, die durch die Einrichtung von Windfarmen mehr als eine halbe Million Euro Pachterträge im Jahr erwirtschaften. Die höchste Pacht erhält der Grundstückseigentümer, auf dessen Grund die Anlage steht. Eigentümer von Abstands- und sonstigen Nutzungsflächen erhalten eine geringere Zuwendung.

Viele Landwirte und Gemeinden wollen inzwischen Windparks. Zunehmend werden sie dabei selbst initiativ, oft in Kooperation mit Landkreisen, Banken und örtlichen Bauernverbänden und gegen die Konkurrenz freier Entwicklungsgesellschaften. Die Kauf- und Pachtpreise für Agrarflächen sind vor diesem Hintergrund beständig angestiegen. Dies gilt besonders für windgünstige Standorte, wo sich der Markt zwischenzeitlich an dem für Deutschland geltenden Windatlas ausrichtet. Weichende Hoferben, deren Erbanteil vor Jahrzehnten ausgezahlt wurde, stellen zunehmend Nachabfindungsansprüche. Der Bundesgerichtshof hat schon 2009 entschieden: Einnahmen, die ein Hoferbe aus dem Betrieb von Windkraftanlagen oder der Verpachtung von Flächen an Windkraftanlagenbetreiber erzielt, sind landwirtschaftsfremde Erträge, die zu Nachabfindungsansprüchen der weichenden Erben führen (BGH, Beschl. vom 24.04.2009, Az. BLw 21/08. OLG Oldenburg (Az. 10 W 2/08); Graß 2012).

2 Renaissance des Bodeneigentums

Der „Trierer Volksfreund" vom 30. Mai 2012 berichtet, für begehrte Eifelstandorte würden 50.000 Euro Jahrespacht geboten. Die Betreiber sind bereit, diese Summe für die Nutzung von 100 Quadratmetern für Turm und Betriebsgebäude, Zuwegungen und die weiterhin landwirtschaftlich bewirtschaftbare Fläche unter dem Flügelschlag auszugeben. „Traumhafte Einnahmemöglichkeiten" (ebenda), die heftige Konflikte generieren zwischen Gemeinden, Grundstückseigentümern und regionalen Planungsbehörden, auf deren Genehmigungen es letztlich ankommt. Die Zahl der Ausnahme-Baugenehmigungen über ein formelles Zielabweichungsverfahren hat nach der Reaktorkatastrophe von Fukushima und der darauf einsetzenden deutschen Energiewende kräftig zugenommen.

Warum erwähne ich dies so ausführlich? Zum einen, weil darin die geografischen und sozialräumlichen Implikationen von sich verändernden Wirtschaftsweisen exemplarisch kenntlich werden. Zum anderen, und dies erscheint wichtiger, weil der Wirtschaftsfaktor Boden und damit der primäre Sektor mit dieser Entwicklung eine völlig neue Bewertung erfährt. Der Biophysiker Wolfgang Junge aus Osnabrück hat kürzlich vorgerechnet: Würde man alle fossilen Kraftwerke ersetzen und den gesamten Stromverbrauch einschließlich der Spitzenleistung in Deutschland nicht nur an windreichen Sommertagen, sondern vollständig von Wind-, Solar und Biogasanlagen erzeugen lassen, wären dazu nach dem heutigen Stand der Technik 25.000 Quadratkilometer nötig, eine Fläche so groß wie das Bundesland Mecklenburg-Vorpommern. Das wäre durchaus machbar. Die damit verbundene Verdrängung landwirtschaftlicher Nutzung könnte unter der Voraussetzung einer umsichtigen Energieflächenplanung durchaus in Grenzen gehalten werden. Die für ein Windrad benötigte Fläche ist weiterhin zu 95 Prozent landwirtschaftlich nutzbar. Solardächer stellen letztlich keinen echten Verbrauch versiegelter Flächen dar. Eine darauf bezogene großräumige Energieflächenplanung ist jedoch bislang noch nicht einmal in Ansätzen erkennbar. Ebenso fehlen Untersuchungen zu den daraus sehr wahrscheinlich folgenden Verteilungskonflikten.

Die Technik regenerativer Energieerzeugung erscheint ausgereift und beherrschbar; deshalb wird sie der in Deutschland als unbeherrschbar geltenden Kernkraftnutzung vorgezogen. Ihre sozio-ökonomischen und sozialräumlichen Effekte übertreffen indes die der Kernkraftnutzung bei Weitem. Die Vorstellung, nukleare und fossile Energieerzeugung seien komplizierte, kaum steuerbare Großtechnologien, während die Nutzung alternativer Energieressourcen dezentrale, überschaubare Alternativen darstellen, hält der Realität nicht stand. Die Nähe von herkömmlichen Kraftwerksstandorten zu Zentren des industriellen und privaten Verbrauchs war politisch noch weitgehend bestimmbar. Über Kanäle, Schienenwege und über Pipelines konnten fossile Energierohstoffe großräumig zu Kraftwerken transportiert werden. Wind und Sonne lassen sich nicht transportieren. Im postfossilen Zeitalter entscheiden natürliche Gegebenheiten über die Standortfrage. Wenn Windkraft nur in Norddeutschland reich vorhanden ist, elektrische Energie aber in Süddeutschland gebraucht wird, kann von einer künftigen dezentralen Energieversorgung kaum gesprochen werden. Noch drastischer zeigen sich solche räumlichen Diskrepanzen bei Projekten wie DeserTec, das den Solareintrag in der Sahara energetisch nutzen und nach Europa transportieren möchte. Die Elektrizitätsversorgung bleibt ein großtechnisches System, das neben dezentralen Komponenten auch neue Zentralisierungstendenzen beinhaltet. Die Komplexität des Systems und damit auch die Komplexität seiner Governance-Institutionen wird nicht ab-, sondern zunehmen. Das „Regieren" des Energiesektors wird schwieriger. Die „Energiewende" droht daher an „Bad Governance" mehr zu scheitern als an technischen Schwierigkeiten.

Die absehbare Transformation der Energiewirtschaft dürfte die bekannte Drei-Sektoren-These von Jean Fourastié insofern in Frage stellen, als Agrarflächen eine neue, wichtige Rolle für die Energieversorgung spielen werden. Fourastié konnte zeigen, dass im Verlauf der wirtschaftlichen Entwicklung die Landwirtschaft als Leitsektor einer Agrargesellschaft von der Industrie als Leitsektor einer Industriegesellschaft abgelöst wird und diese wiederum die Dienstleistungsökonomie als neuen Leitsektor einer Dienstleistungsgesellschaft hervorbringt. Es wird also ein Entwicklungstrend von der Agrar-, zur Industrie-, zur Dienstleistungsgesellschaft behauptet. Nicht zu Unrecht ist dieses Modell auf große Zustimmung gestoßen. Nur: Diese Entwicklung ist nicht zu Ende. Der nächste Schritt ist absehbar die Postfossile Gesellschaft. Die Quelle ihrer Produktivkraft ist an den Boden geknüpft, der seinem Wertschöpfungsanteil nach nicht nur von Fourastié als langfristig schrumpfend beschrieben wurde.

Die sektoralen Transformationen der Wirtschaft kehren in der Tendenz an ihren Ausgangspunkt, die Bodenbewirtschaftung beziehungsweise Landnutzung, zurück. Die Produktivkraft der Landflächen wird im postfossilen Zeitalter sicher wieder zunehmen, auch dies mit weitreichenden Folgen für die gesellschaftliche und politische Entwicklung. Über die Veränderungen im Agrarbereich hinausgehend erkennen wir bereits jetzt die Anfänge eines neuen Produktionsregimes, dessen Auswirkungen auf künftige Wirtschafts- und Lebensweisen noch weitgehend unerforscht sind.

3 Neues Produktionsregime

Die kapitalistische Marktwirtschaft offenbart über die Zeit und nach Wirtschaftsräumen variierende Produktionsweisen und Verteilungsmodelle. Man spricht vom „Organisierten Kapitalismus" des deutschen Kaiserreichs oder Abfolgen vom Fordistischen Modell der Massenproduktion zum Postfordismus und dem Modell der spezialisierten Qualitätsproduktion oder neuerdings von einer Postwachstumsökonomie, Suffizienzökonomie etc. Aus räumlicher Sicht gelten die angelsächsischen Länder als weitgehend marktliberal. In Zentraleuropa spricht man vom Rheinischen Kapitalismus, weiter nördlich von einem Wohlfahrtskapitalismus skandinavischer Prägung. Deutschland beruft sich auf seine „Soziale Marktwirtschaft" und ihre ordo-liberalen Wurzeln. Die Postfossile Wirtschaftsweise kann in diesem Sinne als ein neuartiges Produktionsregime beschrieben werden, dessen Konturen sich erst schemenhaft abzeichnen. Wie jedes gesellschaftliche Produktions- und Reproduktionsmodell weist auch diese neue Wirtschafts- und Lebensweise innere Komplementaritäten auf. Der Umbau des Energiesektors geht mit Veränderungen in vielen anderen Bereichen der Wirtschaftssektoren, Verwaltung und Gesellschaft einher und führt zu einer Re-Adjustierung des Verhältnisses zwischen ihnen.

Einige von der postfossilen „Energiewende" ausgehende Transformationsprozesse schließen an drei Megatrends des vergangenen 20. Jahrhunderts an und drehen diese, ähnlich wie die Fourastiésche Drei-Sektoren-Lehre, um. Zum einen betrifft dies die Massenmotorisierung, die stark zur Suburbanisierung und Zersiedelung beitrug. Heute hat eine Rücksiedlung in die Stadtzentren und den städtischen Nahbereich eingesetzt, die sich, auch infolge des demographischen Wandels, intensivieren dürfte. Das eigene Auto wird in diesem Szenario sicher nicht das Modell der Zukunft sein. Bereits jetzt zählt die noch junge *Car2Go*-Sparte von Daimler zu den am raschesten expandierenden Geschäftsbereichen des Automobilherstellers. Dabei ist der Car-Sharing-Betrieb zunächst nur gegründet worden, um einer Überproduktion von Smart-Kleinstwagen Herr zu werden. Bereits nach einem Jahr warf das Car-Sharing-Angebot in drei Städten spürbare Gewinne ab.

Eine kontrovers diskutierte Frage betrifft den oft beschworenen Trend einer von Regionalisierung und Dezentralisierung begleiteten postfossilen Gesellschaftsentwicklung. Hier sind, wie bereits erwähnt, Zweifel angebracht. Die nach der Reaktorkatastrophe von Fukushima 2011 eingeleitete deutsche „Energiewende" ist bereits heute das beste Beispiel. Wenn der Strom, der bisher in süddeutschen Kernkraftwerken hergestellt und in Süddeutschland verbraucht wurde, künftig aus dem hohen Norden oder gar aus der Sahara oder Griechenland dorthin geleitet werden muss, ist dies das Gegenteil einer dezentralen Energiewirtschaft.

Autonome oder gar autarke Energieregionen werden experimentell erprobt, aber aller Wahrscheinlichkeit nach keine große Zukunft haben. Eher werden wir im Energiebereich und darüber hinaus auf lange Sicht mehr Europa, mehr Globalisierung, mehr Verflechtung, mehr zentrale Steuerung und Koordination haben. Dies führt zu einer weiteren, letzten These: Die ökologische Modernisierung der Wirtschaft und der damit verbundene Ersatz fossiler durch erneuerbare Energieträger könnte den seit den späten 1970er Jahren beobachtbaren Trend zu weniger Planung umkehren. Die politische und administrative Planung könnte im Zuge dieser Transformation voraussichtlich eine neue Wachstumskonjunktur erleben. Die Ökologisierung der Wirtschaft lässt sich nämlich nicht ohne tief greifende steuernde Eingriffe in Wirtschaft und Gesellschaft bewerkstelligen – und zwar in einem Ausmaß, das die Planungseuphorie der 1970er Jahre in den Schatten stellen könnte.

Die Kosten einer 100-prozentigen Energiewende sind auf 3.000 Milliarden Euro geschätzt worden (Wolfgang Junge, FN 5), die einer 50-prozentigen auf 1.000 Milliarden (Umweltminister Peter Altmaier). Das sind Investitionen, die sich nicht im Verlauf einer Legislaturperiode einnehmen und ausgeben lassen – zumal in Zeiten einer verfassungsmäßigen Schuldenbremse, die einer groß angelegten Kreditfinanzierung dieses Zukunftsprojektes im Wege steht. Also hilft nur Umverteilung, und zwar nach den Regeln staatlicher Investitionslenkung und administrierter Preise. Die Summe wäre über lange Zeit auf dem Weg der Umverteilung wohl zu stemmen.

Die Kosten der deutschen Einheit werden auf über 1.500 Milliarden Euro geschätzt; Projektzeit bislang 23 Jahre. Das postfossile Zeitalter zu erobern, wird mehr finanzielle Transfers in die entsprechenden Regionen und Sektoren erfordern als die Finanzierung der deutschen Einheit. Die „Energiewende" kann nur über langfristig angelegte Investitionen und eine gigantische Umverteilung erreicht werden. Dies braucht Zeit, öffentliche Kredite und Planung, mehr Planung, als es das Projekt deutsche Einheit ermöglicht hat, und mehr, als es bei jüngeren Projekten wie dem „Großflughafen Berlin" oder „Stuttgart 21" praktiziert wurde. Selbst wenn der Eintritt in das postfossile Zeitalter reibungslos gelingen sollte, könnte dies am Ende auf eine Niederlage hinauslaufen, nämlich dann, wenn der nach nunmehr vielen Jahrzehnten als „Modell Deutschland" gepriesene Wachstums- und Modernisierungspfad abbrechen oder in eine Sackgasse führen sollte.

Bereits im Jahre 2013 ist die „Energiewende" als ein Programm der drohenden Deindustrialisierung bezeichnet worden. Wer die Gefahr eines industriellen Niedergangs fürchtet, glaubt vor allem nicht an „Grünes Wachstum", wie es von den Befürwortern einer radikalen Abkehr von Kohle- und Kernkraftwerken versprochen wird. Demnach wird die Energiewende den Wirtschaftskreislauf beleben, Einkünfte generieren, neue Erwerbschancen und Arbeitsplätze, Investitionen und Konsum schaffen. Tatsächlich gleicht die Energiewende einem groß angelegten, wenngleich schlecht ausgeführten Wachstumsprojekt. Selbst die „Grünen" haben ihre frühere Wachstumskritik abgelegt und verweisen auf die ökonomischen Chancen der Energiewende für den Arbeitsmarkt, den Konsum im Inland und eine zukunftsfähige Exportwirtschaft.

Die Politik der deutschen Energiewende entbehrt jeder Wachstumskritik. Nur deren Kritiker warnen vor ökonomischen Wachstumseinbrüchen, vor einem Verlust internationaler Wettbewerbsfähigkeit und vor der Gefahr einer

Deindustrialisierung des deutschen Wirtschaftsstandortes. Sollte dieses Szenario tatsächlich eintreten, wäre eine tiefgreifende Veränderung der Wirtschafts- und Lebensweise hin zu einer Suffizienzökonomie die notwendige Folge. Dies wäre den Verfechtern einer ökologischen Gesellschaftsmodernisierung (vgl. Paech 2012) durchaus willkommen. Was Befürworter einer Fortsetzung des Wachstums- und Exportmodells Deutschland bemängeln, begrüßen sie als Ausweg aus der „Wachstumsfalle". Tatsächlich erscheint die Wachstumsorientierung der „Energiewende" angesichts der Ursprünge ökologischer Reformprojekte in den 1970er und 1980er Jahren bemerkenswert. Offenbar hat sich die Umweltdebatte in einem Prozess strategisch-selektiver Anpassung auf ein technisch-industrielles Maßnahmenpaket (Green New Deal) hin entwickelt und damit Gesellschaftsreformen im Rahmen einer Postwachstumsökonomie aus dem Diskurs ausgeschlossen (Krüger 2013).

Ob künftig mit einer „grünen" Wachstumsökonomie oder mit einer Postwachstumsökonomie zu rechnen sein wird, hängt von zahlreichen Faktoren ab, deren Steuerung oder auch nur Beeinflussung der deutschen Politik entzogen ist. In dem Maß, in dem weltweit neue Öl- und Gasvorkommen entdeckt und durch neue Fördermethoden wirtschaftlich genutzt werden, sinkt der ökonomische Anreiz, in erneuerbare Energien zu investieren. Wenn zugleich die weltweite politische Unterstützung für massive CO_2-Reduktionen im Rahmen einer intensivierten Klimapolitik ausbleibt, steigt die Wahrscheinlichkeit, dass die erhofften deutschen Exporterfolge im Bereich regenerativer Energietechnik ausbleiben.

Unabhängig von den derzeit nur schwer einschätzbaren ökonomischen Erfolgsaussichten einer ökologischen Modernisierung der Wirtschaft bleiben die gesellschaftlichen Konsequenzen zwiespältig. Der 2013 einsetzende neue Ölboom, in dessen Verlauf die USA erneut zur größten Erdölfördernation der Welt aufsteigen, weckt Zweifel, ob der deutsche Weg letztlich auch eine bessere Bedürfnisbefriedigung und soziale Stabilität garantieren kann. Und selbst wenn die „Energiewende" ökonomisch gelingen sollte, garantiert das derzeitige Konzept „ökologischen Wachstums" noch nicht eine bessere Bedürfnisbefriedigung der Gesellschaft – denken wir an die Bedürfnisse Bildung, Alterssicherung, Gesundheitsversorgung, Pflege im Alter etc. All dies bleibt mangels einer integrierten Sicht auf eine postfossile Wende als gesellschaftliches Reformprojekt offen.

4 Governance der Energiewende

Wie verändert die Wende zur Postfossilität das Regieren in Deutschland? Es ist vorhersehbar, dass die energie- und umweltpolitischen Herausforderungen ebenso wie die Komplexität der in diesen Politikfeldern wirksamen Governance-

Institutionen zunehmen werden. Aus eben diesem Grund droht das reformpolitische Großprojekt der Energiewende an „Bad Governance" mehr zu scheitern als an fehlendem politischen Konsens oder technischen Schwierigkeiten.

Trotz weitgehender gesellschaftlicher Übereinstimmung und einer politischen Allparteienkoalition erwies sich der Weg in eine postfossile Energiewirtschaft bereits auf den ersten Etappen als überaus schwierig. Die Ausführung der Energiewende stieß auf Hürden und Hindernisse, die Kenner des politischen Systems der Bundesrepublik kaum überraschen dürften, die aber gleichwohl niemand voraussah. Dies mag daran liegen, dass die Energiewende im Eilschritt von Nichtfachleuten beschlossen und dem Bundestag zur Gesetzgebung vorgelegt wurde.

Dem Votum einer von der Bundesregierung eingerichteten „Ethik-Kommission sichere Energieversorgung" ist der Bundestag in namentlicher Abstimmung mit einer Mehrheit von 88,5 Prozent der abgegebenen Stimmen nachgekommen (BT-Plenarprotokoll 17/117). Die Energiewende wurde unter dem Eindruck der Reaktorkatastrophe von Fukushima von einer außerparlamentarischen Kommission vorentschieden, in der neben Philosophen und anderen fachfremden Mitgliedern ein Bischof und ein Kardinal vertreten waren. Dabei wurde die herkömmliche korporatistische Struktur der energiepolitischen Interessenvermittlung und Politikberatung durch ein öffentlichkeitswirksames Ethik-Forum ersetzt (Czada 2013). Allein dies offenbart einen abrupten Wandel politischer Konsensbildung und Steuerung, wie ihn die Bundesrepublik im Verlauf ihrer 60-jährigen Geschichte zuvor nicht gesehen hatte. Selbst die Deutsche Vereinigung, die ein ähnlich großes und weit reichendes Reformprojekt darstellte, wurde mit geringeren Verwerfungen politisch-administrativer Governancestrukturen bewerkstelligt (Czada/Lehmbruch 1998).

Die einst mächtigen Unternehmen und Verbände der Großenergiewirtschaft, die den Energiesektor der Bundesrepublik konstituiert und über Jahrzehnte hinweg auf der Basis von Gebietsmonopolen nahezu selbst reguliert hatten, saßen beim Beschluss der Energiewende – soweit sie überhaupt zu Wort kamen – am Katzentisch. Dass daraus Konsequenzen für die Umsetzung der Energiewende erwachsen würden, war vorauszusehen.

Das politische System der Bundesrepublik, namentlich die horizontale und vertikale Fragmentierung administrativer Aufgabenerfüllung und die etablierten Formen sektoraler Interessenvermittlung, generiert Verhandlungszwänge, die einen Politikmodus inkrementalistischer Anpassung zur Folge haben. Dieses vielfach gepriesene Politikmodell gerät jedoch im Falle umfassender und weitreichender Reformvorhaben an die Grenzen seiner Handlungs- und Problemlösungsfähigkeit. Dies umso mehr, wenn, wie im Fall der „Energiewende", im Energiesektor bislang wenig in Erscheinung getretene Verbandsakteure wie etwa der Bauernverband, die Wind- und Solarlobby, der Verband der Kommunalunternehmen oder Verbände der Wohnungswirtschaft, der Hauseigentümer und Mieter mit widerstreitenden Ansprüchen in den Vordergrund rücken, während sich zugleich die herkömmliche, auf die Großenergiewirtschaft zugeschnittene korporatistische Interessenvermittlung auflöst. Politik und Verwaltung stehen insofern vor der Aufgabe, neue politische Ziele und Instrumente im Rahmen etablierter, teilweise aber auch im Umbruch befindlicher Governance-Strukturen und unter dem Eindruck neuer verteilungspolitischer Konfliktlinien umsetzen zu müssen.

Die Instrumente der Energiewende bestehen im Wesentlichen aus der Förderung von Investitionen, die über Strompreisaufschläge von den Endkunden der Energieunternehmen finanziert werden. Der Umfang steuerfinanzierter Förderprogramme, etwa im Bereich der energetischen Gebäudesanierung, ist im Vergleich dazu vernachlässigbar gering. Nahezu einmalig in der Geschichte der Bundesrepublik müssen, etwa auf der Basis des Energieeinspeisungsgesetzes (EEG), Investitionen ohne Mengenbegrenzung, also finanziell ungedeckelt, von den Endverbrauchern subventioniert werden. Die Kombination großzügiger Investitionsförderung ohne Lenkungsanspruch hatte einen teuren Wildwuchs der Förderprogramme zur Folge.

Die Produzenten von Ökostrom erhalten ganz unabhängig von den vorhandenen Angebotsmengen eine garantierte, deutlich über dem Marktpreis liegende Einspeisungsvergütung. Dies führte zu einem massenhaften Zubau von Photovoltaik-Anlagen, Windkraftwerken und Biogasreaktoren. Die an wind- und sonnenreichen Tagen anfallende Überproduktion führt zu niedrigsten Strompreisen an der Leipziger Strombörse bis hin zu negativen Preisen, bei denen Strom nicht nur verschenkt werden muss, sondern sogar, um ihn aus dem einheimischen Netz zu schaffen, gegen Entgelt im Ausland platziert wird. Je billiger Elektrizität wird, umso größer ist der Differenzbetrag zwischen Einspeisungsvergütung und Marktpreis, der vom Endkunden in Deutschland zu entrichten ist, während ausländische Abnehmer dieselbe Ware nicht nur umsonst, sondern zuweilen auch mit einer Zusatzprämie versehen, beziehen und gegebenenfalls auch teurer zurück verkaufen können, wenn sie über entsprechende Pumpspeicherkapazitäten verfügen.

Die Fehler des Fördersystems werden im Parteienwettbewerb nur äußerst zurückhaltend thematisiert, weil an ihrer Verursachung seit der Verabschiedung des Stromeinspeisungsgesetzes im Jahr 1991 und den anschließenden fünf Novellen des Erneuerbaren-Energien-Gesetz (EEG) alle relevanten Parteien beteiligt waren. Man kann ihnen allerdings zugutehalten, dass der Umfang der durch das Fördersystem erzielten Investitionen ebenso wenig voraussehbar war wie das mit dem nach den Finanzkrisen seit 2008 eingetretene Niedrigzinsniveau. Kapitalerträge von zehn bis 20 Prozent, wie sie auf Basis des Fördersystems erzielbar sind, erscheinen bei einem Leitzins von unter einem Prozent deutlich überzogen. Das Prädikat „Bad Governance" erscheint jedoch insofern angebracht, als das Zusammenspiel von zahlreichen, untereinander kaum abgestimmten, ungedeckelten Förderinstrumenten mit der Einführung einer Strombörse nicht hinreichend durchdacht wurde. Da die Fördermittel nicht aus dem Steueretat, sondern durch eine Umlage auf den Strompreis finanziert werden, konnte hier das fiskalische Interesse des Staates an sich selbst nicht zum Zuge kommen. Die Haushaltsexperten des Bundestages und des Bundesfinanzministeriums, die normalerweise die Belastungen eines etatwirksamen Leistungsprogrammes in mehreren Szenarien durchrechnen, waren hier schlicht nicht beteiligt worden. So könnte sich, wenn man Unfähigkeit ausschließen möchte, die nun eingetretene Fehlsteuerung erklären lassen.

5 Fazit

Der Blick auf das Gesamtpaket der Energiewende verdeutlicht, dass sie vielmehr darstellt als nur eine Korrektur der Energiepolitik. Vielmehr handelt es sich um die Veränderung eines großtechnischen Systems im Kontext des deutschen Föderalismus und eines europäischen Energiemarktes, die mit weitreichenden ökonomischen, gesellschaftlichen und politischen Folgen verbunden ist. Der ökologische Umbau der Energiewirtschaft hat Auswirkungen auf alle Teile der Wirtschaft, auf die Gesellschaft als Ganzes und auf individuelle Lebensweisen. Besondere Herausforderungen stellen sich den politisch-administrativen Governance-Institutionen der Bundesrepublik, die für umfassende Reformaufgaben dieses Zuschnitts nur unzureichend gerüstet sind.

Ökonomisch betrachtet, hängen die erzielbaren Wohlfahrtseffekte und gesellschaftlichen Verteilungsspielräume einer postnuklearen und postfossilen Energiewende in Deutschland davon ab, ob sich deren technologische Errungenschaften wie erwartet einstellen und international vermarkten lassen. Wenn das nicht gelingt, würde die Bundesrepublik unabsichtlich einen wenig durchdachten „Morgenthauplan" verwirklichen. Die sogenannte postfossile Gesellschaft sollte bei allen Wandlungstendenzen, die hier skizziert wurden, keine weitgehend auf Bodeneigentum gestützten Rentierstrukturen ausbilden und die Bundesrepublik vor den Facetten eines „Ackerscheichtum" bewahrt werden. Die postfossile Gesellschaft wird im Kern eine Industriegesellschaft bleiben müssen oder sich – im besten Fall – zu einer öko-industriellen Wissensgesellschaft mit umfassenden Reformansprüchen weiterentwickeln, einer Gesellschaft, in der ein vernünftiger Umgang mit knappen fossilen Ressourcen nur einen Aspekt unter vielen darstellt. Die Herausbildung einer Postwachstumsgesellschaft mit deutlich abnehmenden Verteilungsspielräumen würde dagegen ein kaum beherrschbares soziales und politisches Konfliktpotential in sich bergen, umso mehr, wenn im internationalen Umfeld weiterhin auf fossile Energieträger und industrielles Wachstum gesetzt würde, während in Deutschland die sozialverträgliche Verteilung einer schrumpfenden Wirtschaftsleistung zu stemmen wäre.

Literatur

Czada, R. (2013): Informalität und Öffentlichkeit in politischen Aushandlungsprozessen. In: Zeitschrift für vergleichende Politikwissenschaft. Zur Veröffentlichung angenommen. Im Erscheinen.

Czada, R.; Lehmbruch, G. (Hrsg.) (1998): Transformationspfade in Ostdeutschland: Beiträge zur sektoralen Vereinigungspolitik. Frankfurt/Main. = Schriften des Max-Planck-Instituts für Gesellschaftsforschung 32.

Häder, M. (2010): Energiepolitik in Deutschland. Eine Analyse der umweltpolitischen Rahmenbedingungen für den Strommarkt aus Sicht der Ordnungspolitik. Dortmund.

Hennicke, P.; Schleicher, T. (2013): Nachhaltige Energiepolitik. In: von Hauff, M.; Nguyen, T. (Hrsg.): Nachhaltige Wirtschaftspolitik. Baden-Baden, 217-250.

Kamp, G.; Betz, G.; Czada, R.; Dörner, D.; Schneeweiß, C.; Sunde, U. (2014): Langfristiges Planen. Zur Bedeutung sozialer und kognitiver Ressourcen für nachhaltiges Handeln. Berlin/Heidelberg.

Klagge, B. (2013): Governance-Prozesse für erneuerbare Energien – Akteure, Koordinations- und Steuerungsstrukturen. In: Klagge, B.; Arbach, C. (Hrsg.): Governance-Prozesse für erneuerbare Energien. Hannover, 7-16. Arbeitsberichte der ARL 5.

Krüger, T. (2013): Das Hegemonieprojekt der ökologischen Modernisierung. In: Leviathan 41 (3), 422-456.

Laurent, É. (2006): La face cachée du pétrole. Paris.

Mautz, R.; Byzio, A.; Rosenbaum, W. (2008): Auf dem Weg zur Energiewende. Die Entwicklung der Stromproduktion aus erneuerbaren Energien in Deutschland. Eine Studie aus dem Soziologischen Forschungsinstitut Göttingen. Göttingen.

Ohlhorst, D.; Tews, K.; Schreurs, M. (2013): Energiewende als Herausforderung der Koordination im Mehrebenensystem. In: Technikfolgenabschätzung – Theorie und Praxis 22 (2), 48-55.

Paech, N. (2012): Befreiung vom Überfluss. Auf dem Weg in die Postwachstumsökonomie. München.

Siebel, W. (2009): Chancen und Risiken des Schrumpfens und warum es so schwer ist, darüber zu diskutieren. In: Leviathan – Berliner Zeitschrift für Sozialwissenschaften. 37 (2), 219-235.

Sinn, H.-W. (2013): Verspielt nicht eure Zukunft. München.

Arno Brandt, Martin Heine

Elektromobilität und der Wandel der Wirtschaftsstruktur

Inhalt

1 Aktuelle Situation der Elektromobilität
2 Marktpotenziale
3 Hemmnisse der Elektromobilität
4 Strukturwandel in der Automobilindustrie
5 Zusammenfassung

Die Abkehr vom Verbrennungsmotor hin zu alternativen Antrieben ist seit mehreren Jahren zentraler Bestandteil der Forschungs- und Entwicklungsaktivitäten der Automobil- und -zulieferindustrie nicht nur in Deutschland, sondern weltweit. Neben dem konventionellen Verbrennungsmotor stehen mit dem Hybrid-Antrieb, der Brennstoffzelle und dem batteriebetriebenen Elektroantrieb inzwischen verschiedene alternative Antriebskonzepte zur Verfügung. Dabei stellt die Existenz konkurrierender Antriebssysteme die Automobilwirtschaft vor große Herausforderungen. Einerseits werden Forschungs- und Entwicklungskapazitäten zur Weiterentwicklung des Elektroantriebs benötigt. Andererseits wird weiterhin zur Senkung des Flottenverbrauchs und zur Erreichung der Klimaschutz- und Umweltziele an der Optimierung des Verbrennungsmotors gearbeitet. E-Mobilität beschränkt sich aber nicht nur auf eine neue Antriebstechnologie, sondern bedingt eine grundlegende Neukonstruktion des gesamten Automobils und die Integration in die mit der Energiewende forcierten Systeme der regenerativen Energien sowie neuen Konzepten der integrierten Mobilität. Im Rahmen des „Nationalen Entwicklungsplans Elektromobilität" hat sich im Jahr 2009 die Bundesregierung zum Ziel gesetzt, Deutschland zum Leitmarkt und Leitanbieter für Elektromobilität zu entwickeln und bis 2020 eine Million batteriebetriebene Elektrofahrzeuge auf deutsche Straßen zu bringen. Bis zum Jahr 2050 werden bundesweit 40 Mio. zugelassene Elektrofahrzeuge erwartet (vgl. BMBF 2011: 4). Neben der Bereitstellung umfangreicher Fördermittel durch den Bund und der Mobilisierung beträchtlicher Eigenmittel durch die Industrie existieren seit dem Jahr 2012 in Deutschland vier „Schaufenster Elektromobilität", um die Elektromobilität im Alltag in ausgewählten Regionen einem breiten Publikum zu präsentieren.

Ob sich die ehrgeizigen Fristen des „Nationalen Entwicklungsplans" als realistisch erweisen, ist zur Zeit Gegenstand einer intensiven Auseinandersetzung, die – ebenso wie im Fall der Energiewende – stark interessensgeleitet geführt wird. Wie auch immer sich der zeitliche Horizont der Diffusion der E-Mobilität erstrecken wird, wird der Übergang zur E-Mobilität mit einem weitreichenden sektoralen, infrastrukturellen, organisatorischen, qualifikatorischen und räumlichen Strukturwandel verbunden sein. Dieser Strukturwandel wird nach allem, was wir aus der Vergangenheit über wirtschaftliche Veränderungsprozesse wissen, vermutlich mit Gewinnern und Verlierern verbunden sein. Die Restrukturierung der Mobilitätslandschaft, so unsere Kernthese, wird zu einer Aufwertung bislang im Kontext der Automobilindustrie weniger relevanten Industrien und zum Bedeutungsverlust bislang dominierender Unternehmenssegmente in der Wertschöpfungskette führen. Ebenso werden die pyramidalen Unternehmensstrukturen in Frage gestellt und Kompetenzen neu verteilt. Nicht zuletzt werden aber auch die Standorte der Mobilitätswirtschaft mit Veränderungen konfrontiert sein, so dass von einer auch in räumlicher Hinsicht neu konfigurierten Landschaft der E-Mobilitätswirtschaft auszugehen ist.

1 Aktuelle Situation der Elektromobilität

Derzeit steht die Elektromobilität am Beginn der Markteinführung und ist noch weit vom Massenmarkt entfernt. Von den knapp 3,1 Mio. Fahrzeugen, die im Jahr 2012 in Deutschland zugelassen wurden, entfielen 21.400 Einheiten auf Hybrid-Fahrzeuge und nur 2.960 waren mit einem rein elektrischen Antrieb ausgestattet (KBA 2013). Zwar stiegen die Zulassungszahlen im Vergleich zum Vorjahr sowohl bei den Hybrid- (+70%) als auch bei den Elektrofahrzeugen (+37%) deutlich an, doch zeigen diese Zahlen, dass die alternativen Antriebssysteme für den Gesamtmarkt eine sehr untergeordnete Rolle einnehmen. Die E-Mobilität steht damit in Deutschland – wie auch weltweit – noch ganz am Anfang ihres Produktlebenszyklus. Aktuell durchlaufen erste Fahrzeuge der E-Mobilität ihre Markteinführungsphase, aber technologisch ausgereift sind die Produkte noch nicht. Dies betrifft insbesondere die Qualität der batteriebetriebenen Antriebssysteme, so dass noch von erheblichen Forschungs- und Entwicklungsanstrengungen im Bereich der E-Mobilität auszugehen ist. Hinzukommt, dass die erforderliche Ladeinfrastruktur in Deutschland erst in den Kinderschuhen steckt. So haben die vier von der Bundesregierung in der Metropolregion Hannover – Braunschweig – Göttingen – Wolfsburg sowie Berlin/Brandenburg, Bayern/Sachsen und Baden-Württemberg geförderten Schaufenster der Elektromobilität primär den Charakter der Erprobung der Alltagstauglichkeit der Fahrzeuge bzw. der Mobilitätssysteme. Die frühen Innovatoren am Markt der Elektromobilität zahlen damit nicht nur einen vergleichsweise hohen Anschaffungspreis, sondern auch den Preis einer Technologie, die mit einer Vielzahl von Kinderkrankheiten zu kämpfen hat.

2 Marktpotenziale

Die meisten Prognosen zur Zukunft der Automobilität gehen davon aus, dass sich der Marktanteil des konventionellen Antriebs mit dem Verbrennungsmotor rückläufig entwickelt, Hybridfahrzeuge und vollelektrische Lösungen dagegen in Zukunft zunehmen werden. Dabei gelten Hybridfahrzeuge als Übergangstechnologie und Wegbereiter der Elektromobilität. Bis zum Jahr 2030 wird in einer Marktstudie der Hans-Böckler-Stiftung für Hybridfahrzeuge ein Anteil am weltweiten Automobilabsatz von 35% prognostiziert, während rein elektrische Fahrzeuge (nur Batterie oder mit Brennstoffzelle) einen Marktanteil von 15% erreichen werden. Mit 40% der abgesetzten Fahrzeuge werden auch im Jahr 2030 Fahrzeuge mit Verbrennungsmotor von großer Bedeutung sein (Hans-Böckler-Stiftung 2012: 19). Prof. Horst E. Friedrich vom Deutschen Zentrum für Luft- und Raumfahrt (DLR) geht davon aus, dass „bis zum Jahr 2030 [...] eine Vielzahl elektrifizierter Fahrzeugkonzepte parallel am Markt existieren [wird]. Rein verbrennungsmotorisch betriebene Fahrzeuge werden auch weiter einen hohen Marktanteil ausmachen" (Hans-Böckler-Stiftung 2012: 19).

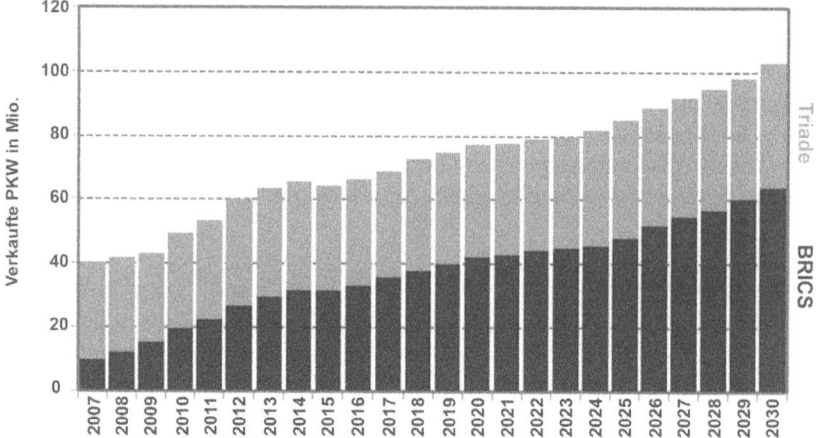

Abb. 1: Weltweite Entwicklung der PKW-Verkaufszahlen (Peters/Wietschel 2012: 15, eigene Darstellung)

Auch im Jahr 2050 werden immer noch Fahrzeuge mit Verbrennungsmotor verfügbar sein, doch fährt, unter optimalen wirtschaftlichen und politischen Rahmenbedingungen, die Hälfte der Fahrzeuge bis dahin vollelektrisch. Diese Annahmen entsprechen damit den nationalen verkehrs- und klimapolitischen Zielen. Insgesamt wird erwartet, dass sich bis zum Jahr 2030 gegenüber 2010 die Automobilverkäufe weltweit verdoppeln werden (Peters/Wietschel 2012: 15). Dieser prognostizierte Anstieg ist auf eine hochdynamische Marktentwicklung in den aufstrebenden Schwellenländern, den BRICS-Staaten (Brasilien, Russland, Indien, China und Südafrika), zurückzuführen. Während in den gesättigten Märkten der Triade (Westeuropa, USA, Japan) kein zukünftiges Wachstum in nennenswertem Umfang zu erwarten ist, entwickeln sich die BRICS-Staaten zu den wichtigsten Absatzmärkten der Automobilindustrie (vgl. Abb.1). So wird schon derzeit die Hälfte aller weltweit verkauften Fahrzeuge in diesen Staaten abgesetzt – bis 2030 soll sich ihr Anteil auf zwei Drittel erhöhen (Peters/Wietschel 2012: 15.).

Vor dem Hintergrund der Verknappung der Erdölvorräte und einer rückläufigen Erdölförderung in den kommenden Jahren (Oil-Peak) sowie einer notwendigen Reduzierung der Treibhausgasemissionen zur Erreichung der klimapolitischen Ziele ist eine Abkehr vom konventionellen Antriebsstrang sowohl aus ökologischen als auch ökonomischen Gründen unabdingbar. Nur mit alternativen Antriebstechniken und neuen Mobilitätskonzepten lässt sich zukünftig global Mobilität gewährleisten. Die Umstellung des Mobilitätswesens auf alternative Antriebe, die mit regenerativ erzeugten Energien betrieben werden können, ist insbesondere für die Schwellenländer eine zentrale verkehrs-

Elektromobilität und der Wandel der Wirtschaftsstruktur 31

strategische Option, um in Zukunft weitere Wachstumserfolge erzielen zu können. In Deutschland ergibt sich vor allem im Hinblick auf die Energiewende die Möglichkeit, Mobilität demokratisch legitimiert und klimaneutral zu gestalten.

3 Hemmnisse der Elektromobilität

Zur Zeit ist nicht erkennbar, dass sich Deutschland in den nächsten Jahren zu einem Leitmarkt für Elektromobilität entwickeln wird. Zumindest ist es den Unternehmen der Elektromobilitätsbranche bislang nicht gelungen, sich eine Spitzenposition im internationalen Benchmark zu erarbeiten (Nowak 2013: 19). Umfragen bei den Endkunden in Deutschland weisen überdies eine wachsende Skepsis der deutschen Autofahrer gegenüber E-Fahrzeugen aus (ADAC 2013). Die kurz- und mittelfristigen Marktchancen von Elektrofahrzeugen sind gegenwärtig eher zurückhaltend einzuschätzen. So verweist Nowak auf Faktoren wie die erheblichen Verzögerungen bei der Markteinführung neuer E-Fahrzeuge, die deutlich geringer ausgefallenen Verkaufszahlen bei den lieferbaren E-Fahrzeugen sowie ausstehende Entscheidungen über technische Standards und die Finanzierung von Ladeinfrastruktur, die die Stimmung für Elektromobilität spürbar eingetrübt haben (Nowak 2013: 22). Für den Zeitraum bis Ende 2014 haben die deutschen Automobilhersteller aber immerhin 16 E-Modelle angekündigt, womit ein entscheidendes Hemmnis für einen erfolgreichen Markthochlauf beseitigt wäre (Fraunhofer ISI 2013: 2).

Zwar sind derzeit einige batterieelektrische Fahrzeuge verfügbar, doch befinden sich die meisten Modelle in der Konzept- oder Versuchsphase, wodurch nach wie vor die Forschungs- und Entwicklungsintensität bei Elektrofahrzeugen sehr hoch ist. Für einen Markterfolg sind weiterhin umfangreiche Innovationsaktivitäten erforderlich. Insbesondere im Hinblick auf die Batterietechnologie besteht weiterer Optimierungsbedarf um eine vergleichbare Leistung des Elektroautos zum Fahrzeug mit Otto- oder Dieselmotor zu erreichen und damit die Akzeptanz dieser Fahrzeuge zu erhöhen. So ist die erforderliche Batterie momentan die schwerste und teuerste Einzelkomponente im Fahrzeug, die bei Ladezeiten von bis zu mehreren Stunden nur eine Reichweite von etwa 140 Kilometern pro Ladezyklus unter günstigen Rahmenbedingungen ermöglicht. Vor 2020 sind keine grundlegenden technologischen Verbesserungen zu erwarten. Weiterhin fehlt eine flächendeckende Ladeinfrastruktur, deren kostspieliger Aufbau weitere Herausforderungen mit sich bringt. Derzeit existiert noch kein tragfähiges Geschäftsmodell für das Stromtanken im öffentlichen Bereich. Weder die Fahrzeugindustrie noch die Energiewirtschaft hat bislang eine ausreichende Bereitschaft zur Finanzierung der Ladeinfrastruktur gezeigt (Nowak 2013: 31; Roland Berger Strategy Consultants 2013: 5). Nach den

Zielen der Nationalen Plattform Elektromobilität (NPE) soll die Zahl der Ladesäulen von derzeit bundesweit 2.200 auf 150.000 Stück ausgebaut werden (eMobilServer 2013).

Ein hoher Anschaffungspreis für ein Elektroauto, der im Wesentlichen auf die Batterie zurückzuführen ist, eine fehlende Ladeinfrastruktur und die begrenzte Reichweite stellen weltweit die größten Entwicklungshemmnisse der Elektromobilität dar. Während in China – als ehemaliger Vorreiter der Elektromobilität – im Jahr 2012 mehr als 500.000 Elektroautos über die Straßen rollen sollten, sind es derzeit nur wenige Tausend. Vor diesem Hintergrund erleben Hybrid-Fahrzeuge, denen vor wenigen Jahren als Übergangslösung vom Auto mit Verbrennungsmotor zum Elektrofahrzeug keine lang anhaltende Entwicklungsperspektive bescheinigt wurde, eine Renaissance. Deren aktuelle Attraktivität könnte sich noch als ein Entwicklungshemmnis für die weitere Durchsetzung der Elektromobilität erweisen. Dies ist zumal dann zu erwarten, wenn sich aufgrund der zur Zeit noch gegebenen technischen und ökonomischen Überlegenheit die Schwellenländer entschließen sollten, der Hybridtechnologie vorerst den Vorrang zu geben und die breitenwirksame Einführung der E-Mobilität auf die lange Bank zu schieben.

4 Strukturwandel in der Automobilindustrie

Die Forschung zu den strukturellen Veränderungen, die mit einer Wirtschaft, die sich an der Reduktion klimaschädlicher Emissionen und damit an Nachhaltigkeitszielen ausrichtet, einhergeht, steht heute noch ganz am Anfang. Es ist aber davon auszugehen, das eine nachhaltige bzw. postfossile Wirtschaft nicht ohne weitreichende Veränderungen ihrer Strukturen auskommen wird. Allein die Energiewende in Deutschland wird langfristig Veränderungen der Unternehmensstrukturen hin zu dezentraleren Strukturen bewirken, aber auch die organisatorischen und qualifikatorischen Anforderungen in den Unternehmungen stark verändern (Blazejczak/Edler 2011: 62). Vergleichbare Veränderungen sind vom Übergang zu einer postfossilen Mobilität zu erwarten, wenn gleich die quantitativen Effekte in ihrer Gesamtwirkung derzeit schwer auszumachen sind. Im Nachfolgenden kann es daher nur darum gehen, erste gedankliche Skizzen zu einem zu erwartenden Strukturwandel infolge der – in diesem Zusammenhang zu unterstellenden – Durchsetzung der E-Mobilität zu entwickeln.

Mit dem Systemwechsel vom Fahrzeug mit Verbrennungsmotor hin zum Elektrofahrzeug befindet sich die Automobilindustrie in dem größten Strukturwandel ihrer Geschichte, der die automobile Wertschöpfungskette grundlegend verändern wird (vgl. Abb. 2). Durch neue und entfallende Komponenten im Automobilbau werden die Wertschöpfungsanteile zwischen unterschiedlichen Akteuren, aber auch zwischen einzelnen Regionen neu verteilt. Mit der langfristig zu erwartenden Abkehr vom Verbrennungsmotor hin zum batterieelektrisch betriebenen Fahrzeug werden sämtliche Bereiche, die mit dem Verbrennungsmotor und dem konventionellen Antriebsstrang in Verbindung stehen, an Wertschöpfungspotenzial einbüßen. Gleichzeitig gewinnen jene Bereiche an Bedeutung, die mit dem Elektroauto in Verbindung stehen, darunter elektrische Antriebssysteme, elektronische Komponenten, Batterietechnik, Telematik, IT-Systeme oder der Leichtbau im Bereich des Karosseriebaus. Damit verschieben sich die Wertschöpfungsanteile im Automobilbau vom Bereich Metall/Mechanik hin zu elektronischen Komponenten, deren Anteil an der gesamten Wertschöpfung eines Elektrofahrzeugs etwa 75% betragen wird, gegenüber 40% beim konventionellen Fahrzeug.

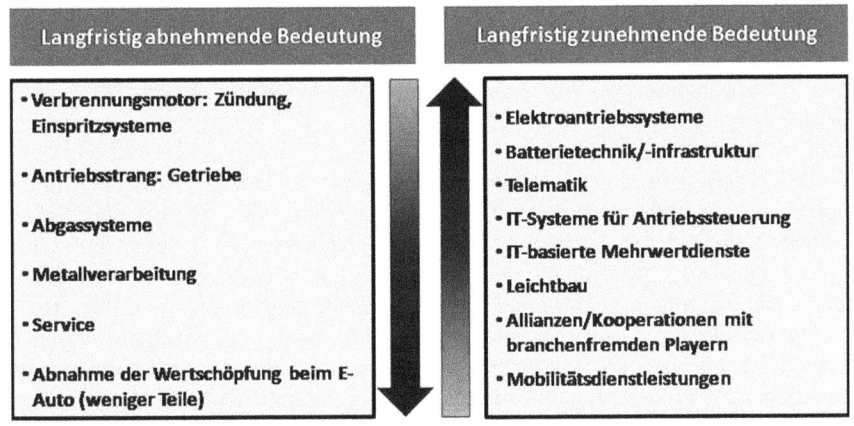

Abb. 2: Technologischer Wandel im Bereich der E-Mobilität (eigene Darstellung)

Motor und Getriebe zählen zu den Kernkompetenzen der konventionellen Automobilproduzenten und leisten einen maßgeblichen Beitrag zur Wertschöpfung dieser Unternehmen. Allerdings umfassen Elektromotor mit Getriebe zusammen lediglich 200 Teile anstatt der 1.400 Teil im Antriebsstrang des konventionellen Fahrzeugs. Darüber hinaus erfordert die Fertigung elektrischer Antriebsstränge Kompetenzen, die bei den Automobilproduzenten in der Regel nicht anzutreffen sind. Aus diesem Grund entstehen in zunehmendem Maße neben brancheninternen Allianzen auch Kooperationen zu anderen Wirtschaftszweigen, die vormals nur eine geringe Automobilaffinität aufgewiesen haben. Hierzu zählen beispielsweise die Chemieindustrie (Leichtbaukarosserie aus Carbon), die Elektro- und Elektronikindustrie (Batterietechnik, Leistungselektronik, Elektromotor) oder die Energiewirtschaft, die eine Schlüsselstellung beim Aufbau und Betrieb der Ladeinfrastruktur einnehmen wird. Im Zuge dessen wird sich die klassische Zulieferpyramide, bestehend aus den Automobilproduzenten an der Spitze und ihren Zulieferern unterschiedlicher Stufen, zu einem Geflecht miteinander verwobener Netzwerkbeziehungen verändern, das aus annähernd gleichberechtigten Partnern besteht (vgl. Abb. 3).

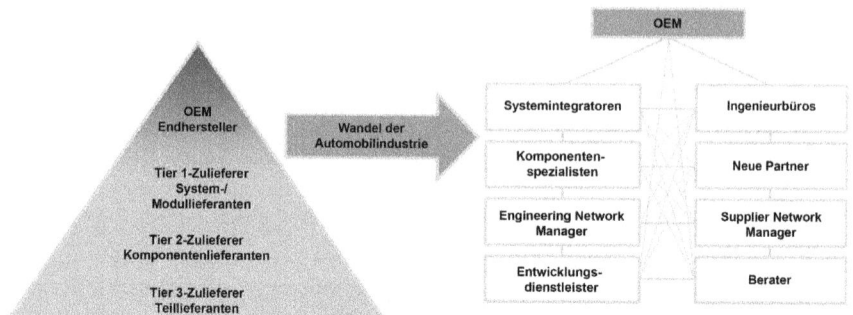

Abb. 3: Strukturwandel vom vertikalen zum horizontalen Netzwerk (Schneider 2011, eigene Darstellung)

Diese Transformation der bislang vertikalen und im Kern hierarchisch strukturierten Wertschöpfungskette hin zu horizontalen bzw. partnerschaftlichen Kooperationen in den Hersteller- Zuliefererbeziehungen wird durch die neuen technologischen Anforderungen der Elektromobilität begünstigt, aber nicht allein technisch determiniert. Derartige Strukturveränderungen folgen in der Regel nicht technischen Gesetzmäßigkeiten, sondern sind von Machtbeziehungen beeinflusst. Dies zeigt sich exemplarisch auch anhand der mit der Energiewende priorisierten Durchsetzung von erneuerbaren Energien. Diese sind unter dem Gesichtspunkt ihrer Energieeffizienzleistung zwar prinzipiell auf Dezentralität angelegt, geraten aber mittlerweile unter dem Druck der großbetrieblichen Organisation der fossilen Energiewirtschaft in schweres Fahrwasser. Ebenso wie die Umsetzung einer auf Dezentralität angelegten Energiewirtschaft geeigneter politischer Rahmenbedingungen bedarf, wird auch die Etablierung horizontaler Kooperationsbeziehungen in der Mobilitätswirtschaft auf eine industriepolitische Flankierung angewiesen sein.

Dieser Strukturwandel führt langfristig auch zu veränderten qualifikatorischen Anforderungen in der automobilen Wertschöpfungskette. Während der Bereich Metallverarbeitung langfristig an Bedeutung verlieren wird, gewinnen Berufe für den Umgang mit neuen Werkstoffen, Leichtbauweisen und elektronischen, IT-basierten Systemen zunehmend an Bedeutung. Vor allem in den Kernbranchen der E-Mobilität ist von einem wachsenden Bedarf hochqualifizierter Arbeitskräfte (Chemiker, Elektroingenieure, IT Spezialisten) auszugehen. Hier ist mit einem Anstieg von 20.000 (2010) auf 26.000 der Hochqualifizierten zu rechnen. Abnehmen dürfte dagegen der Bedarf an ungelernten und geringqualifizierten Arbeitskräften.

Neben den Anstrengungen der Unternehmen ist für eine erfolgreiche Bewerkstelligung dieses Strukturwandels auch die Bildungsinfrastruktur auf diesen Technologiewandel auszurichten, um somit einer zukünftigen Fachkräftelücke vorzubeugen, die die Wettbewerbsfähigkeit der deutschen Automobilindustrie gefährden können. Eine zentrale Bedeutung kommt in diesem Zusammenhang der (auch wissenschaftlichen) Weiterbildung der Facharbeiter in den Bereichen elektrischer Antriebssysteme, Leistungselektronik, IT und im Umgang mit neuen Werkstoffen (Leichtbau-Karosserie) zu (Hans-Böckler-Stiftung 2012: 24 ff.; 37). Neue Weiterbildungssysteme, wie die Offene Hochschule, tragen dieser Entwicklung bereits heute Rechnung.

Auch in räumlicher Hinsicht ist von einem deutlichen Wandel der Unternehmensstandorte infolge der Durchsetzung der E-Mobilität in Deutschland und auf den internationalen Märkten auszugehen. Dies betrifft einerseits die veränderten räumlichen Beziehungen der Produktionsstandorte von Herstellern und Zulieferern. Wie oben dargelegt wurde, werden sich die Zulieferbeziehungen voraussichtlich drastisch verändern, was einerseits mit einem Wandel oder einem Bedeutungsverlust traditioneller Automobilzulieferbetriebe verbunden ist. Insbesondere werden aber neue Unternehmen aus bislang der Automobilindustrie relativ fernen Branchen in die Wertschöpfungskette der E-Mobilitätswirtschaft vordringen (Energiewirtschaft, Chemie, etc.), deren Standorte sich vielfach räumlich nicht mit den Standorten der traditionellen Automobilindustrie überschneiden. Andererseits ist langfristig durchaus mit einem Beschäftigungsrückgang an den traditionellen Automobilstandorten und mit Beschäftigungsgewinnen in den neuen Komplementärbranchen zu rechnen, weil die Kernkompetenzen in der E-Mobiliät tendenziell eher horizontal bzw. weniger pyramidal verteilt sind.

Allerdings werden sich voraussichtlich die neuen Standorte der E-Mobilität vor allem in den Räumen konzentrieren, in denen bislang sowohl Automobilstandorte als auch Komplementärbranchen vertreten sind. Dabei ist durchaus damit zu rechnen, dass es zu einem Bedeutungsgewinn oder -verlust traditioneller Automobilstandorte oder einer räumlichen Ausdehnung der elektromobilen Standorte an den Rändern der traditionellen Automotive-Standorten kommt (vgl. Abb. 4). Zu berücksichtigen ist auch, dass der Strukturwandel in der traditionellen Automobilindustrie auch auf längere Frist wirksam bleibt und sich in diesem Zusammenhang Neubewertungen von Standorten ergeben oder bestimmte Standorte auch grundlegend in Frage gestellt werden können (z.B. Opel in Bochum). Insbesondere ist damit zu rechnen, dass sich mit dem Bedeutungszuwachs der PKW-Absatzmärkte in den BRICS-Ländern sukzessive auch die Produktionsstätten dorthin verlagern. Die Elektromobilität wird diese Standortmobilität nicht aufhalten, zumal mit ihr die weitere Verbreitung des Individualverkehrs unter den Bedingungen des Klimawandels überhaupt erst möglich wird.

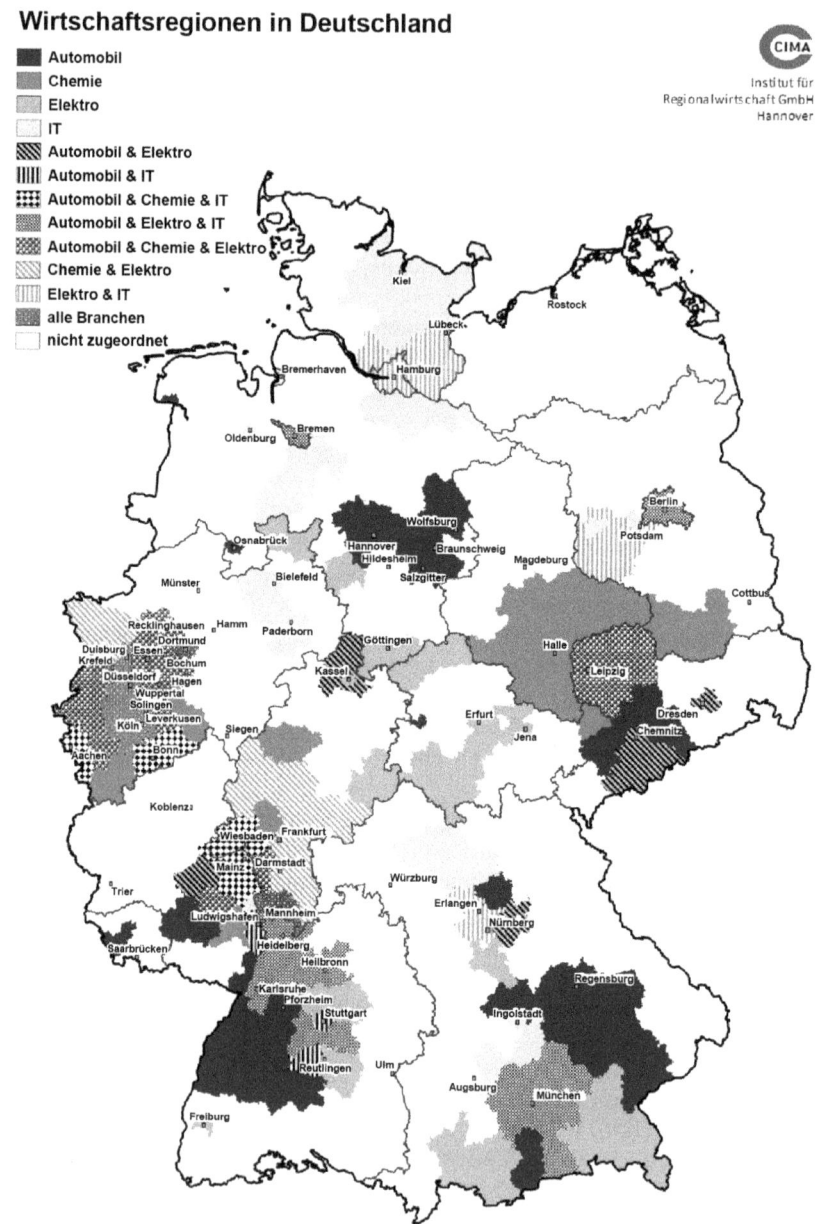

Abb. 4: Automotive-Standorte und Komplementärbranchen in Deutschland (eigene Darstellung)

5 Zusammenfassung

Die Elektromobilität steht in Deutschland, wie auch global, noch ganz am Anfang der Einführungsphase im Produktlebenszyklus. Noch sind erhebliche Forschungsanstrengungen und Infrastrukturinvestitionen erforderlich, um die im „Nationalen Entwicklungsplan Elektromobilität" angestrebten Marktanteile in den kommenden Jahrzehnten zu erreichen. Ob sich die E-Mobilität am Ende durchsetzen wird, hängt maßgeblich von industrie- und klimapolitischen Weichenstellungen in Deutschland, mehr aber noch von den entsprechenden verkehrs- und umweltpolitischen Rahmenbedingungen in den Schwellenländern ab. In Deutschland haben die bislang getroffenen politischen Maßnahmen zur Förderung der E-Mobilität noch nicht dazu beigetragen, dass ein Entwicklungssprung erkennbar wäre. Trotzdem ist es sinnvoll, bereits aktuell den zu erwartenden Strukturwandel infolge der Einführung und Diffusion zu diskutieren. Dieser Strukturwandel wird sich in Deutschland voraussichtlich auf Veränderungen der sektoralen, organisatorischen, qualifikatorischen und nicht zuletzt räumlichen Dimensionen der Produktion von Fahrzeugen beziehen. Zu erwarten sind insbesondere das Vordringen neuer Branchen in die Wertschöpfungskette der E-Mobilität, Machtverschiebungen in den Hersteller- Zulieferbeziehungen, ein Trend zur Höherqualifizierung bei den Beschäftigten wie auch neue räumliche Zuschnitte der Produktionsstandorte im Bereich der Mobilitätswirtschaft. Diese erkennbaren Trends werden zudem überlagert von einem allgemeinen Strukturwandel in der Automobilindustrie, der vor allem mit der Verlagerung der großen Absatzmärkte in die Schwellenländer (BRICS) verbunden ist. Der antizipierte Strukturwandel liefert Hinweise auf den enormen Handlungsbedarf in Politik und Wirtschaft, der mit den im „Nationalen Entwicklungsplan Elektromobilität" formulierten Zielen zur Durchsetzung der E-Mobilität in Deutschland verbunden ist. Die Auslobung und Förderung von vier regionalen Schaufenstern kann in diesem Zusammenhang nur ein Mosaikstein auf dem Weg zu einer klimaverträglichen Mobilität sein.

Literatur

ADAC (2013): ADAC Elektromobilität. Umfrage im Auftrag des ADAC Technikzentrums Mai 2013. Landsberg am Lech. http://www.konferenz-elektromobilitaet.de/programm/vortraege/Umfrage-Elektromobilitaet-2013.pdf?PHPSESSID=069128d038b0cb535a53dcd2e598f31e (07.10.2013).

Blazejczak J.; Edler, D. (2011): Strukturwandel und Klimaschutz. Wie Klimapolitik Wirtschaft und Arbeitswelt verändert. Berlin. = Schriften zu Wirtschaft und Soziales, Band 8.

BMBF – Bundesministerium für Bildung und Forschung (2011): Ausbildungsberufe für die Elektromobilität – Ein dynamisches Innovationsfeld bietet spannende Perspektiven. Bonn, Berlin.

eMobilServer (2013): Neuer Index Elektromobilität: Staatliche Förderungen und Absatzprognosen für Elektroautos sind weltweit rückläufig. http://www.emobilserver.de/service-tools/statistik-und-marktforschung/marktforschung/neuer-index-elektromobilitaet-staatliche-foerderungen-und-absatzprognosen-fuer-elektroautos-sind-weltweit-ruecklaeufig.html (07.10.2013).

Fraunhofer ISI – Fraunhofer-Institut für System und Innovationsforschung (2013): Markthochlaufszenarien für Elektrofahrzeuge – Langfassung. Karlsruhe.

Hans-Böckler-Stiftung (2012): Elektromobilität und Beschäftigung. Düsseldorf.

KBA – Kraftfahrt-Bundesamt (2013): Neuzulassungen von Personenkraftwagen im Jahr 2012 nach Bundesländern und ausgewählten Kraftstoffarten absolut. Flensburg. http://www.kba.de/cln_031/nn_191064/DE/Statistik/Fahrzeuge/Neuzulassungen/Umwelt/2012__n__umwelt__dusl__absolut.html (07.10.2013).

Nowak, R. (2013): Schaufenster Elektromobilität: Neuer Antrieb für die Verkehrs- und Energiewende in der Metropolregion Hannover Braunschweig Göttingen Wolfsburg. In: Neues Archiv für Niedersachsen (1), 18-33.

Peters, A.; Wietschel, M. (2012): Elektromobilität – Chancen und Herausforderungen. In: TAB – Büro für Technikfolgen-Abschätzung beim Deutschen Bundestag (Hrsg.): TAB-Brief Nr. 41. http://www.tab-beim-bundestag.de/de/pdf/publikationen/tab-brief/TAB-Brief-041.pdf (07.10.2013).

Schneider, K. (2011). Modernes Sourcing in der Automobilindustrie. Wiesbaden.

Roland Berger Strategy Consultants – Automotive Competence Center & Forschungsgesellschaft Kraftfahrwesen mbH (2013): E-Mobility Index für Q1 2013. Aachen.

Thomas Köhler

Post Oil City: Urbanität nach dem Ende des billigen Öls
Welche Folgen hat ein postfossiles Energieregime für die moderne Großstadtkultur?

Inhalt

1 Anfang und Ende des billigen Öls und der Wachstumsökonomie
2 Die moderne Großstadtkultur
3 Urbanität ‚in Transition'

Wer, wie vermutlich nahezu alle LeserInnen dieses Beitrags, Kind einer modernen Großstadtkultur ist, sieht die Welt meist im Lichte des Fortschritts – von Technik und Wissenschaft, von Wohlstand und Gesundheit usf. Und tatsächlich, unser Durchschnittsalter steigt weiter an, unser Bildungsstand auch, ebenso die Mobilität, die Geld- und Sachvermögen, die nutzbare Wohnfläche; dabei ist die Kinderzahl gesunken, damit der individuelle Lebensstandard steigen konnte; kurzum, wir leben in einer wohlhabenden, hochmobilen, durchtechnisierten Projektpolis, die natürlich nicht auf unsere Stadt begrenzt werden kann, sondern welche die globale urbane Welt als zuhause ansieht; unser Konsum wird nicht weniger, sondern immer bewusster, qualitätsvoller – dafür legen wir uns ins Zeug. Und wir werden auch den anstehenden Wandel hin zur kompletten Regenerativität schaffen, weil wir hochintelligent und bestens vernetzt sind. Schon sehen wir, wie in den großen Städten, die wir mittlerweile doch genauso so lieben wie das Land, phantastische Entwürfe für eine wahrhaft nachhaltige Hochtechnologiezivilisation in die Realität umgesetzt werden (vgl. von Borries 2011).

Allerdings handelt es sich bei dem, was hier gesehen wird, um Visionen oder auch Phantasmagorien. Ziemlich sicher würde diese verbreitete Haltung, dieses habituell vorgreifende, hemdsärmlig-griffige Dispositiv unserer hochmotivierten urbanen Umtriebigkeit einem Denker wie Walter Benjamin ein still-depressives Kopfschütteln entlocken. Dass es so weitergeht, ist die Katastrophe, so seine Warnung in den 30ern. Und es ist wohl tatsächlich so, dass wir als Subjekte in der modernen Großstadtkultur in einem seltsamen Traum von unendlich steigerbaren Konsumlüsten befangen sind, aus dem wir möglicherweise bald und meist ganz unfreiwillig erwachen werden. Denn wenn das technologische Wunder nicht geschieht, auf das der moderne Urbanismus hofft, wenn das Wunder nicht gelingt, dass wir unsere Konsumexzesse in wenigen Jahren gleichsam aus Luft und Liebe, also wahrhaft ressourcenschonend und nachhaltig reproduzieren[1] – nichts deutet darauf hin –, dann steuern wir, wach und nüchtern gesehen, einfach nur auf ein Zeitalter zu, in dem Energie und Ressourcen wieder deutlich knapper, schmutziger und kostspieliger werden, in dem die Konflikte um Ressourcen anwachsen und die Destruktivität unserer Ökonomien immer weniger übersehbar wird. Diese Entwicklung würde auch weitreichende Folgen haben für unsere moderne alltägliche Welt, für unser Empfinden von Zeit und Raum, Fortschritt und Gelingen beispielsweise, für unser Verständnis von Lebenszielen und Wohlstand. Denn in dieser Zeit des großen Übergangs, die vom Abstieg und Reduktion, von umfassenden *Power Down*-Programmen geprägt wäre, wird es im Kern um eine radikale Umgestaltung der modernen Großstadt(alltags)kulturen gehen müssen. Nach einem kurzen Abriss der Entwicklungsgeschichte der Krisen, die diese Veränderungen erzwingen, inklusive einer Stippvisite ins Reich des Traditionellen (1), soll anhand eines Rückgriffs auf klassische soziologische Entwürfe das Bild unserer – zutiefst fossilistischen – Großstadtkultur skizziert werden (2). Vor diesem Hintergrund können dann einige Bausteine zu den anstehenden Veränderungen diskutiert werden, wobei ich mich – nicht zuletzt um der Argumentation eine gewisse Verbindlichkeit zu verleihen – für eine ‚werthaltige' Prognose entscheide, in der einige *sehr wahrscheinliche* mit einigen *sehr zu wünschenden* Entwicklungen zusammen gedacht werden (3).

1 Anfang und Ende des billigen Öls und der Wachstumsökonomie

Wir sind Kinder eines Zeitalters sehr, sehr billiger Energie – diese Tatsche wird uns langsam wieder ins Bewusstsein zurückgeholt, nachdem sie bei uns ‚Verbrauchern' eine Zeitlang beinahe völlig in Vergessenheit geraten ist. Der Zugriff auf Energie wurde für die Bevölkerungen in den Industrienationen immer einfacher und billiger. Doch dieser Trend ist gebrochen. Die Preise steigen wieder, und das ist nicht Schuld einer oder mehrerer Regierungen (selbst

---

[1] Vgl. das Silver Bullet-Szenario bei Urry 2013

wenn hier viele Fehler zu monieren sind), sondern schlicht die Konsequenz aus der zunehmenden Übernutzung und Erschöpfung des Planeten.

Blicken wir kurz ein paar hundert Jahre zurück, um ein kleines Bildflackern vom Zeitalter vor der billigen Energie zu evozieren. Die Mühen und Grenzen, die in den früheren Epochen der Menschheitsgeschichte mit dem Holz verbunden waren, können wir, als verwöhnte, über Preisanstiege herummosernde Kunden von großen Energiekonzernen, uns kaum noch vorstellen. Doch die begrenzten zuhandenen Holzbestände, die wenigen produzierbaren Nahrungsmittel und Rohstoffe, die verfügbaren Technologien, die riskanten Handels- und Transportwege setzten noch vor 300 Jahren den Städten und Völkern natürliche Wachstumsgrenzen, die auch in den sozio-kulturellen Habitusformationen der Genügsamkeit verankert waren.

Das Leben in einer mit 20.000 Einwohnern schon als relativ groß geltenden Stadt wie Köln[2] war, obwohl es sich um ein lebendiges, Reisende und Händler anziehendes Zentrum handelte, zu dieser Zeit noch durchaus beschaulich und bescheiden. Für die Bürger dieser Städte war es schon viel Wert, auf Gottes Segen hoffen zu dürfen und nicht von Hungersnöten und Seuchen heimgesucht zu werden. Reichtum und Wohlstand bewegten sich in einer Dimension, die heute, würde die Politik sie für die gehobenen Mittelschichten in Aussicht stellen, nicht nur die Belegschaften der großen Betriebe auf die Barrikaden bringen würde; weiterreichende Aspirationen gab es da und dort, sie waren aber strikten, bspw. ständischen Grenzen unterworfen.

Aber bald kam es zu den uns heute selbstverständlich und normal erscheinenden wachstumsökonomischen Expansionen, denn eben vor rund 300 Jahren wurden auch die ersten erfolgreichen Dampfmaschinen entwickelt. In den 1780er Jahren sollten in Paris erste Dampfmaschinen eingesetzt werden um die Wasserversorgung zu verbessern. Unruhen unter den 20.000 Wasserträgern waren die Folge; das Unternehmen scheiterte dann an einem Finanzskandal (Braudel 1985: 241 f.). Zunächst einmal kam also der Prozess der Ersetzung menschlicher durch maschinelle Leistung noch ganz langsam in Gang, als aber die Maschinen eingesetzt wurden, um mit Kohle Grubenwasser abzupumpen und dadurch die Förderung weiterer Kohle immer einfacher ermöglicht wurde, war der wichtigste technologische Grundstein für die industrielle Revolution gelegt: Die Förderung und Verbrennung fossiler Energieträger konnte nun in großem Maßstab beginnen.

Politik, Verwaltung, Alltagskulturen und Infrastrukturen – die Produktionsverhältnisse, wie das bei Marx hieß – mussten aber den Wandel hin zur fossilistischen Produktionsweise erst vollziehen. London und Paris wuchsen zwar schon exponentiell, doch bis ins neunzehnte Jahrhundert hinein gestaltete sich

---

2 Die Mehrheit der Städte waren befestigte Umfriedungen mit 2.000 bis 20.000 Einwohnern; vgl. Braudel 1985: 44.

die Expansion der Städte, bis auf die wenigen Ausnahmen, noch ganz moderat. Man staunt, wie moderat.

> Um 1830: Das Stadtgebiet von Hannover umfasste etwa 23.000 Einwohner und ließ sich bei einem Durchmesser von knapp zwei Kilometer mehr oder weniger bequem zu Fuß durchqueren. (Bauer et al. 1991: 95)

Noch um die Jahrhundertwende, die uns ins Zeitalter der Extreme führte, standen Haushalte dem Mittelalter in mancher Hinsicht näher als der Moderne. Eigene Wasserversorgung und damit ein WC und das Bad oder eine Dusche in der Wohnung waren 1900, als es in Hannover insgesamt 51.808 Wohnungen gab, nicht einmal in zehn Prozent dieser Wohnungen vorhanden (Schultz/Gostomczyk 1991: 90).

Andererseits schienen jetzt, um 1900, schon die wesentlichen Indikatoren zu explodieren: Bevölkerungszahlen, Nahrungsmittelproduktion, Konsumgüterindustrie, Rohstoffverbräuche – alles zeigte rasant nach oben. Im kalten 19ten Jahrhundert (vgl. Reichholf 2007) hatte sich mit zunehmender Knappheit der Holzvorräte die Attraktivität der Kohle schnell erhöht; dann wurde die Maschinerie entwickelt, die diesen Energieträger nutzen und fördern konnte. Als dann nach der Kohle auch das Öl entdeckt wurde, schließlich Gas und Uran noch hinzukamen, erwuchsen Zivilisationen mit einer bis dahin ungeahnten Produktivität und mit Reichtümern für die Masse der Gesellschaft, ungeahnte Möglichkeiten des Luxus und Konsums, selbst für das einstige Proletariat.

Die Bedürfnisgrenzen der traditionellen Gesellschaften konnten mit der Nutzung fossiler Energieträger für eine Zeit lang aufgehoben werden. Es scheint als sei die nun auch noch einsetzende Wärmeperiode, die den Menschen zusätzlich auf natürlichem Wege mehr Wachstum und Wohlstand ermöglichte, eine weitere, noch relativ unauffällig bleibende Grundlage für den ökonomischen Wohlstand und die kulturelle wie technologisch-wissenschaftliche Schubkraft, die zur wesentlich weitergehenden Industrialisierung, dann globalen Informatisierung der Ökonomien führten. Ein neu entstehendes Facharbeiterheer konnte zusammen mit den Angestellten die neue Mittelschicht bilden, die in ungeahntem Ausmaß den Konsum von einstigen Luxusgütern demokratisierte: Gewürze, Kaffee, Kakao und Schokolade, bis hin zu den PKWs, die die Kutschen ersetzten – eine phantastische Welt entstand und normalisierte sich in unerhörter Geschwindigkeit.

Rising Powers, Shrinking Planet (Klare 2008) – mit diesem Titel lässt sich in groben Zügen schon die Begründung für die Krisenzusammenballung zusammenfassen, die mit der zunehmenden Wucht eines Tsunamis auf uns zurollt. Die Weltwirtschaft wächst, viel schneller als noch vor zwei, drei Jahrzehnten gedacht, weiter. Besonders die großen Schwellenländer China, Indien und Brasilien sind bekanntlich dabei, mit ihren Verbräuchen zu den klassischen Wohlstands- bzw. Überflussgesellschaften aufzuschließen. Weltweit explodieren die sog. Bedürfnisse bzw. Begierden, die Nachfrage nach Energie und Waren, nach Wohnraum, Fleisch, nach Mobilität, nach der ebenso sicheren wie opulenten Fremdversorgung – Verbräuche, Extraktionen, Emmissionen und Einträge wachsen in ungeahnter Geschwindigkeit weiter. Die Erde kann aber nicht weiter wachsen, eher macht die Rede davon Sinn, sie sei am Schrumpfen: denn der Naturreichtum wird immer schneller verbraucht, schon seit den 80ern reicht die Reproduktionsfähigkeit des Planeten nicht mehr aus um die weiter anschwellende Nachfrage zu kompensieren, der Raubbau geht immer tiefer und immer schneller an die Substanz.

Als im April 2010 die Deep Water Horizon im Meer versank und den Golf von Mexiko verseuchte, hätte eigentlich ein Moratorium ausgesprochen werden müssen, um die immer aberwitziger werdenden Unternehmen einer weiteren Förderung von Öl gründlich hinterfragen zu können. Aber einen etwaigen Stopp wollten *und konnten* sich Präsident Obama und die gesamte globale Wachstumsökonomie nicht leisten, denn nichts hätte den Produktionsengpass kompensieren können und ein weltweiter Zusammenbruch der ohnehin geschwächten Ökonomien wäre die Folge gewesen. Wir befinden uns also weiterhin mitten im Zeitalter eines öl-süchtigen Exzess-Extraktivismus, der absehbar auch vor Amazonasgebieten und Polkappen, vor Teersanden, Fracking oder eben zehn Kilometer tiefen Bohrungen im Meer nicht halt machen wird (und analog gilt dieses selbstschädigende Suchtverhalten ja auch für die anderen Rohstoffe, für Kohle, Uran, seltene Erden usf.; vgl. zuletzt Bardi 2013). Mit dem Peak *Conventional Oil*, dem Erreichen des Ölfördermaximums im konventionellen Bereich und den entsprechenden Preisanstiegen, werden auch die scheußlichsten nicht-konventionellen Assets immer attraktiver. Die Ausbeutung wird nicht zurückgehen, sondern leider immer nur noch aufwändiger, kosten- und technologieintensiver, riskanter und nicht zuletzt auch immer umweltbelastender, destruktiver. Zusätzlich werden gigantische Investitionen fällig, um wenigstens einen kleinen Teil auf so etwas wie Regenerativität umzustellen und natürlich um die Reparaturleistungen für die planetaren Schäden von der Ölpest bis zu Feuer-, Dürre-, Flut-, Sturm-, Starkregen- und andere Schäden aufzubringen. Das macht die Energieversorgung zwar für die Verbraucher teurer und wird den Konsum insgesamt auch drücken, aber um den Globus durch Verbrauchsrückgänge wirklich zu entlasten werden Energie und Rohstoffe stets zu spät teurer, neue Technologien und gigantische Stream up-Investitionen wachsen schnell nach und der Effekt der Preissteigerungen ist somit nicht die Abkühlung, sondern lediglich ein wissens- und technologieintensiveres Hochheizen des globalen Extraktivismus (vgl. Klare 2012; Randers 2012).

Vielleicht setzt das Zusammenspiel der ökonomischen Expansionen sich selbst schachmatt – ein neuerlicher Ölpreisschock, ausgelöst durch Nachfrageexzesse, würde die globalen Wirtschaftsprozesse bei andauernder Finanzmarkt- und Schuldenkrise vermutlich in einen nachhaltigen Zusammenbruch treiben können. Größere klimatisch bedingte Katastrophen können dieses Horrorszenario noch verschärfen, in dem die sich gegenseitig schwächenden Ökonomien durch Fluten, Brände, Dürren, Verwüstungen usf. immer weiter in die Knie gezwungen werden (pointiert bei Dyer 2008). Wie schon erwähnt wird das Wachstum im Bereich des Konsums wahrscheinlich zunehmend von den notwendig weiter anwachsenden Investitionen in Reparaturleistungen und in die regenerative Infrastruktur gebremst, schließlich zurückgedrängt. Dass aber die Wachstumsökonomien sich eines schönen Tages dank neuer Technologien über die Erschöpfung des Planeten hinwegsetzen können, scheint wenig plausibel.

Gewiss, es gibt noch die ebenso wünschenswerte wie unwahrscheinliche Option eines bewussten, freiwilligen Kurswechsels. Im letzten Abschnitt wenden wir uns dieser Option ausführlicher zu, bei der es darum geht, eine resiliente Stadt nach menschlichen Maßverhältnissen, wiedereingebettet in den Ort und die Rhytmen einer eigensinnigen, mannigfaltigen Lebenswelt, zu schaffen. Doch die Chancen dafür sind nicht groß und die Zeit für ein freiheitliches, deliberatives Miteinander wird knapp. Demokratische Prozesse leiden unter Ressourcenengpässen und Zeitdruck. Wenn der Ausgleich zwischen Mensch und Natur nicht mehr gelingt, scheitert auch Urbanität – besonders wenn sie schon unter der Belastung steht, postfossil zu werden.

2 Die moderne Großstadtkultur

Was eigentlich Urbanität auf der Ebene von Praktiken, Gewohnheiten, Alltäglichkeiten bedeutet, soll wenigstens in groben Umrissen zu erkennen sein, wenn nun dieser Terminus „moderne Großstadtkultur" im kritischen Rückgriff auf einige literarische und soziologische Aussagen entfaltet wird.

Die Kultur der Moderne ist an die Großstadt gebunden. Erst in diesen Brutstätten der massenhaften Mobilität, Anonymität, Segmentation und Segregation, erst in den unüberschaubaren, nicht mehr begreifbaren Städten wie London oder Paris entstehen Wahrnehmungsweisen und Habitusformen, die typisch sind für die moderne Erfahrungswelt. In der großen Stadt wird die Begegnung mit Unbekannten zum Normalfall, das Immer Neue alltäglich. Modernität, so Charles Baudelaire schon um 1840, ist „das Vorübergehende, das Flüchtige, das Zufällige" – die Begegnungen in der Großstadt sind regelmäßig transitorisch, fugitiv, kontingent (vgl. Frisby 1989). Richard Sennett beschreibt den dazugehörigen stadtbürgerlichen Kommunikationsduktus, eine post-höfische Höflichkeit:

> Das Gespräch war von einer Grundregel geleitet: Um den Fluss der Informationen so offen wie möglich zu halten, wurden alle Rangunterschiede zeitweilig außer Kraft gesetzt; jeder im Kaffeehaus hatte das Recht, jeden anderen anzusprechen, sich am Gespräch zu beteiligen, gleichgültig, ob er die übrigen Teilnehme kannte oder nicht, ob man ihn zu sprechen eingeladen hatte oder nicht. Es war unmanierlich, auf die gesell-

schaftlich Herkunft anderer zu sprechen zu kommen, wenn man sich im Kaffeehaus mit ihnen unterhielt, da dies den Gesprächsfluss hätte hemmen können. (Sennett 1983: 102)

Diese, so Sennett weiter, Zivilisiertheit der Unbekannten im Umgang miteinander ist ein Wesensmerkmal von Stadtbürgerlichkeit, der alten Civitas. Das etwas oberflächlich wirkende Miteinander, die Fähigkeit, bei der vorübergehenden flüchtigen zufälligen Begegnung eine Rolle einzunehmen und dabei friedfertiges Wohlwollen auszustrahlen, die auf Unterscheidung ausgerichtete, tolerante und respektvolle Weltläufigkeit gehört zu den modernen Großstadt-Tugenden. Die (von Jane Jacobs im Kampf gegen eine Stadtplanung von oben hervorgehobenen) Mannigfaltigkeiten der Stadt, so sie ihren Ort bekommen und wirklich gelebt werden können, treiben die Stärken eines extrem arbeitsteiligen Kollaborationsvermögens aus sich hervor, die wir neuerdings und vor dem Hintergrund zerplanter und zerfallener Urbanität als Resilienz, als wertvolle Widerstandskräfte gegen Belastungen, Störungen und Schocks genauer erkunden. Zu all dem gehört das Aufbrechen traditioneller Sittlichkeit, des Stehenden und Ständischen (um noch einmal Marx zu bemühen), auch die Schaffung von Räumen der Unbestimmtheit und Offenheit, die den gelingenden Umgang mit Differenz und Anonymität, die gegenseitigen Respekt bei Begegnungen mit Unbekannten begünstigen.

Wenn wir von Civitas reden, liegt das Politische nahe, das ja ebenfalls mit und aus der Stadt – der Polis – entsteht. Denken wir an Hannah Arendts *Vita Activa*, dann ist damit die ruhmstiftende Helle der Öffentlichkeit gemeint, das Zusammenkommen der verantwortungsvollen Bürger in Foren und Arenen des politischen Streits; eine Öffentlichkeit, die, so Arendt weiter, der arbeitsamen Betriebsamkeit der Konsumsubjekte zum Opfer fällt. Die Polis braucht Muße, bewusste Kontemplation auf das Allgemeine für den „öffentlichen Gebrauch kommunikativer Freiheiten" (Habermas 1991: 183) – in der Urbanität der Projektpolis, die mit prekarisierten ArbeitskraftunternehmerInnen bevölkert ist, wird es nicht gut um sie bestellt sein.

Ohnehin gehört zur modernen Großstadtkultur auch das Bedrohliche, der Fall ins Bodenlose, in Armut und Ausgrenzung. Das Scheitern als Erfahrung wird in gigantischen Literaturmassen thematisiert. Angefangen mit Rousseau, bei dem die Stadt bzw. der Hof den naturgemäß guten Wesenskern der Menschen zerfrisst, steigert sich die Schilderung wie schon in Balzacs ‚Illusions perdues' zu den niederträchtigsten Geschichten und schlimmstmöglichen Katastrophen – mit auch heute noch beeindruckenden Stilmitteln literarisch verarbeitet etwa im Berlin der Weimarer Republik, in dem ein Franz Biberkopf oder das kunstseidene Mädchen vom unbarmherzigen urbanen Getriebe zwar nie völlig zermalmt, aber doch aufs tragischste hin- und her gestoßen werden. Die Schattenseiten der Differenz, die nun nicht mehr als harmlos-bunte Mannigfaltigkeit verstanden werden kann, sondern als exklusiv-exkludierende Distinktionen, die von der Höllenmaschine Großstadt produziert werden, sind Segregation und Marginalisierung, damit auch die Heerscharen der Abgehängten und Verlorenen, mit ihnen die vielen großen Träume, Ansprüche und Aspirationen, die sich oft erst nach langen, erschöpfenden Kämpfen als Illusionen erweisen.

Der Rohstoff für diesen Erfahrungsmodus sub-proletarischer Desillusionierung, der mit Armut durch Arbeitslosigkeit oder unterbezahlte und unsichere Jobs entsteht, durch zu hohe Lebenshaltungskosten für Menschen mit geringen Einkommen und das damit unausweichliche Verdrängen der abgehängten Existenzen in Slum-Zonen, durch die anonymen Planungsprozesse ohne Eingriffsmöglichkeit für die ohnmächtige Masse der Betroffenen usf., dieser dann für Verbrechen und Gewalt so wichtige Rohstoff wird massenhaft in den großen klassenkulturellen Kämpfen hergestellt. Manuell Castells schildert dazu im Anschluss an David Harvey griffig Stadtentwicklung als die Strukturierung des urbanen Raums durch Eliten:

> Die grundlegende Form der Herrschaft in unserer Gesellschaft beruht auf der Organisationskapazität der herrschenden Elite, die Hand in Hand geht mit ihrer Fähigkeit, diejenigen Gruppen in der Gesellschaft zu desorganisieren, die zahlenmäßig zwar die Mehrheit ausmachen, deren Interessen aber partiell (wenn überhaupt) nur in dem Rahmen berücksichtigt werden, der mit der Wahrung der herrschenden Interessen bezeichnet ist. Die Verbindung der Eliten untereinander und die Segmentation und Desorganisation der Massen, dies scheint der Doppelmechanismus sozialer Herrschaft in unseren Gesellschaften zu sein. Der Raum spielt in diesem Mechanismus eine grundlegende Rolle. Kurz: Eliten sind kosmopolitisch, einfache Leute sind lokal. Der Raum von Macht und Reichtum wird über die ganze Welt hinweg projiziert, während Leben und Erfahrungen der einfachen Leute an Orten, in ihrer Kultur und in ihrer Geschichte verwurzelt bleiben. Je mehr also eine soziale Organisation auf a-historischen Strömen beruht, die die Logik eines jeden spezifischen Ortes überlagern, desto mehr entgleitet die Logik globaler Macht der soziopolitischen Kontrolle historisch spezifischer lokaler/nationaler Gesellschaften. (Castells 2001: 471)

Die empirischen Machtverhältnisse in der Global City, so lassen sich Castells und Harveys Analysen kurz resümieren, entscheiden darüber, ob Raum- und Zeitverhältnisse weiter verdichtet werden und den abstrahierenden Strömen des Kapitals bzw. den globalisierten Eliten dienen, oder ob es den ‚einfachen' Menschen doch noch gelingt, sich den Raum als ihre Stadt anzueignen, sie zu ihrem Ort zu machen, ihr ein menschliches Tempo und eine freundliche, mannigfaltige Gestalt zu verleihen.

Diese wenigen, groben Entgegensetzungen von Licht- und Schattenseiten, von Zivilisiertheit und Gewalt, von Herrschenden und Beherrschten müssten nun weiter differenziert und angereichert werden mit farbgebenden Zwischentönen. Für den hier vorzustellenden Post Oil City-Ansatz ist es aber sinnvoller, wenn wir uns weiter einem ‚eigentlich' kulturellen Getriebe ‚des' Städtischen zuwenden: Was treibt die Stadt, was treibt auch die Herrschenden und Beherrschten an, wie und warum greift das Städtische als Raum und als gelebte

Kultur so erfolgreich und zugleich unter so leidvollem Druck immer weiter um sich?

Machen wir es uns etwas einfach und greifen auf Georg Simmels kurzen Aufsatz von 1903 zurück.[3] Danach kommen für die Großstadtkultur im Wesentlichen zwei Momente zusammen: Ein Moment sieht Simmel ganz generell im „Anspruch des Individuums, die Selbständigkeit und Eigenart seines Daseins gegen die Übermächte der Gesellschaft, des geschichtlich Ererbten, der äußerlichen Kultur und Technik des Lebens zu bewahren." Dieser Anspruch mag immer schon als menschliches Gattungsvermögen wirksam sein, entfalten kann er sich aber nur sehr bedingt, wenn nicht das zweite Element hinzukommt, nämlich der Markt, der ja erst mit der Großstadt die machtvollen Ausmaße annehmen kann, die dann zur Dis-Lozierung, also Entortung, und zur Vergesellschaftung und Anonymisierung in einer hoch arbeitsteiligen Welt führen. Denn mit dem um sich greifenden Geldverkehr dringt der Markt bis in die feinsten Kapillare des modernen Alltags und der urbanen Habitusformen ein.

> Die moderne Großstadt [...] nährt sich fast vollständig von der Produktion für den Markt, d. h. für völlig unbekannte, nie in den Gesichtskreis des eigentlichen Produzenten tretende Abnehmer. Dadurch bekommt das Interesse beider Parteien eine unbarmherzige Sachlichkeit, ihr verstandesmäßig rechnender wirtschaftlicher Egoismus hat keine Ablenkung durch die Imponderabilie persönlicher Beziehungen zu fürchten. (Simmel 1903)

Erst der überall durchgesetzte Geldverkehr ermöglicht mir eine vollständig anonyme Existenz – ein durchaus wichtiger Freiheitsgrad des Städtischen, der die Menschen wie ein Riesenmagnet anzieht, denn nun zählt ja immer weniger die Herkunft, die Familienbande, die Nachbarschaft: Jede und jeder, so scheint es, hat gleiche Chancen. Differenzierung durch soziale Arbeitsteilung ermöglicht immer neue Formen von und institutionelle Kerne für Kreativität und Innovation. Der abstrahierte Marktplatz, dieser sich mit dem Finanzkapital immer weiter ausdehnende Un-Ort depersonalisierter Ströme wird auch Anspruchsraum, Kampfplatz um ungeahnte Reichtümer sowie Distinktionsmaschine, die immer weitere Positionsgüter aus sich hervortreibt. Die immer weiter reichenden Differenz-Begegnungen können aber auch in Bemühungen um Ausgleich münden; wie erwähnt ist auch das Politische in der Großstadt beheimatet.

Urbanität schafft also den Ort für Vergesellschaftung, der die Bereiche der Vergemeinschaftung erweitern und auch ersetzen kann – im Fall pathologischer Vergesellschaftung sogar ‚über ein gesundes Maß hinaus'. Zu beobachten sind bspw. Massenbewegungen, ungeheure Konzentrationen menschlichen Organisationsvermögens ebenso wie ausgedünnte und verödet unpolitische Begegnungen bei den häufigen kleineren und größeren Zusammenkünften der BürgerInnen zum Zweck des bloßen Amüsements.

---

3 Vgl. zu Simmels Analyse ausführlicher bspw. Rosa 2005: 97 ff.

Die fordistische Moderne[4] setzt nun der transitorisch-differenzierenden Akzeleration das Moment der Standardisierung und des Iterativen entgegen und treibt die eigenartigsten Synthesen aus diesen Widersprüchen von Massenformierung und Individualisierung voran. Das Wort Metropolis hat sich untilgbar verknüpft mit der Kulturkritik an dieser Strukturierung durch eine monotoniterative Akkumulation, durch Entindividualisierung in der Masse (der „Wohnmaschinen"), durch die Unterwerfung unter die große Maschinerie, durch die sich immer wiederholenden, dadurch als sinnlos erfahrenen Routinen einer repetitiven Arbeits- und Lebenswelt (wie auch in Chaplins Modern Times). Doch schon vor dem Postfordismus sind wir Verbraucher leidenschaftliche „Unikumme" (Keun 1992: 92) geworden, individualisiert zu Individuen, zu unteilbaren Anderen, die sich über ihre selbstverständlich ganz besonderen Bedürfnisse definieren. Es gehört zur Daseinspflicht einer auch nur unteren Mittelschichtexistenz, sich als einzigartiges Wesen zu entwerfen, auch wenn sich das normalerweise nur in der IKEA-Originalität des Hausens erschöpft. Stets ist uns der „kreative Imperativ" auf den Fersen.

3 Urbanität ‚in Transition'

Wie gesagt, es wird wohl nicht ewig so weitergehen. Simmel unterliegt der – noch heute typischen – Fehldiagnose einer unendlich steigerbaren Moderne aufgrund der simplen, aber folgenreichen theoretischen Selektion: Er berücksichtigt in keiner Weise das exzessiv-extraktive gesellschaftliche Naturverhältnis, auf dem die moderne Großstadt und ihre Kultur basiert. Wir bemerken heute schon eher, dass nicht einfach naturhaft-individuelles Streben und das Geld den so über alle Maßen perniziösen Weltwandel hervorbringen, sondern dass hier ganz grundsätzlich auch die billige Energie aus den natürlichen Rohstoffen eine bedeutende, wenn nicht die grundlegende Triebkraft ist.

Billige Energie war und ist auch heute noch die Grundlage dafür, dass die Ströme der Global Cities unser Dasein bestimmen. Geld und Markt wurden allerdings, da ist Simmel Recht zu geben, im Zusammenspiel mit der Individualisierung bald schon zum omnipräsenten Mittler der um sich greifenden und sich inkorporierenden urbanen Distinktionsmaschinerie mit dem fossilistischen Energieregime. Dieses Konzept von Urbanität, das energie- und rohstoffintensive soziale Differenzierung einerseits, eine massenhafte Beschleunigung und Intensivierung des Lebens andererseits mit sich bringt, ist – im Moment ihrer global größten und, wie es scheint, für eine Weile auch noch steigerbaren Er-

---

4 „Fordistische Moderne" bezeichnet die auf Massenproduktion, Massenkonsum und Organisation von Massen ausgerichtete Gesellschaftsformation. Bezug ist die Fließbandfertigung mit ihren Folgen für hierarchische Großorganisationen.

folge – vermutlich zum Scheitern verurteilt. Die energie- und ressourcenverschlingende Urbanisierung schreitet immer noch mit atemberaubendem Tempo voran, aber sie zehrt dabei gleichzeitig in ebenfalls atemberaubendem Tempo ihre eigenen Bestandsvoraussetzungen auf.[5] Wie viele Milliarden Menschen am Ende nach einem eigenen Auto, einem Einfamilienheim nahe der Stadt oder dem Luxus-Appartement mitten drin, nach dem all(halb)jährlichen Urlaubsflug als Lebensziel streben und weiter dafür arbeiten wollen – und dadurch die Welt weiter an den Abgrund treiben, das lässt sich schwerlich vorhersehen. Doch dass ein Ende dieser Megatrends erreicht wird, liegt auf der Hand.

Man kann die sich weiter beschleunigende Fahrt in Richtung Abgrund als epochales Schauspiel beobachten; oder versuchen, dem mit dem Erfolg des urbanen Wachstums anhaltenden Megatrend der Auszehrung unserer Lebensgrundlagen etwas entgegenzusetzen, vielleicht mit der Haltung desjenigen, die/der trotzdem sein Apfelbäumchen pflanzt. Denn die um sich greifende Idee der Resilienz belehrt uns darüber, dass die Katastrophen ja nicht mehr zu vermeiden, sondern schon nahezu sicher sind. Jetzt geht es nur noch darum, sie abzumildern und dem Kommenden möglichst gut vorbereitet, d.h. auch solidarisch und menschenwürdig, beggegnen zu wollen. Immerhin wird auch auf städtischer Ebene weltweit mit Anpassungsmaßnahmen begonnen. Diese sind aber noch zu sehr auf das Ziel einer an Reparatur orientierten Abmilderung der Folgen des Klimawandels begrenzt und verfehlen dadurch die Zielsetzung des notwendigen tiefgreifenden Transformationsprozesses.[6]

Aus der Perspektive der Kultursoziologie muss es bei der überfälligen postfossilen Umstrukturierung von Stadt wiederum grundsätzlich um die Ebene des Alltags, der Gewohnheiten und Praktiken gehen. Wenn unsere Entlehnungen aus der klassischen Soziologie dahin führten, die moderne Großstadtkultur als ebenso treibendes wie getriebenes Medium der ins Taumeln geratenden Wachstumsökonomie zu erkennen, wie und mit welchen Mitteln könnte sie dann von uns Neo-Urbanisten neu entworfen und erfunden werden? Wie sieht ein entschiedenes *Power Down*-Programm für zukunftskompatible Lebensweisen aus? Gibt es systematische, nicht mehr nur vereinzelte Wege dahin, die Großstadtkulturen der Welt zu einer ‚Gaia-verbundeneren', wiedereingebetteten, entschleunigten, insgesamt eben sehr viel Ressourcen schonenderen Organisationsweise zurückfinden zu lassen? Wie sähe die Kultur, das Politische in dieser neuartigen Urbanität aus?

Wenn wir Simmels Perspektive gedankenexperimentell einfach einmal umkehren und uns das Städtische mit weniger Markt, weniger Kälte und Distanz,

---

5 Diese Gedankenfigur hat Ulrich Beck für die Moderne grosso modo entwickelt; vgl. Beck 1986
6 Für Maßnahmefelder einer Post Oil City vgl. exemplarisch Bristol City Council 2010; Carey 2011

mit mehr kleinräumig-genügsamer Selbstversorgung in verlangsamten, fußläufigen Nähewelten der Nachbarschaftlichkeit vorstellen wollen, geraten wir beinahe automatisch in die Vorstellungswelten einer „Ökonomie der Verbundenheit", etwa in der Art wie Charles Eisenstein sie vorgelegt hat[7] – für die Mainstream-Soziologie noch weitgehend unbekanntes Terrain, für die Transformationsforschung aber vermutlich mehr als ein abseitiges Gedankenexperiment. Denn Eisensteins Ideen sind durchaus weiterführend – gerade auch im Anschluss an Simmels klassischen Aufsatz.

Eisenstein sieht nämlich, knapp einhundertundzehn Jahre nach Simmel, wie viele andere mit ihm nicht nur die planetare Auszehrung, sondern auch die hypertrophierte Monetarisierung und Finanzialisierung, aber auch die einseitige Individualisierung unserer mitmenschlichen Welt als hoch problematisch an. Seine Ökonomie der Verbundenheit will die kapitalistische Ökonomie des Geldes, das ‚Mehrwert heckt', mit groß angelegten strukturellen Eingriffen zurückdrängen. Dafür schlägt Eisenstein als umfassendste Maßnahme einen Negativ-Zins vor – und zwar weltweit, auf alle Währungen, durchgesetzt von der Weltbank.

Wir müssen diese Maßnahme hier nicht weiter ausbreiten oder bewerten, weil es in unserem Zusammenhang nur darum geht, darüber nachzudenken, wie eine moderne Großstadtkultur denkbar wäre, die wirklich entschieden und proaktiv darauf ausgerichtet wurde, mit weit weniger Energie auszukommen. Wäre es sinnvoll (und möglich), der Urbanität das Geld zu entziehen, den Global Cities die Märkte zu reduzieren, um so die Großstadtkultur genügsamer, drastisch beruhigt, signifikant sich selbst versorgend zu gestalten, *bevor* ihr ‚der Saft ausgeht' während sie im tödlichen Fieber liegt und die eruptiv eintretenden Versorgungskrisen ihr ein anderes Tempo unter den weit unbequemeren Umständen heftiger Dauerschläge diktiert?

Es gibt bekanntlich eine ganze Reihe von Ideen, die daran ansetzen, den Markt bzw. den Einfluss des Geldes ganz grundlegend zu verändern. Schon der junge Marx hat seine Entfremdungsdiagnose an das Geld als universellen Mittler geknüpft. Das Geld ermöglicht in der Tat eine distanzierte Haltung selbst im direkt gegenseitigen Akt des Tausches, doch der Markt hat für uns auch eine ganz fundamentale liberalisierende Funktion. Axel Honneth (2011) hat jüngst den Markt als Anerkennungssphäre rekonstruiert, der wir wichtige gesellschaftliche Freiheitsgrade verdanken, die aber in ihrer Ausfaltung längst (wie ich in etwas gelockerter Anlehnung weiter zuspitzen würde) einer sozialen Pathologie unterliegt: Die ‚eigentlichen', menschlichen Zwecke einer moderaten Vermarktlichung und depersonalisierenden Vergesellschaftung lagen gewiss in der Verwirklichung von fundamentalen Freiheits- und Komplexitätsgewinnen durch

---

[7] Eisenstein 2013. Der englische Originaltitel lautet Sacred Economics: Money, Gift, and Society in the Age of Transition; vgl. dazu den von der Zielsetzung her ähnlich argumentierenden Gründer der Transition-Bewegung Hopkins (2008, 2011).

die immer mehr individuell zu treffenden Konsumentscheidungen, die aber gleichwohl noch in einer aktiven und aufmerksamen Gegenseitigkeit begründet waren. Doch sie wurden in der irgendwann ebenso eigensinnig wie eigendynamisch verlaufenden Geschichte dieser sozialen Sphäre soweit in den Hintergrund gedrängt, dass sie uns gar nicht mehr als relevante und mit einer kraftvollen Regulierungspolitik anzustrebende Ziele ins Bewusstsein geraten. Wir sind vielmehr zu Marktteilnehmern und Verbrauchern geworden und von den faktischen Aberrationen soweit getrieben und getäuscht, das wir mit unserem übertriebenen Arbeits-, Konsum- und Spareifer die Fehlentwicklungen in immer weiter sich aufstufenden Selbstmissverständnissen auf erweiterter Stufenleiter reproduzieren. Wie und wo, so wäre im Anschluss an Simmels Großstadtkultur-Aufsatz also zu fragen, ist eine Zurückdrängung der ‚Vermarktlichung' und Versachlichung des großstädtischen Alltagslebens überhaupt möglich, ohne die individuellen und kollektiven Freiheitsgewinne der modernen Großstadtkultur dabei schon auf konzeptioneller Ebene preiszugeben?

Nehmen wir das Beispiel „Solidarische Landwirtschaft". Mit dem Grundgedanken, eine Verbrauchergemeinschaft direkt an den produzierenden landwirtschaftlichen Betrieb anzubinden, entstehen hier neuartige Modelle der Transparenz und des Engagements bei Nahrungsmittelerzeugung und -verbrauch.

Zweifellos könnte die Großstadtkultur durch solche und ähnliche Initiativen (Slow Food, Repair Cafes oder Umsonst-Tauschbörsen) eine interessante neue Facette erhalten. Aber würde sie sich durch diese ja immer noch durchaus randständigen, wenig einflussreichen Initiativen wirklich fundamental und wesentlich verändern lassen, wenn ihre Anzahl wächst?

Versteht man die Solidarische Landwirtschaft wie auch die anderen eben erwähnten Initiativen als innovative Interpretationen des Konsumvereins, so lässt sich mit Honneth (2011) festhalten, dass dieser potenziell zu einem bewussteren Umgang mit Ressourcen führt und die Anerkennungsbeziehungen zwischen und unter den Verbrauchern und Produzenten reanimiert. Mehr noch: Solidarische Landwirtschaft lädt ein zum gemeinsamen Land bewirtschaften (am besten als urbane Landwirtschaft, mitten in der Stadt); sie unterläuft damit die Gewohnheitswelten einer hochspezialisierten, das eigene Leben beschleunigenden Arbeitsteilung; sie könnte letztendlich in exemplarischer Weise dazu beitragen, die Tendenzen der Kultur der Moderne zu korrigieren, in der ja subjektive und kollektive Erfahrungsräume immer mehr an Bedeutung verloren haben gegen das Übermaß eines Wahrnehmungsmodus, der sich in der Unmittelbarkeit von Erlebnishorizonten bewegt. Die Rückkehr oder besser: die Neuerfindung gemeinschaftlicher Routinearbeiten mit dem Zweck einer resilienzsteigernden Selbstversorgung würde eine alternative Strukturierung des Urbanen bedeuten. Nicht mehr Märkte sollen die Knotenpunkte für die Ströme der Stadt bilden, sondern Foren des gemeinschaftlichen Wirtschaftens, Großhaushalte nach Art des Oikos[8], nur jetzt beseelt vom deliberativen Geist einer an post-fossilen Wirtschaftsweisen orientierten Civitas.

Mit Blick auf Simmel könnten die aufgezählten Initiativen als Keimzellen für das Prinzip einer Gemeinwohl- bzw. Solidarischen Ökonomie herhalten, die Markt und Geld zurückdrängt zugunsten (halb-)öffentlicher Foren genügsamer Selbstversorgung. In ihr wäre der Stellenwert des Geldes auf ein ‚convivales' Vernunftmaß reduziert (vgl. Köhler 2010). Nach dem Szenario des *Simpler Way of Life* könnte die hoch produktive und hoch entlohnte Erwerbsarbeit nun drastisch reduziert und dadurch umverteilt werden, da ja die Bedeutung des Geldes und des Konsums bzw. die Räume des Marktes zurückgedrängt werden sollen. Arbeit würde wieder stärker auf natürlichen Kräften, also auch Menschenkräften beruhen, und damit würde auch die einfache Handarbeit wieder wichtiger werden. Kleine Felder wären im urbanen Raum zu bestellen, Reparaturen gemeinschaftlich zu erledigen, überall entstünden neue Allmenden, gemeinsam geteilte Räume und Güter (Commons), selbst die Lebensläufe der globalisierten Wissens- und Symbolarbeiterelite würden wieder stärker verortet.

Wie weit könnte es mit der Herausbildung von ‚commonalistischeren' Strukturen gehen? Was könnte damit gewonnen werden, wieder weitere Bereiche des Städtischen in eine echte kommunale Selbstverwaltung zu überführen? So viel steht fest, die große Fortschrittserzählung von der Befreiung der Menschheit aus dem Reich der Notwendigkeit ins Reich der Freiheit durch Wissenschaft und Technologie wäre damit sicher entkräftet. Soziologisch ist es nicht leicht, die Befreiung von ‚falscher' Arbeit mit der Rückkehr von Routine- und Reproduktionsarbeiten insbes. für die Mittel- und oberen Klassen (insbes. auch der Männer) zusammenzudenken; dies dann in Bezug zu setzen zur Individualisierung oder besser zum „Recht der Freiheit" (nochmals Honneth 2011); oder sich auszumalen, wie eine re-lokalisierte, de-globalisierte Global City mit weniger Energie, Tempo, Arbeitsteilung und höchstens noch der Hälfte des Konsums funktionieren könnte. Schon das Nachdenken über solche Themen hat bis vor kurzem noch geradezu reflexhafte Antimodernismus-Vorwürfe hervorgerufen. Diese Exkommunikation kann und wird sich die Soziologie der (Kultur der) Moderne hoffentlich nicht mehr lange leisten.

Literatur

Bardi, U. (2013): Der geplünderte Planet. Die Zukunft des Menschen im Zeitalter schwindender Ressourcen. München.
Bauer, A.; Vogel, J.; Ziegang, U. (1991): „Hannover soll eine gemütliche Stadt bleiben." Die hannoversche Straßenbahn und der Wandel des Verkehrs-

---

[8] Oikos bezeichnete im alten Griechenland eine Haushalts- und Wirtschaftsgemeinschaft.

wesens. In: von Saldern, A.; Auffarth, S. (Hrsg.): Wochenend und schöner Schein. Freizeit und modernes Leben in den zwanziger Jahren. Berlin, 95-99

Beck, U. (1986): Risikogesellschaft. Auf dem Weg in eine andere Moderne. Frankfurt am Main.

von Borries, F. (2011): Zehn Thesen für die Stadt von morgen. In: Welzer, H.; Wiegandt, K. (Hrsg.): Perspektiven einer nachhaltigen Entwicklung. Wie sieht die Welt im Jahr 2050 aus? Frankfurt am Main, 40-63

Braudel, F. (1985): Sozialgeschichte des 15.-18. Jahrhunderts. Band I: Der Alltag. München.

Bristol City Council (2010): Building a positive future for Bristol after Peak Oil. http://bristolgreencapital.org/latest/2011/09/the-peak-oil-report/ (12.12.2013).

Carey, J. (2011): Who feeds Bristol? Towards a resilient Food Plan. http://bristolfoodpolicycouncil.org/3DAE5DD9-E51D-46BF-A040-3127A3FCA84D/FinalDownload/DownloadId-2858780F62E31FADEBF958BE351C07EE/3DAE5DD9-E51D-46BF-A040-3127A3FCA84D/wp-content/uploads/2012/10/Who-Feeds-Bristol-report.pdf (12.12.2013).

Castells, M. (2001): Das Informationszeitalter. Band I: Die Netzwerkgesellschaft. Opladen.

Dyer, G. (2008): Climate Wars. The Fight for Survival as the World Overheats. Oxford.

Eisenstein, C. (2013): Ökonomie der Verbundenheit. Wie das Geld die Welt an den Abgrund führte – und sie dennoch jetzt retten kann. Berlin/ München.

Frisby, D. (1989): Fragmente der Moderne. Georg Simmel – Sigfried Kracauer – Walter Benjamin. Rheda-Wiedenbrück.

Habermas, J. (1991): Faktizität und Geltung. Beiträge zur Diskurstheorie des Rechts und des demokratischen Rechtsstaats. Frankfurt am Main.

Honneth, A. (2011): Das Recht der Freiheit. Grundriss einer demokratischen Sittlichkeit. Frankfurt am Main.

Hopkins, R. (2008): Energiewende. Das Handbuch. Anleitung für zukunftsfähige Lebensweisen. Frankfurt am Main.

Hopkins, R. (2011): The Transition Companion. Making Your Community More Resilient in Uncertain Times. Dartington u. a.

Keun, I. (1992): Das kunstseidene Mädchen. Mit Materialien. Leipzig.

Klare, M. (2008): Rising Powers, Shrinking Planet. The New Geopolitics of Energy. New York.

Klare, M. (2012): The Race for What's Left. The Global Scramble for the World's last Resources. New York.

Köhler, T. (2010): Politische Soziologie der Lebensweisen. Feld-forschendes Lernen à la Bourdieu. Stuttgart.

Randers, J. (2012): 2052. Eine globale Prognose für die nächsten 40 Jahre. München.
Rosa, H. (2005): Beschleunigung. Die Veränderung der Zeitstruktur in der Moderne. Frankfurt am Main.
Reichholf, J. H. (2007): Eine kurze Naturgeschichte des letzten Jahrtausends. Frankfurt am Main.
Schultz, A.; Gostomczyk, S. (1991): „Arbeiter gehören unter die Brause." Öffentliche Brause- und Wannenbäder in Hannover. In: von Saldern, A.; Auffarth, S. (Hrsg.): Wochenend und schöner Schein. Freizeit und modernes Leben in den zwanziger Jahren. Berlin, 89-94.
Sennett, R. (1983): Verfall und Ende des öffentlichen Lebens. Die Tyrannei der Intimität. Frankfurt am Main.
Simmel, G. (1903): Die Grosstädte und das Geistesleben. Dresden. Zitiert nach Spiegel Online – Projekt Gutenberg-DE.
http://gutenberg.spiegel.de/buch/6598/1 (12.12.2013).
Urry, J. (2013): Societies Beyond Oil. Oil Dregs and Social Futures. London New York.

Claudia Palmas, Christian Albert

Räumliche Energiepotenziale und Szenarioanalyse als Entscheidungsunterstützung für die Regionalplanung – Struktur eines Forschungsvorhabens in der Region Hannover

Inhalt

1 Zusammenfassung
2 Einleitung
3 Stand des Wissens
4 Ziele des Forschungsprojekts SmartSpatial
5 Vorgehen im Projekt SmartSpatial
6 Erste Ergebnisse von SmartSpatial: Ermittlung der Potenziale für erneuerbare Energien in der Region Hannover
   6.1 Fallstudiengebiet und Grundlagendaten
   6.2 Das räumliche Solar-Energiepotenzial
   6.3 Das räumliche Wind-Energiepotenzial
   6.4 Das räumliche Biomasse-Energiepotenzial
7 Potenziale für erneuerbare Energien in der Region Hannover
   7.1 Solarpotenzialkarte
   7.2 Windpotenzialkarte
   7.3 Biomassepotenzialkarte
8 Fazit

1 Zusammenfassung

Ein integrativer Bestandteil der Entwicklung intelligenter Netzstrukturen sollte auch die zukünftige (optimierte) Nutzung erneuerbarer Energien sein. Dazu gehören die Abschätzung von Potenzialen zur Energiegewinnung, die Berücksichtigung von Umweltaspekten sowie eine Beteiligung der interessierten und betroffenen Akteure zu den resultierenden Netzstrukturen (vgl. Bosch/Peyke 2011).

Im Rahmen des Verbundprojekts SmartNord (koordiniert von Prof. Dr. Michael Sonnenschein, Universität Oldenburg) ist das Ziel des Teilprojekts SmartSpatial, anhand eines Fallbeispiels (Region Hannover) die Potenziale und möglichen Auswirkungen von Szenarien zur Gewinnung erneuerbarer Energien räumlich zu analysieren und auf dieser Grundlage das System der Gewinnung erneuerbarer Energien und resultierender Netzstrukturen zu optimieren. Dazu wird zum einen die geographische Verteilung der Potenziale zur Nutzung erneuerbarer Energien kartographisch dargestellt und quantifiziert. Zum anderen werden alternative Szenarien zur Entwicklung neuer intelligenten Netzen definiert, die mögliche Allokation von Energieerzeugungsanlagen- und Netzstrukturen simuliert sowie potenzielle ökologische, ökonomische und soziale Auswirkungen abgeschätzt. Daraus kann unter Beteiligung relevanter Akteure eine Optimierungsstrategie entwickelt werden.

Ergebnisse des Teilprojekts SmartSpatial umfassen ein ergänztes Set an Methoden zur räumlichen Potenzial- und Szenarienanalyse, ein halbautomatisiertes Optimierungsmodell sowie die Erkenntnisse aus den Potenzial- und Szenarienanalysen einschließlich der Berücksichtigung von Interessen lokaler Akteure. Damit wird das Teilprojekt einen substantiellen Beitrag zur geforderten Einbindung der Gesellschaftswissenschaften leisten. Die erstellten Werkzeuge sollen, im Verbund mit den Ergebnissen der übrigen Teilprojekte, auch in anderen Räumen zur Entwicklung intelligenter Netze einsetzbar sein.

2 Einleitung

Um die Abhängigkeit von fossilen Brennstoffen und Rohstoffimportenten zu verringern und die EU-Klimaschutzziele bis 2020 zu erreichen, wurden sowohl in Europa als auch in Deutschland eine verstärkte Nutzung durch Dezentralisierung erneuerbarer Energien und Energiemixes angestrebt. Laut Nationalem Aktionsplan für erneuerbare Energie wird das EU-rechtlich vorgegebene Ziel von 18% erneuerbarer Energien am Gesamtenergieverbrauch im Jahre 2020 noch übertroffen werden (Nationaler Aktionsplan für erneuerbare Energie v. 04.08.2010). Die Erfüllung der Ziele für eine nachhaltige Entwicklung benötigen neue Ansätze für die Regionalplanung, sowohl für die Integration der einzelnen dezentralisierten Anlagen als auch für den Ausbau der dafür notwendigen Infrastruktur. Um die Erzeugung erneuerbarer Energien umweltfreundlich und nachhaltig zu gestalten, sollen Maßnahmen getroffen werden, welche die Umweltauswirkungen minimieren. Maßnahmen zur umweltfreundlichen Gestaltung der Entwicklung setzen an den EE-Trägern selbst als auch an deren Lenkung in

Gebiete mit hohem Energiepotenzial und geringer Umweltempfindlichkeit an. Grundlage dafür ist eine flächenkonkrete Planung unter Beteiligung der Bürger (Haaren et al. 2013).

Dieser Beitrag widmet sich der Frage, wie eine solche räumliche Planung die Formulierung von Zielen und die Entwicklung von Steuerungsoptionen für einen möglichst naturschutzangepassten Ausbau erneuerbarer Energien auf der regionalen Ebene unterstützen kann. Dabei addressiert der Beitrag zum Einen die Abschätzung von Potenzialen zur Gewinnung erneuerbarer Energien. Zum Anderen beschäftigt er sich mit der Entwicklung von Szenarien über mögliche zukünftigen Ausbauziele, Umsetzungsstrateigen sowie der Abschätzung potenzieller Auswirkungen auf ausgewählte Landschaftsfunktionen.

Der Beitrag basiert im Wesentlichen auf einer Darstellung des Forschungsprojektes SmartSpatial, dass sich mit der Beantwortung der oben genannten Fragen beschäftigt und zurzeit (2013) im Institut für Umweltplanung der Leibniz Universität Hannover bearbeitet wird.

Der Beitrag beginnt mit einem Überblick zum Stand des Wissens in dem dargestellten Forschungsfeld. Daraufhin werden die Ziele und das Vorgehen im Projekt SmartSpatial dargelegt. Abschließend wird ein Einblick in erste Ergebnisse der Analyse von Potenzialen für erneuerbare Energien gegeben. Als Fallbeispiel dient die Region Hannover.

3 Stand des Wissens

Die Darstellung des relevanten Standes des Wissens lässt sich in Methoden zur Abschätzung von Potenzialen zur Erzeugung erneuerbarer Energien, zur multikriteriellen Optimierung der Allokation von Energieerzeugungsanlagen und Netzstrukturen sowie zu partizipativen Planungsprozessen gliedern.

Zur räumlichen Analyse des theoretischen Potenzials zur Erzeugung erneuerbarer Energien wurden in den letzten Jahren unterschiedliche Verfahren vorgestellt. Maxwell und Renne (1994) entwickelten Messverfahren zur Untersuchung von Ressourcen an erneuerbaren Energien. Ivanov et al. (1996) publizierten eine Methode zur vorläufige Abschätzung von regenerativen Energieressourcen für Bulgarien. Schneider et al. (2007) entwickelten eine Methode zur räumlichen Untersuchung der Potenziale für dezentrale Energieerzeugung für die Republik Kroatien. Diese Methoden wurden jedoch primär für die Untersuchung großer Fallstudiengebiete entwickelt und sind in der bestehenden Form nicht auf die regionale bzw. lokale Ebene übertragbar. Für eine technische Netzoptimierung auf diesen Maßstäben müssen bestehende Methoden daher angepasst bzw. neu entwickelt werden. Ansätze für eine Methode zur Bestimmung des räumlichen Potenzials für die Energiepflanzenproduktion (Anwendung Biogasnutzung) wurden im laufenden Verbundprojekt „Biomasse im Spannungsfeld" der Universität Göttingen entwickelt (Bauböck/Kappas in Vorbereitung).

Ansätze zur multikriteriellen Optimierung fanden in der jüngeren Vergangenheit verstärkt bei der Entwicklung von räumlichen Entscheidungsunterstützungssystemen (Decision Support Systems) Verwendung. Ziel ist es dabei, komplexe räumliche Problemstellungen durch eine Kopplung von Geographischen Informationssystemen (GIS) und Modellen zur Analyse von potenziellen Auswirkungen zu bearbeiten (Eastman et al. 1993; Geneletti 2005; Malczewski 1999; Nijkamp et al. 1984; Voogd 1983). Zu den verwendeten Methoden gehören beispielsweise Weighted Linear Combination (WLC) (Eastman et al. 1998; Janssen/Rietveld 1990), Analytical Hierarchy Process (APC) (Banai 1993; Eastman et al. 1998), Concordance-Discordance Analysis (Carver 1991; Joerin et al. 2001) und Ideal Point Methods (Jankowski 1995; Pereira/Duckstein 1993).

Partizipative Planungs- und Entscheidungsprozesse stehen zunehmend im Forschungsfokus der Planungs-, Politik- und Sozialwissenschaften. Zahlreiche Arbeiten widmen sich beispielsweise den verschiedenen Stufen der Beteiligung (Arnstein 1969; Collins/Ison 2009), den Methoden zur partizipativen Planung (HarmoniCOP Team 2005), der Effektivität von partizipativen Planungsprozessen (Beierle/Cayford, 2002; Newig/Fritsch 2009), und Ansätzen zur Integration von formaler Modellierung und eher qualitativer Stakeholder-Beteiligung (Alcamo 2001; Pahl-Wostl 2008). Im Fokus stehen derzeit die Möglichkeiten einer erweiterten Internetbeteiligung, welche Kommentare auf Karten und in Texten ermöglicht (s. von Haaren et al. 2005).[1]

Ein im Zusammenhang mit dem Projekt SmartSpatial relevantes Vorhaben ist das vom Land Niedersachen geförderte Projekt „EnerGeoPlan – Regelbasierte, räumliche Optimierung von regenerativen Energieanlagen und Verbrauchern".[2] Das Projekt verknüpft kommunalplanerische Entscheidungsprozesse mit einer Systembetrachtung und Optimierung der Energieversorgung. Ähnlich dem in diesem Teilprojekt vorgeschlagenen Vorgehen werden theoretische und realisierbare Potenziale für die Erzeugung erneuerbarer Energien ermittelt. Darauf

---

1 Erste Ansätze zur Integration von Potenzialanalysen, der Bewertung unterschiedlicher Planungsalternativen zur Nutzung erneuerbarer Energien sowie zur Partizipation von Experten und lokalen Akteuren wurden von Claudia Palmas in einer am Institut für Umweltplanung betreuten Dissertation geleistet (Publikation in Fertigstellung, siehe auch Palmas et al. 2011). Frau Palmas untersuchte darin am Beispiel der Region Cagliari in Italien, inwieweit die dezentrale Erzeugung erneuerbarer Energien unter der Berücksichtigung von Nachhaltigkeitsaspekten bei der Planung von neuen Siedlungsgebieten berücksichtigt werden kann.
2 Laufzeit 2011-2014, Leitung: Prof. Dr.-Ing. Weisensee, Jade Hochschule, und Prof. Dr. Sonnenschein, Universität Oldenburg

aufbauend werden Ausbauszenarien betrachtet und Auswirkungen auf die Energieversorgung bewertet.

Wissenslücken bestehen darin, dass es – nach Wissen der Autoren – bisher noch keine Projekte gab, die alle Quellen erneuerbarer Energien berücksichtigen, die geographische Verteilung des Potenzials der Energieformen modellieren, sowie Szenarien unter Beteiligung relevanter Akteure definieren und iterativ optimierten. Ebenfalls unbearbeitet ist bisher die Zusammenführung der in Bezug auf eine Optimierung intelligenter Netzstrukturen relevanten Bausteine. Ferner bestehen Wissensdefizite bezogen auf Fragen der Zusammenführung und methodischen Anpassung von Methoden der Potenzialanalyse sowie der Umwelt-/Sozialverträglichkeit und der Kosten von durch den Netzausbau determinierten Energieerzeugungsstrukturen.

4 Ziele des Forschungsprojekts SmartSpatial

Ziel des Teilprojekts SmartSpatial ist es, die technischen Netzoptimierung durch eine räumliche Betrachtung, die auch die Netz-Entwicklung und die Integration von Netzen, Energiepotenzialen und Energieerzeugungsanlagen berücksichtigt, zu ergänzen. Anhand eines Fallbeispiels (Region Hannover) werden die Potenziale und möglichen Auswirkungen von Szenarien zur Gewinnung erneuerbarer Energien räumlich analysiert. Dazu wird zum einen die geographische Verteilung der Potenziale zur Nutzung erneuerbarer Energien kartographisch dargestellt und quantifiziert. Zum anderen werden alternative Szenarien zur Entwicklung neuer intelligenten Netzten definiert, die mögliche Allokation von Energieerzeugungsanlagen- und Netzstrukturen simuliert sowie potenzielle ökologische, ökonomische und soziale Auswirkungen abgeschätzt. Daraus kann unter Beteiligung relevanter Akteure eine Optimierungsstrategie entwickelt werden.

Die Ergebnisse des Arbeitspakets umfassen ein ergänztes Set an Methoden zur räumlichen Potenzial- und Szenarienanalyse, ein halbautomatisiertes Optimierungsmodell, sowie die Erkenntnisse aus den Potenzial- und Szenarienanalysen einschließlich der Berücksichtigung von Interessen lokaler Akteure.

5 Vorgehen im Projekt SmartSpatial

Das Teilprojekt SmartSpatial beschäftigt sich mit zwei Aspekten der räumlichen Analyse: eine Untersuchung von Potenzialen zur Nutzung erneuerbarer Energien sowie eine Analyse von Szenarien zur Entwicklung neuer intelligenter Netze.

Im Rahmen der Potenzialanalyse wird das Potenzial an erneuerbaren Energieressourcen (Solarenergie, Wasserkraft, Windenergie, Bioenergie und Geothermie) in der Region Hannover räumlich differenziert dargestellt und quantifiziert.

In der Szenarienuntersuchung werden alternative Pfade der Anlagen- und Netzstrukturentwicklung für die Gewinnung erneuerbarer Energien formuliert, die mögliche Allokation der Anlagen und Netzstruktur simuliert sowie potenzielle Auswirkungen und Implikationen der Szenarien abgeschätzt. Auf dieser Grundlage können sowohl Akteure in die Entscheidungsfindung mit einbezogen werden als auch eine multikriterielle Optimierung erfolgen.

Das Teilprojekt soll damit dazu beitragen, (i) Potenziale für die Energieversorgung auch unter dem Gesichtspunkt eines effizienten Netzbetriebs mit Prioritäten zu belegen und zu entwickeln, (ii) die Standorte künftiger Energieerzeugungsanlagen bei der Netzoptimierung zu berücksichtigen und (iii) die Bedeutung des Netzausbaus für die Entwicklung von Energieerzeugungsanlagen für die Öffentlichkeit transparent und greifbar zu machen sowie räumliche Präferenzen verschiedener Akteursgruppen zu ermitteln.

Die detaillierten Arbeitsziele sind:

- die räumlich differenzierte, quantitative Analyse des Potenzials an erneuerbaren Energieressourcen (Solarenergie, Wasserkraft, Windenergie, Bioenergie, und Geothermie) in der Region Hannover
- die Definition und Simulation von alternativen Szenarien der Anlagen- und Netzstrukturentwicklung,
- Die Analyse der Raumeinheiten hinsichtlich ihrer Eigenschaften, die zur Bewertung der verschiedenen Szenarien notwendig sind.
- Die multikriterielle Analyse von potenziellen Auswirkungen der Szenarien auf die verschiedenen Evaluationsaspekte (Impact Assessments)
- Die Iterative Optimierung der Szenarien hinsichtlich der unterschiedlicher Schwerpunkte (z.B.: Minimierung der Beeinträchtigungen der Schutzgüter, der Kosten, des Investitionsbedarf, des Bedarfs and Infrastrukturentwicklung etc., bzw. Maximierung der regionalen Netzstabilität)

Als Fallstudie dient die Region Hannover, die eine Vielfalt an Standorten mit unterschiedlicher Eignung für die Erzeugung erneuerbarer Energien aufweist und zu deren Behörden auf langjährige Kooperation in Forschungs- und Entwicklungsprojekten sowie bei der Durchführung von Partizipationsprozessen aufgebaut werden kann.

Die **Analyse des Potenzials an erneuerbaren Energieressourcen** in der Region Hannover soll Ergebnisse zu folgenden Fragestellungen liefern:

- Welche Methoden sind zur Ermittlung der Potenziale an erneuerbaren Energieressourcen (Solarenergie, Wasserkraft, Windenergie, Bioenergie, und Geothermie) geeignet?

Räumliche Energiepotenziale und Szenarioanalyse 61

- Welche theoretischen Potenziale an erneuerbaren Energieressourcen sind in der Region verfügbar?
- Welche rechtlichen Restriktionen bestehen für die Nutzung der erneuerbaren Energieressourcen? Restriktionen umfassen umweltrechtliche Aspekte (FFH[3], Naturschutzgebiete, Wasserschutzgebiete etc.), gesellschaftliche Anforderungen (bspw. Mindestabstände von Windkraftanlagen zu Siedlungen) und technisch-raumplanerische Restriktionen (bspw. Mindestgrößen für Windkraftanlagen etc.)
- Welche technischen Potenziale an erneuerbaren Energieressourcen sind in der Region nutzbar?

Die **Definition und Simulation von Szenarien der Anlagen- und Netzstrukturentwicklung** soll zur Beantwortung folgender Fragen beitragen:

- Wie kann der derzeitige Zustand der Netzstruktur (Status Quo) räumlich dargestellt werden?
- Welcher Energiebedarf besteht derzeit in der Region Hannover? Zu welchen Teilen wird er bereits durch erneuerbare Energien gedeckt? Wie wird die Entwicklung des Energiebedarfs der Region Hannover für die Zukunft prognostiziert?
  - Welche Veränderungen der Anlagen- und Netzstruktur sind denkbar?
  - Welche Bestandteile der Netzstruktur sind unveränderlich?
  - Welche Punkte sind variabel? In welchen Spannbreiten bewegt sich die Variabilität?
  - Welche Kombination von Annahmen für die Variablen sollen in den verschiedenen Szenarien zusammengefasst werden?
  - In welchem Zeitverlauf würde die Entwicklung und Etablierung der Anlagen erfolgen?
- Welche räumliche Allokation von Anlagen zur Erzeugung erneuerbarer Energie und der jeweiligen Netzinfrastrukturen würden sich bei den jeweiligen Szenarien ergeben?
- Zu welchem Zeitpunkt könnte welcher Ausbaugrad des Szenarios erreicht werden?

Die **Analyse des Untersuchungsraums hinsichtlich verschiedener Bewertungsaspekte** soll zu Beantwortung folgender Fragen beitragen:

- Welche Empfindlichkeiten bestehen in den Raumeinheiten gegenüber Beeinträchtigungen durch die Entwicklung von erneuerbaren Energien hinsichtlich der verschiedenen Schutzgüter (Menschen, Tiere, Pflanzen,

---

3 Flora-Fauna-Habitat

Boden, Wasser, Luft, Klima und Landschaft, Kultur- und Sachgüter sowie deren jeweilige Wechselwirkungen)?
- Wie hoch ist die potenzielle Akzeptanz gegenüber der Entwicklung von Energieerzeugungsanlagen in den verschiedenen Raumeinheiten?
- Welche Kosten zur Erzeugung von erneuerbaren Energien wären notwendig?
- Wie hoch ist der Bedarf nach Entwicklung von Infrastruktureinrichtungen in den verschiedenen Raumeinheiten (abhängig vom Abstand von potenziellen Anlagenstandorten zu geeigneten Leitungsnetzen)? Welche Kosten entstehen?
- In welchen Flächen und Leitungskorridoren sollten die Anlagen und Netzstrukturen prioritär etabliert werden?

Die **multikrielle Analyse von potenziellen Auswirkungen der Szenarien** auf die verschiedenen Evaluationsaspekte (Impact Assessments) soll zu einer vergleichenden Bewertung der Szenarien hinsichtlich unterschiedlicher Prioritäten beitragen. Folgende Fragestellungen stehen im Mittelpunkt:

- Wie sind die verschiedenen Szenarien hinsichtlich der unterschiedlichen Evaluationsaspekte/Zielsetzungen (Umweltauswirkungen/Schutzgüter, Akzeptanzfaktoren, Erzeugungskosten, Bedarf an Infrastrukturentwicklung etc.) zu bewerten?
- Welche Szenarien sind zur Erreichung bestimmter Ziel-Kombinationen besonders geeignet? Bspw. welches Szenario führt zu einer höchstmöglichen Ausschöpfung der Potenziale zur Erzeugung erneuerbarer Energien? Welches Szenario ist besonders kostengünstig und zeigt gleichzeitig geringe Umweltauswirkungen? Oder: In welchem Umfang wären erneuerbare Energien ohne Beeinträchtigungen des Landschaftsbildes nutzbar?
- In welchem Umfang könnte die Erzeugung erneuerbarer Energien in einem bestimmten Szenario und zu einem gewählten Zeitpunkt die prognostizierte Nachfrage an Energien decken?

Im Rahmen der **iterativen Optimierung** können interessierte Akteure einbezogen und die Annahmen für die Variablen der Szenarien schrittweise geändert werden. Ferner werden die jeweiligen Auswirkungen auf die Allokation von Anlagen- und Netzstrukturen simuliert und die Veränderung der verschiedenen Evaluationsaspekte abgeschätzt. Folgende Fragen sind zu beantworten:

- Wie wirken sich schrittweise Veränderungen der Szenarien auf die Netzstruktur und letztlich die verschiedenen Evaluationsaspekte aus?
- Wie können einzelne Szenarien hinsichtlich der maximalen Erreichung bestimmter Ziele oder Zielkombinationen optimiert werden?

Räumliche Energiepotenziale und Szenarioanalyse 63

- Welche Präferenzen bezüglich der räumlichen Allokation zeigen die beteiligten Akteure?

6 Erste Ergebnisse von SmartSpatial: Ermittlung der Potenziale für erneuerbare Energien in der Region Hannover

6.1 Fallstudiengebiet und Grundlagendaten

Das Untersuchungsgebiet ist die Region Hannover und wurde ausgewählt, da bereits zahlreiche grundlegende Daten zur Nutzung vorhanden und auch verfügbar sind. Zudem besteht die Möglichkeit, mit Behörden und Institutionen zusammen zu arbeiten. Nach den unterschiedlichen Herangehensweisen bei den einzelnen Energieträgern wurden die Inputs Daten auf der Tabelle 1 angewendet.
Die Tabelle1 zeigt die wichtigsten Eingangsdaten.

Tab. 1: Übersicht der Inputdaten

Datentyp	Maßstab	Datenherkunft
Digitales Geländemodell (DGM 50)	50 x 50 m	LGN
Wind speeds at 10 m	dm/s	Deutscher Wetterdiest
Regional Plan	1:50.000	Region Hannover (2011)

6.2 Das räumliche Solar-Energiepotenzial

Um das Solarpotenzial in der Region Hannover zu ermitteln wurden das *r.sun*-Modell und die *pvgis* Database für die Validierung der Daten verwendet. Das Solarstrahlungsmodell *r.sun* wurde als Zusatzmodul für GRASS GIS von Hofierka und Suri entwickelt. Das Solarstrahlungsmodell für klaren Himmel, das in *r.sun* angewandt wird, basiert auf Gesetzen, die im Europäischen Solarstrahlungsatlas (ESRA) veröffentlicht wurden (Rigollier et al. 2001). Im Gegensatz zu anderen Modellen kann *r.sun* verschiedene Input-Parameter, u.a. Rasterkarten, verwenden, um die Solarstrahlung für große Gebiete mit komplexem Gelände zu berechnen. Das *r.sun*-Modell hat zwei verschiedene Modi. Diese können separat oder in Kombination genutzt werden, um Schätzungen für jegliche erwünschte Zeitintervalle zu erhalten. Im Modus 1 berechnet das Modell für die aktuelle Uhrzeit (sekundengenau) Rasterkarten für ausgewählte Komponenten, z.B. für die Direktstrahlung und den Einfallswinkel der Solarstrahlung (Grad). Im Modus 2 werden Rasterkarten für die Solarstrahlung eines ganzen Tages berechnet [Wh.m-2.day-1]. (JRC´s Institute for Energy and Transport 2012). In dieser Arbeit wurde der Modus 2 verwendet, da Rasterkarten berechnet werden müssen, welche die zwölf monatlichen Durchschnittswerte und den jährlichen Durchschnittswert der täglichen Globalstrahlung auf horizontalen Flächen darstellen.

6.3 Das räumliche Wind-Energiepotenzial

Für die Ermittlung des Wind-Energiepotenzial wurden die zur Verfügung stehende Daten des Deutschen Wetterdienstes (DWD) verwendet, die mit Hilfe des *Statistischen Windfeldmodells* (SWM) aufgearbeitet wurden. Das Statistische Windfeldmodell ist ein Regressionsmodell, das auf der Arbeit von GERTH 1986/1989 basiert. Der Deutsche Wetterdienst berechnet mit Hilfe des SWM die durchschnittliche Windgeschwindigkeit 10 m über der Erdoberfläche.

Die räumliche Verteilung von Windgeschwindigkeiten wird abgeschätzt. Hierzu werden 218 Datenreihen von den Windstationen des Deutschen Wetterdienstes herangezogen, die viele verschiedene Faktoren, z.B. die Höhe über Normal-Null, den geographischen Standort, das Relief und die Flächennutzung (Unebenheiten) in einer nichtlinearen Regression berücksichtigen. Die durchschnittlichen Schwankungen zwischen gemessenen und berechneten Geschwindigkeiten liegen bei ±0,15 m/s. Windkarten zeigen die durchschnittlichen Windgeschwindigkeiten in 10 m Höhe für die Bundesländer (200 m x 200 m) und verallgemeinert für ganz Deutschland in der Auflösung 1 km x 1 km.

- $v = v_{ref} (z / z_{ref})^{\alpha}$

Wo:
v: Windgeschwindigkeit in Höhe z über Grund;
v_{ref}: Referenzgeschwindigkeit, z.B. ein für Höhe z bereits bekannter Wert z_{ref};
z : Höhe über der Erdoberfläche für die erwünschte Geschwindigkeit v;
z_{ref} : Referenzhöhe, z.B. die Höhe, wo die Windgeschwindigkeit gemessen wird v_{ref}

Der Exponent α ist ein empirisch hergeleiteter Koeffizient, der je nach Stabilität der Atmosphäre variiert. Bei neutralen Verhältnissen ist α ca. 0,143.

6.4 Das räumliche Biomasse-Energiepotenzial

Für die Ermittlung des Biomasse-Energiepotenzial wurden die Ergebnisse aus dem Modell BioSTAR angewendet. Das Modell BioSTAR ist ein kohlenstoffbasiertes Pflanzenmodell (Bauböck 2009). Anders als bei existierenden kohlenstoff- oder der verdunstungsbasierten Modellen handelt es sich bei BioSTAR um ein Hybrid-Modell. Mit dem Modell lassen sich die Biomassepotenziale und der Wasserverbrauch von verschiedenen Ackerkulturen in Abhängigkeit von Klima- und Bodenfaktoren ermitteln (ibid). Daneben ist es möglich die Stickstoffmineralisation, CO_2 Düngung sowie Stickstoffaufnahme durch die Pflanze zu visualisieren.

Räumliche Energiepotenziale und Szenarioanalyse

7 Potenziale für erneuerbare Energien in der Region Hannover

7.1 Solarpotenzialkarte

Der Belichtungsspielraum wird direkt aus dem Digitalen Geländemodell heraus gemessen, während das Rückstrahlungsvermögen (0,2) und der Linkesche Trübungsfaktor (3,0) in erster Näherung als konstante Werte in der gesamten Region angenommen werden. Der Einfluss der Gebietsverschattung wurde auch mitberücksichtigt. Die Indexe für einen unbewölkten, klaren Himmel liegen nicht vor. Um die Daten zu validieren und um aus der räumlichen Verteilung der vorläufigen Strahlungspotenzials die endgültige Verteilung zu erhalten, werden die Messwerte genutzt werden, die vom Photovoltaic Geographical Information System – Interactive Maps abgeleitet werden. Die endgültige Potenzialkarte zeigt den Jahresdurchschnitt des täglichen Globalstrahlungsbetrags für horizontale Flächen (s. Abbildung 1). Die Output-Einheiten sind Wattstunden pro Quadratmeter pro Tag [Wh/(m^2)/d]

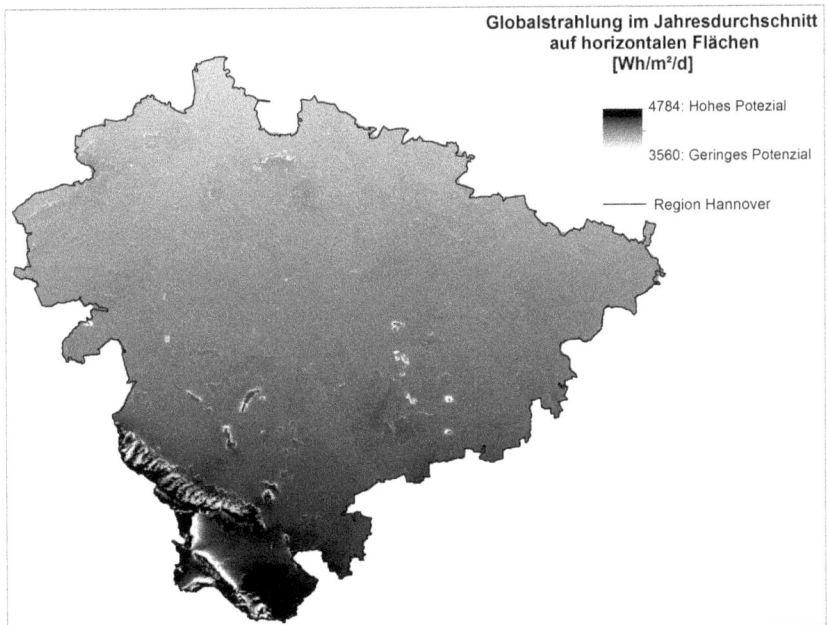

Abb. 1: Solarpotenzialkarte (eigene Darstellung)

7.2 Windpotenzialkarte

Die Wind Rasterkarte, die durch die Windgeschwindigkeiten des **Deutscher Wetterdienstes** (DWD) in 10 m Höhe über Boden hergestellt wurde, wurde auf dem **Digitales Gelände Modell** (DGM) (50) herunterskaliert. Um andere gewünschte Windgeschwindigkeiten einzuschätzen (z.B. 100 m über Grund), wie in Figur x wurde die Gleichung (1) (vgl. Counihan 1975) verwendet. Die Output-Einheiten sind [m/s] (s. Abbildung 2).

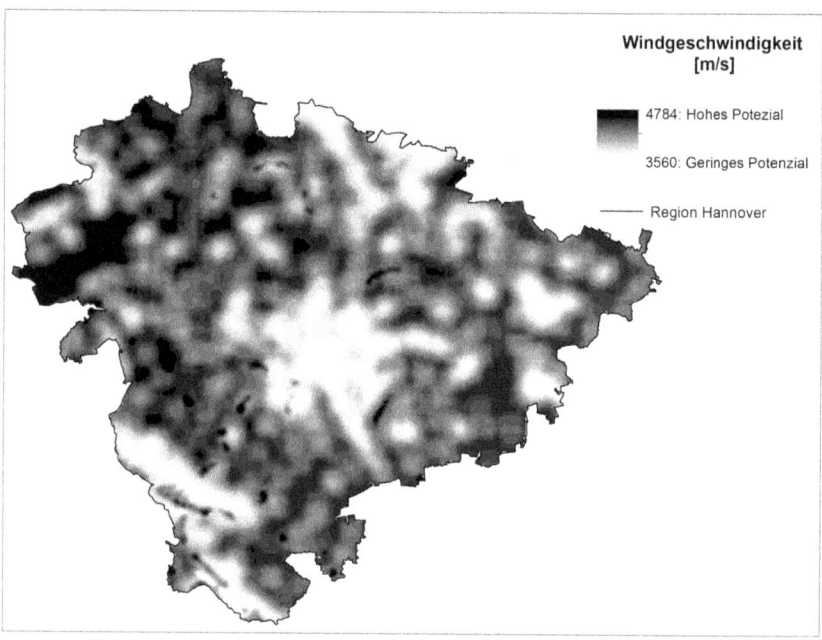

Abb. 2: Windpotenzialkarte (eigene Darstellung)

7.3 Biomassepotenzialkarte

Die bis jetzt eingeschätzen Biomassepotenzialkarten betreffen: Mais, Sorghum, Tritikale und Sonnenblumen (s. Abbildung 3). Die Output-Einheiten werden in [t/ha] dargestellt.

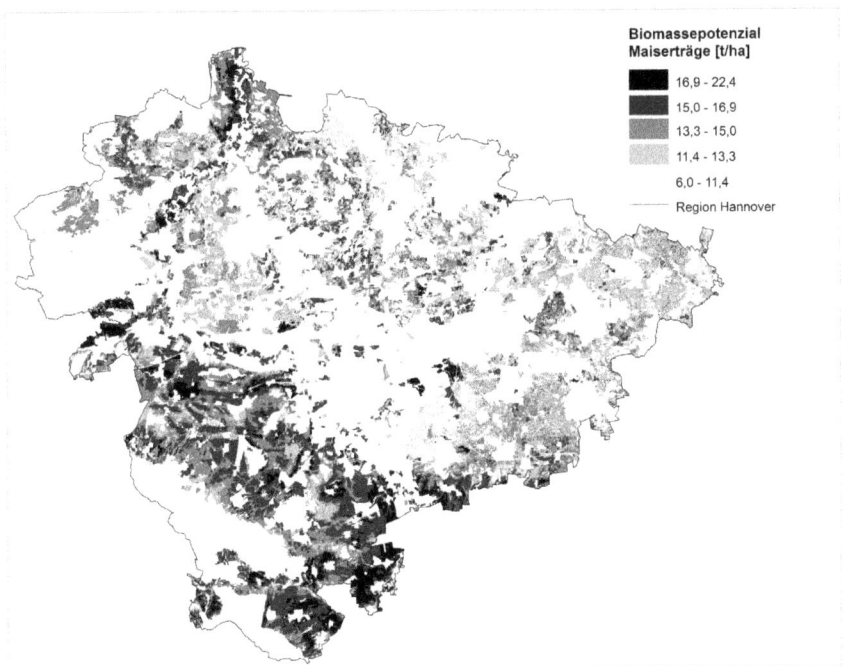

Abb. 3: Biomassepotenzialkarte (eigene Darstellung)

8 Fazit

Die Ermittlung von Potenzialen kann wertvolle Informationen für die räumliche Planung liefern. Der nächste Schritt wird sein, auf Basis der Potenzialkarte möglichst effektive Optionen zur Ausnutzung der EE Potenziale zur entwerfen. Diese Szenarien werden dann mit Hilfe eines weiterentwickelten Modells zur ökologischen Risikoanalyse hinsichtlich ihrer potenziellen Auswirkungen auf Natur und Landschaft analysiert und als Unterstützung in Entscheidungsprozesse eingebracht.

Literatur

Alcamo, J. (2001): Scenarios as tools for international environmental assessments. Kopenhagen. = Environmental Issue Report No. 24.
Arnstein, S. R. (1969): A Ladder Of Citizen Participation. In: Journal of the American Planning Association, 35 (4), 216-224.
Banai, R. (1993): Fuzziness in Geographical Information Systems: contributions from the analytic hierarchy process. In: International Journal of Geographical Information Systems, 7 (4), 315-329.
Bauböck, R. (2009): Bioenergie im Landkreis Göttingen – GIS-gestützte Biomassepotentialabschätzung anhand ausgewählter Kulturen, Triticale und Mais. Stuttgart.
Beierle, T. C.; Cayford, J. (2002): Democracy in Practice: Public Participation in Environmental Decisions. Washington, D.C.
Carver, S. J. (1991): Integrating multi-criteria evaluation with geographical information systems. In: International Journal of Geographical Information Systems, 5 (3), 321-339.
Collins, K.; Ison, R. L. (2009): Jumping off Arnstein's ladder: social learning as a new policy paradigm for climate change adaptation. In: Environmental Policy and Governance, 19 (6), 358-373.
Counihan J. (1975): Adiabatic atmospheric boundary layers: a review and analysis of data from the period 1880-1972. In: Atmospheric Environment 79, 871-905.
Eastman, J. R.; Jiang, H.; Toledano, J. (1998): Multi-criteria and multi-objective decision making for land allocation using GIS. In: Beinat, E.; Nijkamp, P. (Hrsg.): Multicriteria Analysis for Land Use Management. Dodrecht, 227-251.
Eastman, J. R.; Kyem, P. A. K.; Toledano, J. (1993): GIS and decision making. Geneva.
EU Joint Research Centre (JRC) (2010): Solar model r.sun. http://re.jrc.ec.europa.eu/pvgis/solres/solmod3.htm (30.10.2013).
Geneletti, D. (2005): Formalising expert opinion through multi-attribute value functions: An application in landscape ecology. In: Journal of Environmental Management, 76 (3), 255-262.
HarmoniCOP Team (2005): Learning together to manage together. Involving participation in water management. Osnabrück.
Ivanov, P.; Lingova, S.; Trifonova, L.; Renné, D.; Ohi, J. (1996): An investigation of renewable resources and renewable technology applications in Bulgaria. In: Environmental Management 20 (0), S83-S93. DOI: 10.1007/bf01204196

Jankowski, P. (1995): Integrating geographical information systems and multiple criteria decision-making methods. In: International Journal of Geographical Information Systems 9 (3), 251-273.

Janssen, R.; Rietveld, P. (1990): Multicriteria analysis and geographical information systems: an application to agricultural land use in the Netherlands. In: Scholten, H. J.; Stillwell, J. C. H. (Hrsg.): Geographical information systems for urban and regional planning. Dodrecht, 129-139.

Joerin, F.; Thériault, M.; Musy, A. (2001): Using GIS and outranking multicriteria analysis for land-use suitability assessment. In: International Journal of Geographical Information Science 15 (2), 153-174.

Malczewski, J. (1999): GIS and multicriteria decision analysis. New York, NY.

Malczewski, J. (2006): GIS-based multicriteria decision analysis: a survey of the literature. In: International Journal of Geographical Information Science 20 (7), 703-726.

Maxwell, E. L.; Renne, D. S. (1994): Measures of renewable energy resources. NREL/MP-463-6254. Golden, Colorado: National Renewable Energy Laboratory.

Newig, J.; Fritsch, O. (2009): Environmental governance: participatory, multilevel – and effective? In: Environmental Policy and Governance 19 (3), 197-214. DOI: 10.1002/eet.509

Nijkamp, P.; Rietveld, P.; Voogd, H. (1984): A survey of qualitative multiple criteria choice models. In: Nijkamp, P.; Leitner, H.; Wringley, N. (Hrsg.): Measuring the Unmeasurable. Dordrecht.

Pahl-Wostl, C. (2008): Participation in building environmental scenarios. In: Alcamo, J. (Hrsg.): Environmental Futures: The practice of environmental scenario analysis Vol. 2. Amsterdam, 105-122.

Palmas, C.; Abis, E.; von Haaren, C.; Lovett, A. (2011): Renewables in residential development: An integrated GIS-based multicriteria approach for decentralized micro renewable energy production in new settlement development – a case study of the eastern metropolitan area of Cagliari, Sardinia, Italy. Paper presented at the Micro Perspectives for Decentralized Energy Supply. Proceedings of the International Conference. Berlin.

Pereira, J. M. C.; Duckstein, L. (1993): A multiple criteria decision-making approach to GIS-based land suitability evaluation. In: International Journal of Geographical Information Systems 7 (5), 407-424.

Rigollier, C.; Bauer, O.; Wald, L. (2000): On the clear sky model of the ESRA - European Solar radiation Atlas – with respect to the Heliosat method. In: Solar energy 68, 33-48.

Schneider, D. R.; Duic, N.; Bogdan, Z. (2007): Mapping the potential for decentralized energy generation based on renewable energy sources in the Republic of Croatia. In: Energy 32 (9), 1731-1744.

von Haaren, C.; Oppermann, B.; Friese, K.-I.; Hachmann, R.; Meiforth, J.; Neumann, A.; Wolter, F.-E. (2005). Interaktiver Landschaftsplan Königslutter am Elm: Ergebnisse aus dem E+E-Vorhaben „Interaktiver Landschaftsplan Königslutter am Elm" des Bundesamtes für Naturschutz. Bonn. = Naturschutz und Biologische Vielfalt 24.

Voogd, H. (1983): Multicriteria evaluation for urban and regional planning. London.

Axel Priebs

Klimaoptimierter Regionalplan und Masterplan 100% Klimaschutz – Beiträge für die postfossile Zukunft der Region Hannover?

Inhalt

1 Rückblick auf gut zwei Jahrzehnte Klimaschutz in der Region Hannover
2 Der klimaoptimerte Regionalplan
   2.1 Windkraft
   2.2 Biomassenutzung
   2.3 Solarenergie
   2.4 Geothermie
   2.5 Nutzung klassischer regionalplanerischer Instrumente für den Klimaschutz
   2.6 Adaption des Klimawandels
3 Der Masterplan 100% für den Klimaschutz
4 Abschließende Bewertung

1 Rückblick auf gut zwei Jahrzehnte Klimaschutz in der Region Hannover

Die Region Hannover und ihre Rechtsvorgänger unternehmen bereits seit den 1990er Jahren große Anstrengungen für den Klimaschutz und können auf die Erreichung wichtiger Meilensteine auf dem Weg zur postfossilen Gesellschaft zurückblicken. Bereits im Regionalen Raumordnungsprogramm aus dem Jahre 1990 (Zweckverband Großraum Hannover 1990) hat der Zweckverband Großraum Hannover Grundsätze zur Energieeinsparung und zum Klimaschutz formuliert. In den folgenden Jahren hat der Kommunalverband Großraum Hannover erste CO_2-Minderungsstudien, so etwa 1997 für den Verkehrsbereich

(Kommunalverband Großraum Hannover 1997), vorgelegt. Der Landkreis Hannover als weiterer Rechtsvorgänger der Region hat im Jahr 1998 seinen Beitritt zum Klimabündnis erklärt.

Die Vorbereitung der Weltausstellung EXPO 2000 in Hannover, bei der als „Weltausstellung neuen Typs" bewusst die Nachhaltigkeit in den Mittelpunkt gestellt wurde, bot den Akteuren im Großraum Hannover vielfältige Möglichkeiten, das damals noch recht junge Thema „Klimaschutz" in die Öffentlichkeit zu tragen und politische Unterstützung für kommunale und regionale Aktionen und Programme zu gewinnen. Schon bei den frühen Vorarbeiten, im Jahr 1994, wurden der Öffentlichkeit ausgewählte Klimaschutzprojekte unter dem Label „Stadt und Region als Exponat" vorgestellt (Landeshauptstadt Hannover 1994). Seitens des Kommunalverbandes Großraum Hannover wurde gemeinsam mit der Niedersächsischen Energieagentur das Klimaschutzprogramm EXPO-Region Hannover (KLEX) entwickelt, das auch zahlreiche Partner der öffentlichen Hand und der Wirtschaft einbezog (Niedersächsische Energieagentur/Kommunalverband Großraum Hannover 1998). Im Rahmen der Weltausstellung konnten mehrere regionale Projekte zum Klimaschutz, darunter besonders künstlerisch gestaltete Windkraftanlagen, an dezentralen Standorten präsentiert werden.

In den Jahren nach der Weltausstellung wurde der Schwung dieser Großveranstaltung genutzt, auch die Strukturen für den Klimaschutz zu optimieren. Gemeinsam mit der Landeshauptstadt Hannover hat der Kommunalverband im Jahr 2001 die Klimaschutzagentur Region Hannover gegründet. Die Tätigkeit dieser gemeinnützigen Agentur ist seitdem von hoher Bedeutung für die Klimaschutzarbeit von Region und Landeshauptstadt Hannover. Zu ihren Hauptaufgaben zählt die Kommunikation von Klimaschutzthemen für ihre beiden Hauptgesellschafter, die Landeshauptstadt und die Region, sowie für neun weitere Gesellschafter. Zudem unterstützt sie die Städte und Gemeinden der Region bei ihren lokalen Klimaschutzaktivitäten und übernimmt die Koordination der klimaschutzbezogenen Themen in Zusammenarbeit mit weiteren regionalen Akteuren. Regelmäßig führt die Klimaschutzagentur im Rahmen ihrer Kampagnen Beratungsaktionen und Veranstaltungen durch, die unter dem Begriff „Social Marketing" für den Klimaschutz zusammengefasst werden können und dafür sorgen, dass Bürger und Betriebe starke Handlungsimpulse für Investitionen in Energieeffizienz und Erneuerbare Energien bekommen. Sie betreut regionale Netzwerke und koordiniert Akteurstreffen zu den unterschiedlichsten Handlungsfeldern, darunter auch zur Windenergie. Die Klimaschutzagentur hat sich inzwischen zum zentralen Ansprechpartner für Bürgerinnen und Bürger der Region in allen Fragen des Klimaschutzes entwickelt. Im von der Region Hannover getragenen Service-Point Klimaschutz im ÜSTRA-Kundenzentrum in der Innenstadt von Hannover stehen seit Herbst 2012 Mitarbeiterinnen und Mitarbeiter der Klimaschutzagentur für alle Fragen rund um den Klimaschutz und für eine Erstberatung zur Verfügung. Außerdem werden Ratsuchende hier zum für sie passenden Beratungsangebot anderer Institutionen und Fördermittelgeber weitergeleitet.

Seit 2003 werden auf Initiative der Umweltdezernenten von Landeshauptstadt und Region Hannover die regionalen Kräfte zusätzlich im Netzwerk „Klimaschutzregion Hannover" gebündelt. In diesem Netzwerk wirken auch zahlreiche Wissenschaftlerinnen und Wissenschaftler der regionalen Hochschulen und Forschungseinrichtungen mit, worüber in einer von der Universität Hannover herausgegebenen Dokumentation berichtet wird (Universität Hannover 2005). Seit 2012 ist die Netzwerkarbeit im Klimaschutzkuratorium der Region Hannover institutionalisiert, das auch die Arbeiten am Masterplan Klimaschutz begleitet. Im Kuratorium sind Kommunen, Kammern, Verbände, Energieversorger, Hochschulen und andere Akteure vertreten. Den Vorsitz führt der Bürgermeister der Gemeinde Uetze.

Einen eindrucksvollen Höhepunkt der jüngeren Klimaschutzaktivitäten der Region Hannover bildete das Klimaschutzjahr 2008. Sowohl die Region Hannover selbst als auch die Städte und Gemeinden sowie die Unternehmen und Betriebe der Region Hannover haben in diesem Jahr zahlreiche Projekte realisiert und Aktionen durchgeführt, die den Stellenwert des Klimaschutzes in der Region Hannover unterstrichen haben. Von besonderer Bedeutung war die erstmalige Vorlage einer CO_2-Bilanz der Region Hannover, die einen klaren Eindruck von der Herkunft der Treibhausgasemissionen in der Region Hannover im Bezugsjahr 2005 vermittelt. Insgesamt wurden pro Jahr 12.510 kt/a ermittelt, dies bedeutet Emissionen von 11,1 t/a pro Einwohner. Die größten Emissionen kommen mit 77% von der Energieerzeugung, gefolgt vom Verkehr mit 21%. Die Abfallwirtschaft trägt mit 4%, die Landwirtschaft mit 2% zu den Treibhausgasemissionen bei (Region Hannover 2008).

Im folgenden Jahr hat die Regionsversammlung der Region Hannover das Klimaschutzrahmenprogramm (Region Hannover 2010) beschlossen. Dieses gibt als Ziel die Reduktion der CO_2-Emissionen im Gebiet der Region Hannover bis 2020 um 40%, bezogen auf das Basisjahr 1990, vor. Auf dieser Basis wurden die wesentlichen Handlungsfelder der Region Hannover und ihrer Unternehmen für den Klimaschutz dargestellt. Über den Fortschritt bei ihren eigenen Handlungsfeldern erstattet die Regionsverwaltung der Regionsversammlung regelmäßig Bericht. Aktuell wird das Integrierte Klimaschutzkonzept als Fortschreibung des Klimaschutzrahmenprogramms in den politischen Gremien der Region beraten. Federführend für die Klimaschutzarbeit der Region ist seit 2013 die im Umweltdezernat angesiedelte Stabsstelle Klimaschutz der Regionsverwaltung. Diese begleitet auch den Masterplan Klimaschutz, auf den unten vertieft eingegangen wird.

Sollen die im Klimaschutzrahmenprogramm festgelegten Ziele des Klimaschutzes für das Regionsgebiet erreicht werden, kann die Region Hannover als

Gebietskörperschaft selbst mit ihren eigenen Maßnahmen und Handlungsmöglichkeiten natürlich nur einen begrenzten Anteil zur Erfüllung des CO_2-Minderungsziels erreichen. Vielmehr müssen alle relevanten öffentlichen und privaten Akteure gemeinsam an dem Ziel arbeiten. An erster Stelle steht der Ausbau der erneuerbaren Energien an der Stromerzeugung, worauf unten im Zusammenhang mit der Erarbeitung des neuen Regionalen Raumordnungsprogramms und dem Anspruch des „klimaoptimierten Regionalplans" näher eingegangen wird.

Große Potentiale für Klimaschutz und regionale Beschäftigung im Handwerk gleichermaßen liegen ferner in der Steigerung der Energieeffizienz. Hier geht es vor allem um die energetische Gebäudesanierung, aber auch beispielsweise um bessere und effizientere Heizungssysteme. Auch beim Neubau muss die Energieeffizienz im Vordergrund stehen, weswegen die Förderung des Passivhausstandards besondere Bedeutung hat. Für die Gebäude der Region Hannover wurde mit dem Klimaschutzrahmenprogramm auch beschlossen, dass sämtliche Neubauten der Region und ihrer Unternehmen im Passivhausstandard auszuführen sind. Weitere Maßnahmen zum Klimaschutz im Rahmen des Gebäudemanagement sind ein zentrales Energiecontrolling, ökologische Standards für die Strom- und Gasbeschaffung sowie ein Wettbewerb der Berufsschulen zum Thema Energieeffizienz.

Daneben steht der verantwortungsvolle Umgang mit der Energie, d.h., das Stromsparen. Auch hier liegen gewaltige Potentiale, die sowohl im gewerblichen wie im privaten Bereich zu generieren sind. Dieses Ziel wird vor allem durch die Kampagnen der Klimaschutzagentur unterstützt. Die Regionsverwaltung selbst beteiligt sich an einem Projekt der Arbeiterwohlfahrt, mit dem insbesondere einkommensschwache Haushalte bezüglich des Stromsparens und der damit erzielbaren finanziellen Einsparungen und Klimaschutzeffekte informiert werden.

Ein breites Handlungsfeld zum Klimaschutz deckt die Region im Bereich der Mobilität ab. Als Aufgabenträger für den gesamten öffentlichen Personennahverkehr ist sie verantwortlich für den hohen Bedienungsstandard mit Regionalzügen, S-Bahnen, Stadtbahnen und Bussen. Die Bedienungsstandards und weitere Vorgaben zur Qualität des Nahverkehrs sind im Nahverkehrsplan der Region Hannover enthalten. Bei der Emissionsminderung im Verkehr kommt es sowohl auf eine energetische Optimierung der Verkehrsträger und Verkehrsmittel, aber auch auf verkehrssparende Siedlungsstrukturen und Verhaltensweisen an. In diesem Sinne wurde 2011 vom Verkehrsdezernat der Regionsverwaltung ein „Verkehrsentwicklungsplan Pro Klima" (Region Hannover 2011) vorgelegt, der im folgenden Jahr mit dem Deutschen Verkehrsplanungspreis ausgezeichnet wurde. Mit den Maßnahmen dieses VEP pro Klima sollen die verkehrsbedingten CO_2-Emissionen um 40% bis zum Jahr 2020 gegenüber dem Basisjahr 1990 reduziert werden. Nach intensiven Diskussionen mit den regionsangehörigen Städten und Gemeinden sowie mit Vertretern von Verbänden,

Unternehmen und Politik wurde ein integriertes Handlungskonzept mit konkreten Umsetzungsansätzen entwickelt. Da die CO_2-Emissionen des Lkw- und Pkw-Durchgangsverkehrs sowie der Fernverkehre auf regionaler Ebene kaum beeinflussbar sind, konzentrieren sich die Maßnahmen des VEP pro Klima auf die 1,3 Mio. Tonnen jährlichen CO_2-Emissionen des regionalen Personenverkehrs, auf die seitens der Region Einfluss ausgeübt werden kann. Die Maßnahmen sollen Verkehre vermeiden, Verkehr vom Pkw auf den Umweltverbund aus Fußverkehr, Fahrrad und ÖPNV verlagern und den verbleibenden Kfz-Verkehr möglichst verträglich und emissionsarm abwickeln. Aus den zahlreichen Projektansätze und Umsetzungsideen wurden 11 Maßnahmenbündel in den vier Handlungsfeldern

- Siedlungsentwicklung und Nahmobilität,
- Öffentlicher Personennahverkehr,
- Verkehrsmanagement, Straßeninfrastruktur und Parken sowie
- Mobilitätsmanagement.

gebildet.

Zu erwähnen ist auch, dass die Region Hannover die Beschaffung klimafreundlicher Fahrzeuge bei ihren Verkehrsunternehmen unterstützt, so die Beschaffung von Hybridbussen beim Verkehrsunternehmen ÜSTRA. Nachdem ein erstes Fahrzeug mit Förderung aus dem Umweltbudget der Region beschafft worden war und dieses sich im Alltag bei der ÜSTRA bewährt hat, wurden inzwischen erhebliche Teile der Busflotte, auch mit Bundesmitteln, mit Hybridtechnik beschafft.

Die Förderung des Radverkehrs hat bei der Region Hannover eine hohe Bedeutung. Traditionell stehen die Freizeitradwege im Mittelpunkt, die im Rahmen der regionalen Nahverkehrsplanung seit langer Zeit ausgebaut und gefördert werden. Seit 2006 ist ein regionales Radwegenetz realisiert, das einheitlich ausgeschildert ist. Inzwischen wird auch die Bedeutung des Verkehrsmittels Fahrrad für den Alltagsverkehr deutlich höher eingeschätzt. Bei der Region wurde im Verkehrsdezernat eine Radverkehrsbeauftragte eingestellt und im Rahmen der Regionalplanung wird an der Einführung von Radschnellwegen gearbeitet, wie sie in einigen Großstadtregionen, so etwa im Großraum Kopenhagen, sehr erfolgreich sind.

Auch der Abfallwirtschaftsbetrieb „aha" der Region leistet einen großen Beitrag zum Klimaschutz. Da aufgrund der bundesrechtlichen Vorgaben unvorbehandelter Abfall seit dem 1. Juni 2005 nicht mehr deponiert werden darf, hat der Betrieb seine große Abfalldeponie in Hannover-Lahe geschlossen. Der Emissionsausstoß wurde durch die seither erfolgende Vorbehandlung von ursprünglich 480.000 Tonnen CO_2 auf weniger als 300.000 Tonnen CO_2 jährlich reduziert. 2010 wurde mit der Rekultivierung des Altkörpers auf der Deponie Lahe begonnen. Das ehrgeizige Projekt, bei dem 290.000 m^2 Oberfläche systematisch mit mehreren Schichten abgedeckt werden, um das Methangas über Drainagerohre abzuleiten und zur Energiegewinnung zu nutzen, soll 2015 abgeschlossen sein.

2 Der klimaoptimerte Regionalplan

Zu den gesetzlichen Aufgaben der Region Hannover gehört es, ein Regionales Raumordnungsprogramm (RROP) aufzustellen, wie in Niedersachsen die Regionalpläne bezeichnet werden. Das Klimaschutzrahmenprogramm des Jahres 2009 enthielt auch den Auftrag an die Regionsverwaltung, das nächste RROP als klimaoptimierten Regionalplan aufzustellen und dabei auch das gesamträumliche Planungskonzept für die Windenergienutzung fortzuschreiben. Die Regionsversammlung verband damit die Erwartung, dass der klimaopimierte Regionalplan sowohl Maßnahmen zur Reduktion der Treibhausgasemissionen (Mitigation) als auch zur Anpassung an die Folgen des Klimawandels (Adaption) enthält. Als Handlungsfeld für die Mitigation steht der Ausbau der erneuerbaren Energien im Vordergrund, weswegen hierauf im Folgenden vertieft eingegangen wird. Da die Regionalplanung in sehr unterschiedlichem Umfang über Instrumente und Möglichkeiten verfügt, die erneuerbaren Energien in ihren Standorten zu steuern bzw. die räumlichen Voraussetzungen zu ihrer Nutzung zu verbessern, wird auch jeweils auf die bau- und planungsrechtlichen Rahmenbedingungen eingegangen.

2.1 Windkraft

Die Windenergie ist in der Region Hannover der klare Leistungsträger der Energiewende, sie steht für einen Anteil von 80% an der Stromerzeugung unter den erneuerbaren Energien. Mit ca. 300 MW installierter Leistung trägt die Windenergie bereits heute mit 8% zur Stromerzeugung in der Region bei und hat damit den größten Stellenwert für die Erreichung einer postfossilen Energieversorgung.

Mit einer Novellierung des Baugesetzbuches (BauGB) wurden Windenergieanlagen zum 01.01.1997 in den Katalog der privilegierten Anlagen im Außenbereich aufgenommen, für die unter bestimmten Voraussetzungen ein Genehmigungsanspruch besteht.[1] Allerdings hatten gerade der Boom der 1990er Jahre und die einsetzende Kritik an einer Beeinträchtigung des Orts- und Landschaftsbildes („Verspargelung") deutlich gemacht, dass dauerhafte Akzeptanz dieser Energieerzeugung bei der Bevölkerung nur über eine räumliche Steuerung und vor allem Bündelung der Anlagen erreichbar ist. Deswegen wurde mit der

---

[1] § 35 Abs. 1 Nr. 6 BauGB

Novellierung des BauGB nicht nur die Privilegierung, sondern auch ein Planvorbehalt eingeführt. Dabei eröffnet das Gesetz grundsätzlich die Wahlmöglichkeit, die Windenergie auf kommunaler Ebene über die Bauleitplanung oder regionsweit über den Regionalplan zu steuern[2]. Von diesen planerischen Steuerungsmöglichkeiten wird im Bundesgebiet unterschiedlich Gebrauch gemacht. Allerdings weist die Standortplanung über die Regionalplanung eine Reihe von Vorteilen gegenüber der einzelgemeindlichen Planung auf. Über einen Regionalplan kann nämlich ein verbindliches überörtliches Konzept geschaffen werden, das auch Wirkung entfaltet, wenn die Gemeinden nicht selbst tätig werden. Den Städten und Gemeinden ist aber unbenommen, über die Bauleitplanung die Windenergiestandorte der Raumordnung zu konkretisieren. Dabei unterliegen sie der üblichen Anpassungspflicht nach § 1 Abs. 4 BauGB und dürfen - etwa über eine nicht hinreichend begründete und abgewogene Höhenbegrenzung - keine Verhinderungsplanung betreiben.

Bereits seit 1999 liegt für die Region Hannover ein verbindliches gesamträumliches Planungskonzept für Windkraftstandorte auf der Ebene des Regionalen Raumordnungsprogramms (RROP) vor.[3] Mit dem derzeit noch aktuellen RROP aus dem Jahr 2005 (Region Hannover 2006) wurden in der gesamten Region Vorrangstandorte für Windenergie festgelegt; als Zielsetzung wurde formuliert, bis zum Jahr 2020 400 MW elektrischer Leistung in Windkraftanlagen zu installieren. Zusammen mit nachträglichen Änderungen sind im Regionsgebiet derzeit 31 Vorrangstandorte für Windenergiegewinnung festgelegt, worauf unten noch einmal unter planungsrechtlichen Aspekten eingegangen wird. Auf diesen 31 Vorrangstandorten sind 245 Windenergieanlagen mit einer Gesamtleistung von 298 MW installiert. Zur Zielgröße RROP fehlen dadurch also noch 103 MW. Räumliche Schwerpunkte der Windkrafterzeugung im Regionsgebiet sind die Stadt Neustadt am Rübenberge und die Gemeinde Uetze.

Bei der Festlegung des 400 MW-Ausbauziels im RROP 2005 war unterstellt worden, dass ein großer Teil der zusätzlich installierten Leistung über Repowering erzielt werden könnte. Da die ausgewiesenen Vorrangstandorte fast vollständig mit Windkraftanlagen bebaut sind, liegt im Repowering tatsächlich ein großes Potential. Da viele Anlagen, die kurz vor oder nach dem Jahr 2000 errichtet worden sind, eine Anlagenhöhe von unter 100 m haben, wird ein Austausch zugunsten aktueller Anlagen mit einer Höhe von mindestens 170 Metern und einer Leistung von mindestens 3 MW angestrebt. Faktisch wird das Repowering in der Region Hannover jedoch sowohl durch zögerliches Investorenverhalten wegen verlängerter Abschreibungszeiträume (eher 17 als

---

2 § 35 Abs. 3 Satz 3 BauGB
3 2. Änderung des Regionalen Raumordnungsprogramms 1996 für den Großraum Hannover (Windenergie). In: Amtsblatt für den Regierungsbezirk Hannover 1999, Ausgabe 8/1999 vom 14.4.1999, S. 275-277.

ursprünglich angenommen 10 Jahre) als auch durch die gemeindliche Bauleitplanung eingegrenzt. In zahlreichen kommunalen Bauleitplänen ist eine Höhenbeschränkung von 100 m dargestellt bzw. festgesetzt, wodurch die Errichtung höherer Anlagen unzulässig ist. An der Aufhebung dieser Höhenbegrenzungen arbeitet die Region im Dialog mit den Kommunen intensiv.

Die Rechtsprechung hat der Regionalplanung bezüglich ihrer Steuerungsmöglichkeiten deutlich den Rücken gestärkt. Für die Planungspraxis waren insbesondere Grundsatzentscheidungen des Bundesverwaltungsgerichts wegweisend, in denen Anforderungen an die Standortplanung definiert wurden.[4] Danach muss dem Regionalplan ein schlüssiges, gesamträumliches Planungskonzept zugrunde liegen, das den allgemeinen Anforderungen des planungsrechtlichen Abwägungsgebots gerecht wird. Der Planungsträger muss die Entscheidung des Gesetzgebers, Windenergieanlagen im Außenbereich zu privilegieren, beachten und für die Windenergienutzung im Plangebiet in substanzieller Weise Raum schaffen. Er muss auch sicherstellen, dass sie sich in den Standorten gegenüber konkurrierenden Nutzungen durchsetzen kann. Er ist jedoch weder verpflichtet, die Windenergienutzung zu fördern, noch jeden nur möglichen Standort für eine Windenergienutzung auch tatsächlich darzustellen. Bei der planerischen Standortvorsorge für die Windenergie ist heute eine umfangreiche und immer detailliertere Rechtsprechung durch mehrere Obergerichte und das Bundesverwaltungsgericht zu beachten. Nach der jüngsten Rechtsprechung des Bundesverwaltungsgerichts („Wustermark-Urteil") ist der Planungsträger verpflichtet, den Abwägungsvorgang in einem mehrstufigen Verfahren durchzuführen.[5]

Derzeit erfolgt in Niedersachsen eine landesweite Abstimmung der harten Ausschlusskriterien zur Erfüllung des genannten Wustermark-Urteils, anschließend ist die Erarbeitung eines neuen schlüssigen gesamträumlichen Steuerungskonzeptes für die Region Hannover vorgesehen. Bereits jetzt werden in der Region zahlreiche Diskussionen um neue Windenergie-Flächen geführt, die häufig durch überregional tätige Projektierer ausgelöst werden. Die Region beabsichtigt eine völlige Neuplanung unter Berücksichtigung der umfangreichen Rechtsprechung; die Grundüberlegungen zu einem nachhaltigen Ausbau der Windenergie wurden der Regionsversammlung Anfang 2012 vorgestellt.[6] Zu erwähnen ist, dass die absehbaren Anlagengrößen höhere Abstände etwa zu Siedlungen erfordern, was den Planungsaufwand zusätzlich erhöht. Die politische Erwartung der Regionsversammlung ist eine Erhöhung des Flächenanteils von Vorrangstandorten für Windenergienutzung von 0,8% auf 1,2%. Dieses Ziel ist ehrgeizig, weil sowohl die durch höhere Abstände wegfallenden bisherigen Vorrangstandort-Flächen kompensiert als auch völlig neue Standorte festgelegt

---

4 Urteile des BVerwG vom 17.12.2002 (4 C 15.01) und 13.03.2003 (4 C 4.02 und 4 C 3.02)
5 Urteile des BVerwG vom 13.12.2012 (4 CN 1.11 und 4 CN 2.11)
6 Region Hannover: Informationsdrucksache Nr. 0256 (III), 2012.

werden müssen. Der Entwurf des neuen RROP soll Anfang 2015 in die politische Beratung gegeben werden, anschließend ist eine breite Beteiligung der Träger öffentlicher Belange als auch der Bürgerinnen und Bürger vorgesehen.

Eine besondere Projektidee ist die sogenannte Energieallee. Dahinter steht das Konzept, neue Vorrangstandorte für Windenergie an Infrastrukturtrassen (insbesondere Autobahnen und Bahnstrecken) zu konzentrieren. Neue Windenergiestandorte sollen also vorrangig dort entstehen, wo schon Vorbelastungen durch Lärm, beeinträchtigtes Landschaftsbild und Zerschneidungen bestehen. Das Konzept greift eine Idee des verstorbenen SPD-Bundestagsabgeordneten Hermann Scheer zu einer Demonstrationsstrecke für erneuerbare Energie entlang der A7 von Flensburg bis Füssen auf und will dieses für die Region Hannover konkretisieren.

2.2 Biomassenutzung

Neben der Windenergie ist Strom-, Wärme- oder Kraftstoffbereitstellung aus Biomasse der bedeutendste Träger der erneuerbaren Energien in der Region Hannover. Unter Biomasse sind sämtliche Stoffe organischer Herkunft zu verstehen, in denen Sonnenenergie gespeichert wird. Dazu zählen insbesondere Holz, Stroh und Raps. Biomasse kann durch verschiedene Technologien als fester, flüssiger oder gasförmiger Energieträger in Heizkesseln oder Motoren genutzt werden. Holz- und Strohheizwerke versorgen bereits Wohngebiete, größere Liegenschaften und landwirtschaftliche Betriebe mit Wärme. Biogasanlagen können durch die Vergärung etwa von Gülle auch Strom und Wärme erzeugen. Dies geschieht mittels sogenannter Kraft-Wärme-Kopplung in Blockheizkraftwerken. Bekanntlich kann die energetische Nutzung von Biomasse in erheblicher Konkurrenz zur Nahrungsmittelproduktion treten. Neben der Thematisierung ethischer Fragen („Tank oder Teller") wird hier kritisch auf die Veränderung der Ökosysteme und der Kulturlandschaft hingewiesen. Deswegen ist besonders interessant, dass auch organische Abfälle und Nebenprodukte pflanzlicher und tierischer Herkunft, insbesondere Gülle und Mist, sowie Rohstoffe aus Lebensmittelprodukten für die energetische Nutzung in Frage kommen. Wegen der Effizienz besonders interessant ist die Vergärung zur Erzeugung von Biogas für Blockheizkraftwerke oder in aufbereiteter Form zur Einspeisung direkt in das Gasnetz.

Die Region hat im Bereich der Biomassenutzung kaum planerische und rechtliche Steuerungsmöglichkeiten, weist aber in ihrer Beratungstätigkeit regelmäßig auf die Bedeutung der Wärmenutzung (neben der Stromerzeugung) sowie die Möglichkeiten der Direkteinspeisung von Biogas in die örtlichen und regionalen Gasnetze hin.[7] Derzeit sind in der Region Hannover ca. 30 Biogasan-

---

7 Region Hannover, Dezernat für Ökologie und Planung: Positionspapier der Region Hannover zur Nutzung der Biomasse vom 30. August 2006.

lagen mit einer elektrischen Gesamtleistung von ca. 15,4 MW errichtet. In der Stadt Ronnenberg entstand die erste Biogasanlage im norddeutschen Raum mit Direkteinspeisung in das Erdgasnetz, das hier von den Stadtwerken Hannover betrieben wird. In Lenthe erfolgt eine Stromeinspeisung in das öffentliche Stromnetz, außerdem wurde eine Fernwämeleitung eingerichtet, die zum Heizen und zur Warmwasseraufbereitung genutzt wird. Ferner werden dort Getreide und Raps getrocknet. Erwähnenswert ist auch der Zuwachs bei Holz-Heizanlagen in der Region Hannover, insgesamt bestehen ca. 100.000 Feuerungen, meist mit Scheitholz, aber auch mit Pellets.

Bau- und planungsrechtlich stellt sich die Biomassenutzung differenziert dar. Kleine Anlagen mit einer Feuerungswärmeleistung unter 2,0 Megawatt und Biogasanlagen mit einer Jahresproduktion von max. 2,3 Millionen Normkubikmetern Biogas sind nach §35 Abs. 1 Nr. 6 BauGB privilegiert. Größere Anlagen, auch die Erweiterung vorhandener privilegierter Anlagen, können nur über eine Bauleitplanung mit der Ausweisung als SO-Gebiet für Bioenergie realisiert werden, wobei die Regionalplanung zu beteiligen ist. Möglich ist eine regionalplanerische Steuerung der Standorte dadurch, dass Biomasseanlagen in bestimmten Tabubereichen ausgeschlossen werden, z.B. in Vorranggebieten für Freiraumfunktionen. Eine generelle Standortsteuerung durch die Regionalplanung ist allerdings praktisch unmöglich. Die Region prüft aber, ob im neuen RROP eine Angebotsplanung für besonders geeignete Standorte vorgenommen wird; Voraussetzungen für geeignete Standorte wären insbesondere die Einspeisemöglichkeiten ins Gasnetz und die gesicherte Abwärmenutzung.

2.3 Solarenergie

Neben der Nutzung von Dachflächen und Hauswänden für die Erzeugung von Solarenergie hat das Gesetz für den Vorrang Erneuerbarer Energien (EEG) im Jahr 2004 in einigen Bundesländern zu einer dynamischen Entwicklung im Bereich der Freiflächen-Photovoltaikanlagen geführt. Insbesondere Regionen im südlichen und südöstlichen Deutschland, die durch hohe Sonnenscheindauer begünstigt sind, konnten erhebliche Flächenzuwächse bei Freiflächen-Photovoltaikanlagen registrieren. Beispiel für ein sinnvolles Flächenrecycling zugunsten erneuerbarer Energien sind die großen Photovoltaikanlagen auf aufgegebenen Militärflughäfen in den östlichen Bundesländern, deren Gelände bereits hochgradig versiegelt und für die Öffentlichkeit nicht zugänglich ist.
Zu einem ersten starken Einschnitt führte die Novellierung des EEG im Jahr 2010, in dem sowohl die Einspeisevergütungen für Solarenergie reduziert wurden als auch eine Konzentration von Freiflächenanlagen auf versiegelte oder vorbelastete Bereiche vorgegeben wurde. Ackerflächen waren fortan von der Förderung ausgeschlossen. In der Region Hannover gibt es nur sehr wenige Freiflächen-PV-Anlagen. Eine kleinere Anlage wurde im Bereich der Gemeinde

Uetze auf ca. 3,5 ha außerhalb der Ortslage errichtet. Interessant ist die Entwicklung auf der ehemaligen Zuckerfabrik in Groß-Munzel (Stadt Barsinghausen), wo auf ca. 6 ha ehemaligem Industriegebiet Photovoltaikanlagen mit einer Stromerzeugung für fast 1500 Haushalte etabliert wurden. Der Ertrag von Freiflächen-PV-Anlagen bezogen auf die erforderliche Fläche ist niedriger als bei der Windenergie, doch ist hier die Akzeptanz der Nachbarschaft in der Regel größer.

Bau- und planungsrechtlich handelt es sich bei den Freiflächen-Photovoltaikanlagen im Gegensatz zur Windkraft nicht um eine privilegierte Außenbereichsnutzung nach §35 BauGB, weswegen stets eine Bauleitplanung erforderlich ist. Aus raumordnerischer Sicht ist unter den derzeitigen Rahmenbedingungen keine flächendeckende konkrete Standortplanung erforderlich, wohl aber dürfte eine allgemeine Steuerung über Grundsätze und Ziele sinnvoll sein, um Abstände festzulegen, Standortkriterien zu definieren und möglicherweise auch weitere Tabubereiche zu definieren. Auch eine Angebotsplanung, etwa durch Festlegung von Vorsorgestandorten, ist möglich und kommt für einige Gewerbebrachen in Frage. Die Region wird in diesem Zusammenhang erneut prüfen, ob es unter Beachtung der bisherigen ablehnenden Rechtsprechung eine rechtskonforme Möglichkeit gibt, PV-Anlagen im RROP auch als temporäre Nutzung (Zwischennutzung) etwa auf späteren Rohstoffabbauflächen zu sichern.

Als Beispiel, wie eine textliche Festlegung in der Regionalplanung aussehen kann, sei auf den Regionalplan Westsachsen aus dem Jahr 2008 verwiesen, der das folgende Ziel enthält:

„Die Nutzung solarer Strahlungsenergie soll bevorzugt innerhalb bebauter Bereiche erfolgen. Außerhalb bebauter Bereiche soll die Nutzung solarer Strahlungsenergie durch Fotovoltaik-Freiflächenanlagen auf geeigneten Flächen erfolgen. Geeignete Flächen sind

- Flächen, die eine Vorbelastung mit großflächigen technischen Einrichtungen im räumlichen Zusammenhang aufweisen,
- Lärmschutzeinrichtungen entlang von Verkehrstrassen,
- Halden,
- Konversionsflächen mit hohem Versiegelungsgrad ohne besondere ökologische oder ästhetische Funktionen,
- sonstige brachliegende ehemals baulich genutzte Flächen" (Regionaler Planungsverband Westsachsen 2008).

2.4 Geothermie

Mittel- und langfristig dürfte die Bedeutung der Geothermie zunehmen, die unabhängig von Jahreszeit und Wetter ist. Die Region beabsichtigt, einen Geothermieatlas als Planungsgrundlage für die Erdwärmenutzung bei neuen Bauvorhaben und für Nachrüstungen im Bestand erarbeiten zu lassen. Schon heute erfolgt eine weit verbreitete Nutzung durch Erdwärmesonden, Erdwärmekollektoren, Wärmepumpen und „Energiepfähle". In zahlreichen neueren Wohn- und Bürogebäuden ist diese Geothermienutzung bereits heute Realität und ein erfolgreicher Ansatz, der fortgeführt werden sollte. Während diese Nutzungen der oberflächennahen Geothermie zuzurechnen sind, ist die Tiefen-Geothermie in der Region Hannover angesichts ihrer geologischen Verhältnisse eher ein Zukunftsprojekt, das aber erhebliche technische und wirtschaftliche Probleme aufweist.

Die Geothermie ist derzeit weder raumbedeutsam noch ist regionalplanerischer Steuerungsbedarf erkennbar. Da im Regionsgebiet bereits mit einer geothermischen Kartierung des Siedlungsbereichs einschließlich der geplanten Erweiterungsflächen für Tiefen bis 400m begonnen wurde, ist für das RROP zu prüfen ist, ob dort „Gunsträume" dargestellt werden können. Grundsätzlich sieht die Region ihre Aufgabe bei der Geothermie jedoch neben der Erarbeitung und Bereitstellung von Grundlagen-Informationen stärker in der Unterstützung kommunaler und interkommunaler Aktivitäten.

2.5 Nutzung klassischer regionalplanerischer Instrumente für den Klimaschutz

Neben der Standortvorsorge und -steuerung für erneuerbare Energien kommen im Sinne des Klimaschutzes auch mehrere klassische Instrumente der Regionalplanung zu neuer Bedeutung.

An erster Stelle ist die Gestaltung kompakter Siedlungsstrukturen sowie deren enge Verzahnung mit dem schienengebundenen ÖPNV zu nennen, weil damit erheblich zur Einsparung von Energie und zur Reduktion von Treibhausgasemissionen beigetragen wird. Insbesondere durch die Konzentration der Siedlungsentwicklung und deren Ausrichtung an der Infrastruktur des öffentlichen Nahverkehrs wird eine Reduzierung von klimarelevanten Emissionen aus dem Verkehr möglich, die immerhin 21% an allen Treibhausgas-Emissionen in Deutschland ausmachen. Die aus Gründen des Ressourcenschutzes und der optimalen Verkehrsbedienung ohnehin wichtige Steuerung der Siedlungsflächen, die auch im VEP pro Klima angesprochen wird, erhält damit im Hinblick auf den Klimaschutz zusätzliche Bedeutung. Bezüglich dieser Zielsetzung kann die Regionalplanung auf eine fast 50jährige Tradition zurückblicken – die Einheit von Siedlungs- und Verkehrsplanung wurde bereits 1965 durch den damaligen Verband Großraum Hannover entwickelt und hat seitdem regelmäßig in allen Regionalen Raumordnungsprogrammen ihren Niederschlag gefunden.

Auch die Sicherung eines regionalen Freiraumsystems hat in der Region Hannover eine lange Tradition. Erstmals wurden im Regionalen Raumordnungsprogramm 1990 Vorranggebiete für den Freiraumschutz festgelegt. Schon damals wurde dem Erhalt von Frisch- und Kaltluftschneisen besondere Beachtung beigemessen, deren Bedeutung heute noch erheblich höher zu bewerten ist.

Im neuen RROP soll deswegen klimaökologischen Aspekten beim Freiraumschutz verstärkte Beachtung geschenkt werden. Auch die gestiegene Bedeutung der Innenentwicklung soll im RROP verstärkt ihren Niederschlag finden. Wie auch auf der Landeseben wird bei der Region Hannover überlegt, wie eine eigene raumordnerische Schutzkategorie für Moore und eventuell auch für Wälder als CO_2-Speicher eingeführt werden kann. Jedenfalls werden im Einklang mit den neuen landespolitischen Zielsetzungen Moore künftig nicht mehr mit einer Vorrangdarstellung für den Torfabbau überzogen.

2.6 Adaption des Klimawandels

Bei der Adaption des Klimawandels, also dem Umgang mit dessen Folgen, kommt dem vorbeugenden Hochwasserschutz verstärkte Bedeutung zu. Nachdem die natürlichen Retentionsräume in den Flusslandschaften über Jahrhunderte immer weiter durch Begradigung und Kanalisation der Flussläufe, aber auch durch gezielte Siedlungstätigkeit in Flussnähe eingeschränkt wurden, sind angesichts der schon jetzt erkennbaren Folgen des Klimawandels in den letzten Jahrzehnten zunehmend Hochwasserkatastrophen zu beklagen gewesen. Als eine der Konsequenzen aus diesen Ereignissen wurde in § 2 des Raumordnungsgesetzes der Grundsatz verankert, dass „für den vorbeugenden Hochwasserschutz an der Küste und im Binnenland (...) zu sorgen (sei), im Binnenland vor allem durch Sicherung oder Rückgewinnung von Auen, Rückhalteflächen und Entlastungsflächen." Neben dem Erhalt und der Wiederherstellung von Retentionsräumen ist der Raumordnung damit auch eine vorsorgende Risikobetrachtung in überflutungsgefährdeten Räumen aufgegeben.

Zu diesem Zweck können im Regionalen Raumordnungsprogramm Vorranggebiete und Vorsorgegebiete für Hochwasserschutz festgelegt werden. Dies erfolgt auf der Basis von wasserwirtschaftlichen Berechnungen und orientiert sich insbesondere am Überschwemmungsgebiet eines theoretisch alle 100 Jahre eintretenden Hochwasserereignisses (HQ 100). Einbezogen werden das Gelände zwischen Gewässerverlauf und Deichen sowie die überschwemmungsgefährdeten und nicht ausreichend deichgeschützten Bereiche. Da gerade die natürlichen Fließgewässer in ihren Auen eine außergewöhnlich hohe Speicherkapazität bei Hochwasser besitzen, müssen diese Freiräume aus Gründen des vorsorgenden Hochwasserschutzes weitgehend von Bebauung und Versiegelung frei gehalten werden. Allerdings ist ein Teil dieser Flächen auch schon bebaut, was dann in der Regel konkrete Planungen und Baumaßnahmen für den aktiven Hochwasserschutz (z.B. Deiche) erfordert.

Unter geänderten Abflussverhältnissen muss die Raumordnung zusätzliche Gebiete für den vorbeugenden Hochwasserschutz festlegen. Beim 100-jährlichen Bemessungshochwasser (HQ 100) ist eine Erhöhung der Hochwasserspitzenpegel um bis zu 25% zu erwarten. Für die Anpassung sind technische

Veränderungen an den Hochwasserschutzeinrichtungen (Deiche, Dämme, Flutschutzwände) nicht ausreichend, sondern im Sinne einer langfristigen Vorsorge ist eine vorbeugende Flächenfreihaltung überschwemmungsgefährdeter Bereiche erforderlich. Notwendig sind die Schaffung zusätzlicher Retentionsräume sowie die Entwicklung neuer Strategien für eine dezentrale Wasser- und Stoffrückhaltung bzw. die Entwässerung durch Notwasserwege. Für diese Aufgaben verfügt die Raumordnung über geeignete Instrumente. So können insbesondere im Regionalplan über die fachplanerisch festgesetzten Überschwemmungsgebiete hinaus rückgewinnbare Überschwemmungsbereiche, aber auch bereits bebaute Bereiche, die von einem 100-jährlichen Hochwasser betroffen sein können, als Vorranggebiete für Hochwasserschutz ausgewiesen werden. Dadurch wird ein faktisches Verbot für neue Siedlungsanlagen in diesen Bereichen bewirkt.

Durch Vorbehaltsgebiete können weitere Gebiete ausgewiesen werden, die bei einem Extremhochwasser betroffen sein können. In diesem Sinne liegt für die Region Hannover eine flächendeckende Berechnung für die räumliche Ausdehnung eines zweihundertjährigen Hochwasserereignisses (HQ 200) vor. Hier wird geprüft, in welcher Weise diese Erkenntnisse in das neue RROP der Region Hannover einfließen werden.

Ebenfalls zu prüfen ist der Schutz klimawirksamer Ausgleichsräume in der Kernrandzone. Schließlich wird zu untersuchen sein, ob im nördlichen Regionsgebiet eine verstärkte Sicherung der Grundwasserressourcen erforderlich ist.

3 Der Masterplan 100% für den Klimaschutz

Die Nationale Klimaschutzinitiative der Bundesregierung hat sich zum Ziel gesetzt, die Treibhausgasemissionen bis 2050 um 80 bis 95 Prozent zu senken. Aus diesem langfristigen Ziel leitet die Nationale Klimaschutzinitiative ihr Leitbild ab: 100 Prozent Klimaschutz. Da bereits heute die Weichen gestellt werden müssen, damit diese Klimaschutzziele erreicht werden können, stellt das Bundesumweltministerium aus Mitteln der Nationalen Klimaschutzinitiative insgesamt rund 9,5 Millionen Euro bereit. Damit werden bundesweit ausgewählte Kommunen in ihren Klimaschutzbemühungen zu unterstützt. 2012 wurde für 19 kommunale Körperschaften, die mit einem Masterplan die Umsetzung dieses Ziels für ihren Bereich in Angriff nehmen wollen, eine gesonderte Förderung bereit gestellt. Diese 19 Masterplan-Kommunen erhalten über einen Zeitraum von vier Jahren eine Zuwendung von 80 Prozent zur Erarbeitung einer kommunalen Strategie für die Senkung der CO_2-Emissionen um 95 Prozent bis zum Jahr 2050. In gleichem Maße gefördert wird die Einstellung eines Klimaschutzmanagers oder einer Klimaschutzmanagerin, der oder die diesen Prozess begleitet und die Umsetzung des „Masterplans 100% Klimaschutz" koordiniert.

Zu den ausgewählten Kommunen gehören Landeshauptstadt und Region Hannover. Gemeinsam wollen sie einen solchen Masterplan erarbeiten. Dabei handelt es sich um ein gemeinsames, auf vier Jahre angelegtes Projekt von Landeshauptstadt und Region Hannover, das am 1. Juni 2012 begonnen hat. Das Projekt wird von den Umweltdezernenten sowie einem Koordinationsteam der Landeshauptstadt und Region Hannover organisiert. Ergänzend wird es durch externe Dienstleister und die Hochschulen unterstützt. Zwei neu für das Projekt eingestellte Klimaschutzmanagerinnen (je eine bei Stadt und Region) sind Ansprechpartnerinnen für alle Fragen zum Projekt.

Ziele für die Region Hannover sind eine Reduzierung der Treibhausgase um 95 Prozent und des Energieverbrauchs um 50 Prozent bis zum Jahr 2050. Die beiden Ziele wurden im Juni 2012 vom Rat der Landeshauptstadt Hannover[8] und von der Regionsversammlung[9] beschlossen. Die Ziele stellen eine große Herausforderung dar, die nur gemeinsam mit zahlreichen öffentlichen und privaten Akteuren zu meistern sind. Mit dem Masterplan werden mögliche Wege, Meilensteine und Aktivitäten zur Erreichung dieser Ziele aufgezeigt. Insofern handelt es sich beim Masterplan eigentlich eher um eine „Roadmap" als um einen festen Plan mit abschließend definierten Maßnahmen.

In der ersten Projektphase des Masterplans, die von September 2012 bis Ende 2013 dauert, wird mit Hilfe von Expertengruppen, so genannten Strategiegruppen, sowohl fachlich als auch visionär zu vielfältigen Themenstellungen diskutiert. Vertreter/innen aus allen gesellschaftlichen Bereichen in der Region Hannover erarbeiten in diesen Strategiegruppen, Netzwerktreffen und Zukunftsdialogen Visionen, Strategien und Maßnahmen. Dazu bedarf es sowohl des realistischen Blicks für die regionalen Möglichkeiten und Konkurrenzen als auch des visionären Muts für unkonventionelle Wege. Folgende Strategiegruppen werden bis Ende 2013 arbeiten:

- Energieeffizienz im Gebäudebestand
- Energieversorgung und Energiesystem
- Klimaneutraler Alltag
- Regionale Wirtschaftskreisläufe/Abfallwirtschaft
- Raum und Mobilität
- Szenarien
- Wirtschaft

Ergänzt wird dieser Prozess durch Bürger(innen)-Workshops, Konferenzen und Werkstattangebote sowie ein Symposium zum Thema „Kultur und Nachhaltigkeit". So wird ein einzigartiges, querschnittsorientiertes Dokument entstehen, in das vielfältige Ideen und mögliche Wege zu einer klimaneutralen Region

---

8 Landeshauptstadt Hannover: Beschlussdrucksache 1153/2012
9 Region Hannover: Beschlussdrucksache 0392 III (2012)

einfließen. Für das Ziel einer klimaneutralen Region Hannover sind innovative Ansätze und neue Partnerschaften erforderlich. Ebenso wichtig ist es, die bestehenden Initiativen, Projekte und engagierten Akteure für die aktive Mitwirkung im Masterplan „100% für den Klimaschutz" zu gewinnen und alle Ideen/Aktivitäten zu einem abgestimmten Gesamtkonzept zusammenzuführen. Für die Diskussion in den Strategiegruppen und in der Lenkungsgruppe, die identisch ist mit dem Klimaschutz-Kuratorium der Region Hannover, wurden vom Leipziger Institut für Energie vier Szenarien erarbeitet, die sich bezüglich der ihnen zugrunde gelegten Prämissen wie folgt darstellen:

- Das Trend-Szenario schreibt die gegenwärtigen Maßnahmen und Tendenzen fort.
- Das Szenario „Kommunale Klimaschutzaktionsprogramme" geht von moderaten Gewinnen bei der Energieeffizienz aus und legt beim Ausbau der Windenergie die in den kommunalen Klimaschutzprogrammen (KAP) der einzelnen regionsangehörigen Städte und Gemeinden ermittelten Potenziale zugrunde.
- Das Szenario „Erneuerbare-Max" unterstellt moderate Gewinne bei der Energieeffizienz und geht von einem maximalen Ausbau der Windenergie aus.
- Das Szenario „Effizienz-Max" unterstellt maximale Energieeffizienz und geht vom notwendigen Ausbau erneuerbarer Energien sowie Suffizienz aus.

Bei den weiteren Berechnungen des Leipziger Instituts hat sich gezeigt, dass nur das Szenario 3 die gesetzten Ziele gleichermaßen erreicht. Deswegen soll dieses der weiteren Arbeit am Masterplan zugrunde gelegt werden. Dieser soll zum Jahreswechsel 2013/14 vorliegen. Direkt im Anschluss sollen 2014 auf verschiedenen Ebenen erste Umsetzungs-Projekte eingeleitet werden.

4 Abschließende Bewertung

Die Region Hannover kann auf ihrem Weg in das postfossile Energiezeitalter auf zahlreiche Vorarbeiten und Bausteine aufbauen. Sowohl der klimaoptimierte Regionalplan als auch der Masterplan 100% für den Klimaschutz werden nach ihrer Fertigstellung weitere wichtige Meilensteine auf dem Weg der Region Hannover in die postfossile Zeit sein. Ihre Wirkungen sind dabei jedoch differenziert zu betrachten.

Die wesentliche Errungenschaft des Masterplans wird darin bestehen, einen belastbaren Weg aufzuzeigen, wie die Region bis zum Jahr 2050 klimaneutral sein kann. Dabei ist völlig klar, dass der Masterplan selbst nur die Wege zum

Ziel aufzeigt, dass zu dessen Erreichung aber eine Fülle von teilweise einschneidenden Einzelmaßnahmen und Verhaltensänderungen erforderlich ist.

Der klimaoptimiere Regionalplan unterstützt für seinen zehnjährigen Gültigkeitszeitraum die Region ebenfalls auf ihrem Weg in die postfossile Zeit. Der Plan unterstützt den Ausbau der erneuerbaren Energien und sorgt gleichzeitig durch eine Steuerung für Akzeptanz.

Somit stellen beide Plandokumente bei aller Unterschiedlichkeit ihrer Inhalte und ihrer Verbindlichkeit notwendige und hilfreiche Beiträge für die Erreichung einer postfossilen Zukunft für die Region Hannover dar.

Literatur

Kommunalverband Großraum Hannover (Hrsg.) (1997): CO_2-Minderungsstudie Verkehr. Hannover. = Materialien zur regionalen Entwicklung, Heft 1.

Landeshauptstadt Hannover (Hrsg.) (1994): Stadt und Region als Exponat – Klimaschutzprojekte. Hannover. = Schriftenreihe Weltausstellung EXPO 2000 – Beiträge zur Diskussion, Heft 10.

Niedersächsische Energieagentur; Kommunalverband Großraum Hannover (Hrsg.) (1998): Klimaschutzprogramm EXPO-Region Hannover. Hannover.

Region Hannover (Hrsg.) (2006): Regionales Raumordnungsprogramm 2005. Hannover. = Beiträge zur regionalen Entwicklung, Heft 106.

Region Hannover (Hrsg.) (2008): CO_2-Bilanz für die Region Hannover. Hannover. = Beiträge zur Regionalen Entwicklung, Heft 113.

Region Hannover (Hrsg.) (2010): Klimaschutzrahmenprogramm der Region Hannover. Hannover. = Beiträge zur regionalen Entwicklung, Heft 117.

Region Hannover (Hrsg.) (2011): Verkehrsentwicklungsplan Pro Klima. Hannover.

Regionaler Planungsverband Westsachsen (Hrsg.) (2008): Regionalplan Westsachsen 2008. Leipzig.

Universität Hannover (Hrsg.) (2005): Zu viel heiße Luft – Was schützt unser Klima? Hannover. = Unimagazin Hannover, Heft ½.

Zweckverband Großraum Hannover (Hrsg.) (1990): Regionales Raumordnungsprogramm 1990. Hannover.

Hansjörg Küster

Postfossile Zukunft in peripheren Räumen

Inhalt

1 Das „praefossile Zeitalter" und die Nachhaltigkeit
2 Zentralisierung und Marginalisierung
3 Lokale Energiequellen
4 Eine Erweiterung des Nachhaltigkeitsbegriffes
5 Steuerung der Rohstoffgewinnung durch Ökologen
6 Vorteile kleiner Energienetze
7 Aufgaben

1 Das „praefossile Zeitalter" und die Nachhaltigkeit

Jahrtausendelang war Holz, also ein nachwachsender Rohstoff, die wichtigste Energiequelle, die zum Heizen und zur Nahrungszubereitung verwendet wurde. Holz war außerdem ein wichtiger Baustoff, etwa für Häuser und Schiffe. Im Lauf der Zeit wurde Holz auch immer mehr für gewerbliche Zwecke genutzt: zum Schmelzen von Erzen, zur Herstellung von Glas, zur Produktion von Holzkohle. Daher nahm der Verbrauch von Holz immer weiter zu, und Wälder wurden immer weiter zurückgedrängt. Die Probleme verschärften sich, weil bis über das Mittelalter hinaus Wald- und Weideflächen in der Regel nicht voneinander getrennt waren. Wo Wald gerodet worden war, konnte kaum wieder neues Gehölz aufkommen, weil es vom weidenden Vieh verbissen wurde. Auch die Beweidung nahm zu. Übernutzung der Wälder und anschließende Überweidung führten vielerorts zum Verschwinden von Wäldern. Die Bodenerosion der vom Wald entblößten Flächen wurde immer stärker (Küster 2013).

In Mitteleuropa setzte sich vor allem nach dem Dreißigjährigen Krieg (1618-1648) die Erkenntnis durch, dass Reformen der Landnutzung unausweichlich notwendig waren, um der Menschheit eine Zukunft zu geben. Ein Prinzip, das in den folgenden Jahrzehnten formuliert wurde, war Grundlage der Reformen: die Anwendung des Nachhaltigkeitsprinzips, das unter anderem Hanß Carl von Carlowitz 1713 formulierte: Keinem Wald dürfe mehr Holz entnommen werden als die Menge, die zur gleichen Zeit nachwuchs (Carlowitz 1713). Förster wurden damit beauftragt, Wälder planmäßig zu bewirtschaften. Wald und Weideland wurden voneinander getrennt. Fortan war es verboten, Haustiere in die Wälder zur Weide zu führen. Auch das Agrarland wurde reformiert. Kleine Äcker wurden zu großen Feldern miteinander verbunden; man nannte diesen Prozess Verkoppelung. Bislang gemeinschaftlich genutzte Allmendflächen oder Gemeinheiten wurden in Privatbesitz übergeführt. Bei dieser sogenannten Gemeinheitsteilung entstanden große Felder und Weideflächen, die ähnlich wie die Koppeln aussahen, die durch Verkoppelungen entstanden waren. Nach Möglichkeit wurde versucht, die Erträge durch Düngung oder die Wahl neuer Fruchtfolgen zu steigern. Insgesamt ergab sich aus den Reformen von Land- und Forstwirtschaft ein völlig neuartiges System der Landnutzung. Landschaften nahmen einen grundsätzlich neuen Charakter an (Küster 2012). Die Landreformen ermöglichten eine weitere Landnutzung in weiten Teilen der zivilisierten Welt des 18. Jahrhunderts. Damit wurde nicht nur eine Grundlage gelegt für ein Überleben der Menschheit unter den Lebensbedingungen, die im späten Mittelalter und in der frühen Neuzeit herrschten, sondern auch für eine weitere Zunahme von Bevölkerung und Nutzungsintensität.

Letztlich war aber eine Durchführung der Landreformen nur dank der Errungenschaften der Industrialisierung möglich. Wichtig war vor allem die Erfindung der Dampfmaschine, für die James Watt 1769 ein Patent erhielt. Die Dampfmaschine ermöglichte den Betrieb von Förder- und Bewetterungsanlagen für tief im Untergrund liegende Bergwerksanlagen, in denen unter Tage Kohle abgebaut wurde. Mit Dampfmaschinen wurden große Bagger für Tagebauanlagen angetrieben. Und schließlich konnte man mit der dampfgetriebenen Eisenbahn dafür sorgen, dass Kohle flächendeckend im ganzen Land verteilt wurde. Weil nun überall mit Kohle geheizt werden konnte, ließ der Nutzungsdruck auf die Wälder endlich erheblich nach. Die „Holzzeit" ging zu Ende, und das Industriezeitalter begann. In weiteren Bergwerken, in denen man dampfgetriebene Bewetterungs- und Förderanlagen brauchte, baute man Kalisalz als einen wichtigen Bestandteil von Mineraldünger ab. Durch Mineraldüngung ließen sich die Erträge auf den Feldern erheblich steigern. Weniger günstige Agrarstandorte konnten aufgegeben werden, weil auf geringerer Fläche mehr produziert werden konnte. Aufgegebene Agrarflächen wurden mit Bäumen besät oder bepflanzt, so dass neue Forsten entstanden. In vielen dieser künstlichen Wälder erkennt man noch die Überreste früherer Nutzungen in Form von alten Ackerbeeten oder Ackerterrassen, die man an stärker geneigten Hängen anlegte.

Die Landreformen ermöglichten es auch, dass die zahlreichen Industriearbeiter in den Städten ausreichend mit Lebensmitteln versorgt werden konnten. Die Intensität der Landnutzung hatte zu steigen, weil die Bevölkerung im Zeitalter der Industrialisierung erheblich anwuchs. In weiten Teilen Mitteleuropas entstand ein fein verästeltes Infrastrukturnetz aus Eisenbahnlinien, Straßen, Molkereien, Lagerhäusern usw. Wohlstand kam nicht nur in den Städten auf, sondern auch auf dem Land: Viele Bauern errichteten neue Wohnhäuser, Ställe und Scheunen, und es entstanden auch zahlreiche gemeinschaftlich genutzte Gebäude, darunter neue Kirchen, Rathäuser, Schulen, Kolonialwarenländen (in denen es alles das zu kaufen gab, was nicht am Ort selbst verfügbar war), auch Feuerwehrhäuser.

2 Zentralisierung und Marginalisierung

Dank des verminderten Nutzungsdrucks nahmen die Ausdehnung von Wäldern und die dort verfügbare Holzmengen zu (Weidenbach 2001). Durch weitere Verbesserungen der Effizienz von Landwirtschaft durch Landtechnik, Pflanzen- und Tierzucht sowie Mineraldüngung stiegen die Erträge weiter. Diese Entwicklung hält bis in die Gegenwart an: Von 1970 bis 1997 verdoppelten sich die Weizenerträge in den alten Bundesländern (Deutsche Landwirtschafts-Gesellschaft 1999). Zeitweise kam es sogar zu einer Überproduktion. Während die landwirtschaftliche Produktion auf günstigen Böden weiter intensiviert wurde und durch weitere Flurbereinigungen noch größere, einheitlich genutzte Agrarflächen mit der Zunahme der Gefahr von Bodenerosion durch Wasser und Wind entstanden, wurde die Nutzung auf weniger günstigen Standorten in der Peripherie aufgegeben. Die Nutzung wurde also einerseits an einzelnen Punkten zentralisiert, während andere Orte an den Rand rückten, marginalisiert wurden, weil an ihnen die Nutzungsintensität deutlich nachließ oder Nutzungen sogar vollständig aufgegeben wurden.

Genauso zentralisiert wurde die Bereitstellung von Energie: Man baute Großkraftwerke und gab lokale Anlagen auf, beispielsweise kleine Wasserkraftwerke, Windmühlen; auch Dampflokomotiven werden nicht mehr genutzt. Zur Übertragung des elektrischen Stromes vom Kraftwerk zum Verbrauchsort benötigte man weit reichende Fernleitungen. Der Bau von Großkraftwerken und Fernleitungen war sicher in einer Zeit vernünftig, in der vorrangig fossile Rohstoffe oder die Kernkraft zur Energiegewinnung genutzt wurden. Im Rahmen der sogenannten Energiewende hält man vielfach an den Ideen des Großkraftwerkes und der Energieübertragung über große Distanzen fest: Man errichtet große Windparks und große Biogasanlagen, für deren Betrieb man in erheblichem Umfang Mais anbaut. Nun benötigt man neue Fernleitungen aus dem Norden in den Süden Deutschlands: Im Norden kann mit Windrädern und

Biogasanlagen mehr Strom erzeugt werden, im Süden wird mehr Strom gebraucht, wenn Kohle- und Atomkraftwerke stillgelegt werden. In einigen Regionen beklagt sich die Bevölkerung mindestens so stark über die neuen Fernleitungen wie über die Errichtung weiterer Windkraftanlagen; man lehnt auch die „Vermaisung" der Regionen ab. In Niedersachsen waren 2012 33% der Ackerfläche mit Mais bestellt, mit Raps 20%. Also wurde mehr als die Hälfte des Ackerlandes überwiegend zur Gewinnung nachwachsender Rohstoffe für die Energiegewinnung verwendet (Weingarten/Plankl 2012). Es bestehen aber große regionale Unterschiede. Über 40% des Landes Niedersachsen, z.T. sogar mehr als 50% der Ackerflächen sind in manchen Landkreisen für den Maisanbau verwendet worden. Es handelt sich dabei um die Landkreise Cuxhaven, Rotenburg, Osterholz, Wesermarsch, Oldenburg, Leer und Cloppenburg. Entsprechendes gilt für Teile Westfalens, der Oberrheinebene und des Alpenvorlandes. Dort müssen die Böden sehr stark gedüngt werden, damit Mais optimal wachsen kann; diese Pflanze braucht so viele Mineralstoffe, weil sie in kürzester Zeit zwei bis drei Meter in die Höhe kommt. Zuvor aber, im späten Frühjahr, wenn es in Mitteleuropa besonders oft Starkregen gibt, wird der Boden vom Mais noch nicht abgedeckt, so dass dann die Gefahr von Bodenerosion besonders groß ist, wenn nicht besonders sorgfältige Vorkehrungen gegen Bodenerosion getroffen werden, etwa durch hangparalleles Pflügen oder das Unterpflügen von Grünmasse und anschließende Mulchsaat. In vielen Lössgebieten wird aber weniger Mais angebaut. Dort liegt sein Anteil an den Agrarflächen meist unter 10% (Weingarten/Plankl 2012). Insgesamt zeigt sich, dass der Landnutzungswandel durch Zentralisierungen und Marginalisierungen erneut zu einem erheblichen Landschaftswandel führte, der seinem Ausmaß nach demjenigen zur Zeit der Landreformen des 18. und 19. Jahrhunderts vergleichbar ist (Küster 2012).

3 Lokale Energiequellen

Bei der Nutzung von nachwachsenden Rohstoffen, auch bei anderen Formen der Energiegewinnung, bei denen auf Nutzung fossiler Ressourcen verzichtet werden kann, muss aber nicht unbedingt die Idee des Großkraftwerkes im Zentrum stehen. Genutzt werden dabei die beiden ihrem Umfang nach wichtigsten Erdoberflächenprozesse, der Kreislauf des Wassers und die Fotosynthese. Beide und noch weitere Prozesse, die für die Energiegewinnung wichtig sind, hängen von der Einstrahlung des Sonnenlichtes ab. Wasser verdunstet über dem Meer und dem Land (Evaporation), außerdem geben Lebewesen durch Transpiration Wasser ab. Wasser kondensiert und gelangt in Form von Niederschlag auf die Erdoberfläche zurück. Auf dem Weg des Wassers vom Land zurück ins Meer lässt sich Wasserkraft zur Gewinnung von elektrischem Strom nutzen.

Postfossile Zukunft in peripheren Räumen 93

Land und Wasser erwärmen sich bei Sonneneinstrahlung unterschiedlich stark, und Wärmemengen werden von Land und Wasser auch in unterschiedlicher Intensität abgegeben. Weil sich dabei die Dichte der Luftpartikel und damit der Luftdruck ändern, kommt es zur Ausbildung verlässlicher Windströmungen, etwa an der Meeresküste: Tagsüber erwärmt sich das Land stärker als das Meer. Warme Luft über dem Land steigt auf, der Luftdruck sinkt, und als ausgleichende Luftströmung beginnt Wind vom Meer zum Land zu wehen. Die Küstenlinie ist daher ein besonders günstiger Standort für die Installierung von Windkraftanlagen. Auch an Gebirgsrändern weht beständig stärkerer Wind: Dort werden Luftströmungen hangaufwärts und hangabwärts gelenkt.
Verlässlich nutzbare Luftströmungen entstehen auch an Waldrändern. Die Luft wird innerhalb eines Waldes ebenso wie über dem Meer weniger stark erwärmt als über offenem Land. Daher bildet sich an Waldrändern tagsüber eine beständige Luftströmung in das Offenland hinein.
Mit Hilfe des Sonnenlichtes werden in Pflanzen organische Substanzen aufgebaut. Nur ein Teil davon wird im Prozess der Zellatmung wieder abgebaut, der andere Teil dieser Substanzen wird gespeichert. Dabei darf nicht nur an Reservestoffe gedacht werden, die in Wurzeln, Stängeln und Früchten eingelagert werden, sondern vor allem muss Zellulose bedacht werden, die Substanz, aus denen Zellwände bestehen. Die langkettigen Zuckermoleküle der Zellulose können sogar von denjenigen Pflanzen, die sie aufgebaut haben, nicht wieder abgebaut werden, weil ihnen die dafür notwendigen Enzyme fehlen. Zellulose abbauen können ausschließlich spezielle einzellige Mikroorganismen. Strukturen aus Zellulose, auch aus Lignin, der Substanz, aus der Holz aufgebaut wird, bleiben oft lange Zeit unzersetzt erhalten, beispielsweise in Humus, Torf oder Kohle. An einem sich natürlicherweise entwickelnden Pflanzenstandort kommt es wegen der Ansammlung an unzersetzter organischer Substanz zu einer Sukzession, zu einem gesetzmäßigen Wandel der Standorte. Seen verlanden, aus offenem Land wird, wenn die klimatischen Bedingungen dies erlauben, stets Wald, aus mineralarmen Standorten werden mineralreiche, wenn Pflanzen Mineralstoffe akkumulieren. Die Ablagerungen organischer Substanzen können in Prozesse der Lithogenese (Gesteinsbildung) und der Orogenese (Gebirgsbildung) einbezogen werden. Dabei werden sie unter Druck verfestigt: Daraus entstehen Kohle, Erdöl und Erdgas. Auf diese Weise bildeten sich im Laufe von Jahrmillionen auch die Lagerstätten, die wir heute zur Gewinnung von fossilen Rohstoffen nutzen. Im Prinzip sind diese Lagerstätten genauso wie diejenigen nachwachsender Rohstoffe nicht endlich. Aber man müsste sehr lange warten, bis erneut Lagerstätten aus Kohle, Erdöl oder Erdgas entstehen, die denjenigen entsprechen, die wir heute ausbeuten. Daher muss man diese Lagerstätten als endlich bezeichnen.
Unter natürlichen Bedingungen wächst aber, dank der fortwährend ablaufenden Fotosynthese, die Menge an organischer Substanz an der Erdoberfläche

immer weiter an. Beispielsweise wachsen bei fehlender Nutzung die Holzvorräte der Wälder. Zur gleichen Zeit nimmt unter natürlichen Bedingungen die Menge an Kohlendioxid in der Atmosphäre stetig ab, weil der darin enthaltene Kohlenstoff in die organische Substanz inkorporiert wird.

4 Eine Erweiterung des Nachhaltigkeitsbegriffes

Nachhaltigkeit oder, anders ausgedrückt, das, was nachhaltig bewahrt bleiben soll, ist stets von Menschen definiert, also im weitesten Sinn ein kulturelles Ziel. In der Natur dagegen ändert sich alles immerwährend, wie im vorigen Abschnitt dargelegt wurde. Will man dies verhindern, darf man Natur gerade nicht schützen, wie immer wieder angenommen wird, sondern muss dasjenige Material, das kontinuierlich neu gebildet wird, auch kontinuierlich nutzen. Nur auf diese Weise kann es gelingen, die Verlandung eines Sees oder die Entwicklung von Offenland zu Wald zu verhindern. Nur so kann man dafür Sorge tragen, dass Standorte ihr Bild wahren, wobei Biodiversität und das Landschaftsbild erhalten bleiben.

Wird Nachhaltigkeit auf diese Weise umgesetzt, finden allerdings andere natürliche Prozesse nicht (mehr) statt: Organische Substanzen werden nicht mehr durch Mikroorganismen abgebaut. Diese dienen nicht mehr weiteren Organismen als Nahrung. Und es kommt nicht zu Herausbildung neuer Lagerstätten fossiler Rohstoffe, die allerdings erst in vielen Jahrtausenden oder gar Jahrmillionen genutzt werden könnten.

Erweitert man den Begriff der Nachhaltigkeit in dieser Weise, wird klar, dass jedem Standort nur überschaubare Mengen an organischer Substanz entnommen werden können. Es ist genau darauf zu achten, dass pro Flächeneinheit nur diejenige Rohstoffmenge entnommen wird, die auch tatsächlich nachwächst. Die Flächeneinheit sollte nicht zu klein gewählt werden, es könnte sich dabei insgesamt um die Revierfläche eines Forstamtes handeln. Dort muss nicht nur noch genauer als bisher der jährliche Zuwachs an Holz berechnet werden, um die Einschlagmenge zu ermitteln, sondern auch weitere Parameter müssen beachtet werden: Notwendig ist ein genaues Monitoring von Biodiversität und Landschaftsbild. Das Ziel, Holzvorräte konstant zu erhalten, kann bei entsprechendem Management hervorragend mit den Zielen der Bewahrung von Landschaft und Biodiversität kombiniert werden. Es laufen dann nämlich immer wieder identische Sukzessionsprozesse ab, in denen bestimmte Pflanzen- und Tierarten auf Zeit gefördert werden. Sie verschwinden anschließend nicht mehr auf Dauer, weil rechtzeitig dafür gesorgt wird, dass erneut Holzmengen entnommen werden und Sukzessionen von vorne beginnen können.

In eine lokale Nutzung von Holz sollten auch Standorte außerhalb der Wälder einbezogen werden. Dabei ist an Hecken und Feldgehölze zu denken, die zu

diesem Zweck bereits in vergangenen Jahrhunderten regelmäßig geschlagen wurden, sondern auch an Alleen, die regelmäßig erneuert werden sollten, vor allem aber an die Grünmasse von Gärten, Parks, Grünanlagen und Brachflächen.
  Bei der Nutzung dieser Rohstoffe sollte es zur Bildung kleiner Verbünde von Nahwärme-Nutzungen kommen. Eine Biogasanlage zu betreiben, lohnt sich nur dann. Entsprechendes gilt für eine mit Holzhackschnitzeln oder Holzpellets betriebene Heizung. Denn der Flächenbedarf von Lagern und Energiegewinnungsanlagen ist für einzelne Anwesen zu groß. Im Einzelhaushalt lässt sich eine Holzheizung betreiben, allerdings muss man dort regelmäßig Holz nachlegen. Eine Holzheizung ist nur schwer zu automatisieren; dies ist beim Betrieb einer Pelletheizung möglich.

5 Steuerung der Rohstoffgewinnung durch Ökologen

Biogas lässt sich besonders gut aus Mais herstellen. Dabei gibt es die höchsten Erträge. Doch kommt es zur Flächenkonkurrenz, weil Mais weitgehend auf solchen Flächen angebaut wird, die sich auch für die Gewinnung von Brotgetreide eignen. Allgemein ist damit zu rechnen, dass der Bedarf an Brotgetreide steigt, weil die Weltbevölkerung und deren Wohlstand wachsen. Daher werden mutmaßlich auch mehr Ackerflächen für den Anbau von Weizen und anderen Brotgetreidearten genutzt werden. Man muss nun aber für Alternativen sorgen: Wo kann man dennoch Rohmaterial für den Betrieb von Biogasanlagen erhalten, wenn Mais von klassischen Ackerflächen nicht mehr zur Verfügung steht?
  Bei der Gewinnung von Brennholz sollte nicht nur an die Nutzung von Forsten gedacht werden, denn Holz wird ebenfalls für viele Zwecke gebraucht. Holz aus Schutzgebieten, auch aus kulturgeschichtlich bedeutenden Beständen, könnte richtig genutzt werden. In einem alten Niederwald, den Suchomel und Konold (2008) untersuchten, entspricht die pro Hektar gewinnbare Energiemenge derjenigen, die bei der Verbrennung von mehr als 60.000 l Heizöl gewonnen werden kann. Bei einer Umtriebszeit von zwanzig Jahren wäre demnach pro Jahr eine Menge Holz nutzbar, die etwas über 3.000 l Heizöl entspricht. Die gesamte Waldfläche müsste dabei in zwanzig Einzelflächen aufgeteilt werden. Jedes Jahr wird eine dieser Teilflächen zur Gewinnung von Holz genutzt, aus dem anschließend Hackschnitzel oder Pellets hergestellt werden. Auf den Schlagflächen verläuft anschließend für neunzehn Jahre eine natürliche Sukzession, bei der organische Substanz gebildet wird und sich der Standort verändert: In den ersten Jahren nach dem Einschlag dringt das Sonnenlicht bis zum Boden durch, dann kommt es mehr und mehr zur Beschattung. Pflanzen und Tiere des offenen und halboffenen Landes finden innerhalb dieser Sukzessionen stets irgendwo im Wald einen Platz. Sie bleiben aber nur dann erhalten, wenn regelmäßig für einen Beginn neuer Sukzessionen gesorgt wird.

Außerdem ist es bei der Bewirtschaftung wichtig, darauf zu achten, dass ein Nebeneinander jüngerer und älterer Stadien von Gehölz besteht. In den älteren Stadien eines solchen Gehölzes entwickelt sich ein Waldbinnenklima. Zwischen dicht bestandenen Quartieren und anderen, die gerade frisch frei geschlagen wurden, entwickeln sich ausgleichende Luftströmungen.

Ein Tier, das nur auf diese Weise regelmäßig in einem Gebiet vorkommen kann, ist der Neuntöter: Er ist darauf angewiesen, dass er ständig Büsche in seiner Umgebung findet, auf deren Dornen, Stacheln oder Kurztrieben er seine Beute aufspießen kann. Viele Orchideenarten, Akelei, Türkenbundlilie oder Diptam bleiben ebenfalls nur dann dauerhaft in zahlreichen mitteleuropäischen Wäldern erhalten, wenn diese regelmäßig eingeschlagen werden und dann wieder austreiben. Die Fortsetzung der Nutzung hat Bedeutung für den Natur-, vor allem aber den Arten- und Landschaftsschutz. Eine im Rahmen eines europaweiten Projektes untersuchte Gruppe von zahlreichen Schutzgebieten ist durch Nutzungsaufgabe ebenso stark bedroht wie durch Intensivierung der Nutzung (Dannebeck et al. 2009).

Linden, Eschen, Erlen und Hainbuchen kann man regelmäßig schlagen oder wie Weiden köpfen. Sie schlagen danach in der Regel wieder aus. Hainbuchen erreichen möglicherweise nur dann ein hohes Alter, wenn sie in dieser Weise genutzt werden. Diese Baumart bildet in ihrem Holz sogenannte falsche Markstrahlen aus großen Gefäßen auf, die radiär angeordnet sind. Daraus resultiert, dass das Holz unregelmäßig wächst; es entstehen sogenannte Spannrücken, die wie Längswülste der Stämme aussehen. In den Nischen zwischen den Wülsten können sich Algen und Moose ansiedeln, von denen mit der Zeit eine Schädigung des Holzes ausgehen kann. Schlägt man die Stämme und Äste regelmäßig, bilden sich zwar die falschen Markstrahlen, aber es kommt nicht zur Ausbildung spannrückiger Stämme; der Baum lebt deswegen mutmaßlich länger.

Früher legte man Lauben beispielsweise aus Linden an, vor allem um die Bäume zur Gewinnung von Laubheu zur Viehfütterung zu schneiteln. Dies geschah unmittelbar nach dem Laubaustrieb. Die belaubten Äste wurden dann in die Bäume gehängt, um sie vor der Lagerung zu trocknen. Sie wurden schließlich zur Winterfütterung verwendet. Die Bäume trieben nach dem Schneiteln nochmals aus. Sie wuchsen anschließend eher buschförmig, oder sie bekamen, wenn man sie erst in etwa zwei Meter Höhe schnitt, kugelförmige Kronen rings um die Schnittstellen. Der Schnitt in zwei Meter Höhe war günstig, wenn regelmäßig Tiere unter den Bäumen weideten oder dort entlang getrieben wurden. Sie konnten dann die jungen Triebe der Bäume nicht erreichen, an denen sie sonst geknabbert hätten. Heute würde man an solchen Bäumen eher Holz machen als Laub gewinnen; dazu würde man die Äste etwas dicker werden lassen und nicht zulassen, dass sie jedes Jahr abgeschlagen werden. Das Resultat, der Schneitelbaum, ähnelt aber einer Gehölzpflanze, die zur Laubgewinnung genutzt wurde.

Linden oder Hainbuchen wurden wegen ihrer Fähigkeit, immer wieder nach Nutzung neu auszuschlagen, auch in Parks und Gärten angepflanzt. Schnitt man sie regelmäßig, sahen die Parkanlagen stets gleich aus. Heutige Pflege dieser Anlagen müsste auch darauf beruhen, den Bäumen jedes Jahr Holztriebe abzuschneiden; nur dann bleibt der dekorative Charakter sowohl einzelner Bäume als auch von Gärten insgesamt erhalten. Pflegt man Schutzgebiete und Parks nicht in dieser Weise, wuchern sie allmählich zu: Sowohl aus beweideten Magerrasen als auch aus Parkanlagen können dann auf natürliche Weise geschlossene Wälder werden.

Große Mengen organischer Masse entwickeln sich auch auf nicht mehr genutzten Grundstücken, vor allem auf ehemaligem Bahn- und Industriegelände. Die Umnutzung dieser Flächen ist nicht einfach, denn im Zuge ihrer früheren Nutzung wurden viele von ihnen erheblich kontaminiert, so dass ein Bodenaustausch vor fast jeglicher weiterer Nutzung erforderlich ist. Nutzt man aber Biomasse, die von den dort wachsenden und daher gegen Kontaminierungen unempfindlichen Pflanzen produziert wird, muss man nur eventuell die nach dem Verbrennen von Holz oder der Fermentation von organischer Masse zurückbleibende Asche aufbereiten oder deponieren. Mit der Nutzung von Biomasse, die auf kontaminierten Brachflächen gewonnen wird, kann noch der „Nebeneffekt" einer Phytosanierung verbunden sein. Dabei entnehmen die Pflanzen dem Boden Schadstoffe, so dass der Grad der Bodenkontaminierung mit der Zeit abnimmt.

Insgesamt lässt sich ein vom Ort der Gewinnung oder Nutzung abhängiger Energiemix herstellen: Grünabfälle dienen der Biogasgewinnung, Holzreste werden zur Herstellung von Hackschnitzeln oder Pellets verwendet. Hinzu kommen kleine Anlagen zur Nutzung der Wasserkraft, des Windes und der Sonne. Bei der Nutzung der Wasserkraft darf den Forderungen der Wasserrahmenrichtlinie der Europäischen Union nicht widersprochen werden. Aber auch historische Anlagen der Wasserkraftnutzung (etwa seit vielen Jahrhunderten bestehende Wehranlagen mit den damit verbundenen Mühlkanälen und Mühlen) müssen erhalten bleiben. Kompromisse zwischen den Forderungen der Wasserrahmenrichtlinie und der Denkmalpflege sind anzustreben und grundsätzlich möglich (Hoppe 2012).

Ökologen dürfte beim Aufbau dieser Form von Energiegewinnung eine neue Aufgabe zufallen: Sie ermitteln, wo und wie man Biomasse aus zahlreichen Kompartimenten der Landschaft gewinnen kann, wobei es zugleich darauf ankommt, Biodiversität und Landschaft in einem schützenswerten Zustand zu bewahren. Über diesen Zustand muss man sich verständigen. Diese Form der Nutzung führt dann dazu, dass Biodiversität und Landschaften erhalten bleiben können und nicht durch natürliche Sukzession verloren gehen. Und es müssen dann auch nicht mehr zusammenhanglos Flächen ausschließlich gepflegt werden, um ihren Charakter zu wahren. Insgesamt kann ein Benefit sowohl für die

Nutzung als auch für die Wahrung von Biodiversität und Landschaft angestrebt werden.

6 Vorteile kleiner Energienetze

Möglicherweise lohnen sich eine lokale Gewinnung von Energierohstoffen und deren anschließende Nutzung nicht, wenn man sie für sich allein und vor allem ausschließlich aus ökonomischer Sicht betrachtet. Großanlagen sind möglicherweise effizienter zu betreiben. Aber die Vorteile kleiner Energienetze liegen nicht nur darin, dass vor Ort vorhandene Rohstoffe genutzt werden können. Es kommen weitere Vorteile hinzu. Die Akzeptanz der Nutzung und der Anlagen zur Energiegewinnung ist möglicherweise dann größer, wenn sie der Eigenversorgung dienen. Es kommt zu geringeren Verlusten durch Energieübertragung und Energieverteilung in Überlandleitungen und Transformatoren. Der Schutz von Biodiversität und Landschaft kann bei der Nutzung berücksichtigt werden. Nicht zuletzt geht es aber um Aspekte des Miteinanders von Menschen. Es ist eine interessante Aufgabe, sich gemeinsam in einer Gruppe Gedanken darüber zu machen, welche Energiequellen man wie nutzen möchte. Dieses gemeinsame Nachdenken fällt in einer kleinen Gruppe leichter. Daher (und weil vor allem nachwachsende Rohstoffe nur in relativ kleinen Mengen genutzt werden können) kann eine dezentrale Energieversorgung vor allem zur Stärkung kleiner Gruppen von Menschen beitragen, mithin also zu einem Vorteil für ländliche bzw. periphere Räume.

7 Aufgaben

Insgesamt ergeben sich folgende neue Aufgaben: Nicht nur neue Großanlagen, sondern auch kleine Anlagen zur Energiegewinnung und ihre Netze sollten gefördert werden. Bei der Ermittlung von zusätzlichen Möglichkeiten, nachwachsende Rohstoffe zu nutzen, und beim Monitoring der Nachhaltigkeit von Nutzung, Biodiversitäts- und Landschaftsentwicklung ist der Sachverstand von Ökologen und Landschaftswissenschaftlern gefragt. Sie müssen ermitteln, was wie genutzt werden kann. Ingenieure und Techniker, die Anlagen zur Energiegewinnung konstruieren, wissen das meist nicht. Daher ist eine Kooperation zwischen Ingenieurwissenschaften und Landschaftsexperten notwendig. Insgesamt würde eine Nutzung der in der Landschaft bereits vorhandenen Ressourcen dazu führen, dass Landschaft als Ganzes geschützt werden kann. Dieser mit Nutzung verbundene Schutz könnte an die Stelle einer Form von Naturschutz treten, in der nur die Entwicklung von Wildnis gefördert wird.

Literatur

Carlowitz, H. C. von (1713): Sylvicultura oeconomica. Leipzig.

Carlowitz, H. C. von (2013): Sylvicultura oeconomica: Transkription der Ausgabe von 1713 in das Deutsch von heute. Remagen.

Dannebeck, S.; Hoppe, A.; Küster, H.; McCracken, D. (2009): Einflussfaktoren auf Kulturlandschaften: ein Überblick. In: Krzywinski, K.; O'Connell, M.; Küster, H. (Hrsg.): Wo Demeter ihre Felder hat und Pan zuhause ist: Europäische Kulturlandschaften. Bremen, 47-54.

Deutsche Landwirtschaftsgesellschaft (Hrsg.) (1999): Landwirtschaft 2010. Welche Wege führen in die Zukunft? Frankfurt.

Hoppe, A. (2012): Die Europäische Wasserrahmenrichtlinie und historische Wasserbauten. Wege zur Erhaltung baulicher Anlagen bei Fließgewässerrenaturierungen. Hannover.

Küster, H. (2012): Die Entdeckung der Landschaft. Einführung in eine neue Wissenschaft. München.

Küster, H. (2013): Geschichte der Landschaft in Mitteleuropa. Von der Eiszeit bis zur Gegenwart. München.

Suchomel, C.; Konold, W. (2008): Niederwald als Energiequelle – Chancen und Grenzen aus Sicht des Naturschutzes. In: Berichte der Naturforschenden Gesellschaft Freiburg 98, 61-120.

Weidenbach, P. (2001): Waldbauliche Ziele im Wandel. Wirtschaftliche, soziale und kulturelle Rahmenbedingungen der Waldentwicklung seit 1800. In: Der Bürger im Staat 51 (1), 30-38.

Weingarten, P.; Plankl, R. (2012): Chancen und Herausforderungen für die Landwirtschaft in Niedersachsen. In: Neues Archiv für Niedersachsen (2), 8-27.

Martina Hülz, Andreas Stefansky

Energiewende und Raumplanung

Inhalt

1 Energiewende – ein raumwissenschaftliches Thema
2 Energiewende – ein Transformationsprozess
 2.1 Die quantitativen Ziele der Energiewende
 2.2 Steuerung der Energiewende
 2.3 Auswirkungen auf den Raum: Entstehung neuer Räume
 2.4 Verhältnis zwischen den Räumen
 2.5 Offene Fragen im Transformationsprozess
3 Energiewende – eine Aufgabe der Raumplanung
 3.1 Das System der räumlichen Planung in Deutschland
 3.2 Das Ineinandergreifen von Gesamtplanung und Fachplanung
 3.3 Gestaltungsmöglichkeiten und Gestaltungsgrenzen der Gesamtplanung
 3.4 Gestaltungsmöglichkeiten und Gestaltungsgrenzen der Fachplanung
4 Schlussbetrachtung

1 Energiewende – ein raumwissenschaftliches Thema

Die deutsche Energiepolitik hat sich zum Ziel gesetzt, den Anteil der regenerativen Energie und die Energieproduktivität deutlich zu steigern. Damit sind die nationalen, aber auch die lokalen und regionalen Politiken sowie die Umsetzungsebenen vor neue Herausforderungen gestellt. Dieser Wandel hin zu einer postfossilen Gesellschaft birgt Chancen und Risiken für eine nachhaltige Raumentwicklung, wie z.B. sich verändernde räumliche Umverteilungs- bzw. Wertschöpfungs- und Beschäftigungseffekte, eine Optimierung von Stoff- und Energiekreisläufen und die Inwertsetzung endogener Potenziale, einen Flächen- und Landschaftsverbrauch, Biodiversitätsverluste sowie neue Raumnutzungskonkurrenzen und Standortkonflikte. Die von der Bundesregierung beschlossene

Energiewende – also der Umbau des bisherigen Energiesystems – stellt eine Herausforderung dar, deren Ziele national aufgestellt wurden, deren Umsetzung allerdings v. a. auf Länder- und Regionsebene und letztendlich auf lokaler Ebene erfolgen muss mit entsprechend großer Virulenz für die Raumplanung.

Zur flächendeckenden Nutzung erneuerbarer Energien wird derzeit der Netzausbau auf nationaler Ebene vorangetrieben. Dabei ist es jedoch auch entscheidend, die Ausbauarten, -flächen und -ziele genauer zu definieren und aufeinander abzustimmen, um die Korridore zur Trassenführung raumverträglich zu gestalten. Genau hier besteht ein erhebliches Abstimmungs- und somit auch Konfliktpotenzial, dessen man sich derzeit vielleicht bewusst ist, dem man sich aber bislang noch nicht ausreichend stellt. So existiert derzeit beispielsweise eine Asymmetrie zwischen dem Ausbau der erneuerbaren Energien und der bestehenden Netzinfrastruktur. Eine weitere Herausforderung liegt in der Speicherung der stark fluktuierenden erneuerbaren Energien: Wie kann es gelingen, die Erzeugung von Wind- und Solarenergie mit dem Verbrauch in Einklang zu bringen? Wann werden Zwischenspeicher für überschüssige Energie und intelligente Stromnetze realisiert sein? Und welchen Beitrag kann die Gesamtplanung bzw. die raumwirksame Fachplanung leisten, um die Energiewende gelingen zu lassen, wo doch die politische Entscheidungsgewalt, auf Wunsch des Bundesministeriums für Verkehr, Bau und Stadtentwicklung (BMVBS), beim Bundesministerium für Umwelt, Naturschutz und Reaktorsicherheit (BMU) – und in Teilen auch beim Bundesministerium für Wirtschaft und Technologie (BMWi) – angesiedelt ist?

Dieser Beitrag will zum einen die räumliche Relevanz der Energiewende beschreiben. Dazu wird neben einer kurzen Einführung in die Inhalte und Ziele der deutschen Energiewende vor allem auf die räumlichen Veränderungen fokussiert, die mit der Erreichung dieser Ziele einhergehen. Zum anderen wird der Frage nachgegangen, welche Möglichkeiten und Grenzen für die Raumplanung bei der Gestaltung der Energiewende bestehen. Dabei ist zu unterstreichen, dass der Beitrag sicherlich nicht der Komplexität des Themas gerecht werden kann, die sich in den enormen technischen, gesellschaftlichen und wirtschaftlichen Herausforderungen zeigt. Ziel ist es vielmehr – neben der verknüpfenden Darstellung von Raum und Energiewende – Fragen aufzuwerfen, die eine raum- und gesellschaftsverträgliche Umsetzung des Umbaus zum Inhalt haben.

In verschiedenen Gremien und mit unterschiedlichen thematischen und räumlichen Schwerpunkten beschäftigt sich die Akademie für Raumforschung und Landesplanung (ARL) in transdisziplinärer Herangehensweise mit Themen der Energiewende und unterstreicht damit nicht nur die Relevanz für die Raumwissenschaften, sondern auch die Notwendigkeit des Austausches zwischen der Forschungs- und Umsetzungsebene. Aktuelle aus der Gremienarbeit hervorgegangene Veröffentlichungen in diesem Bereich sind beispielsweise die „ARL-Empfehlungen zum Netzausbau für die Energiewende" (ARL 2013)

Energiewende und Raumplanung

sowie die Arbeitsberichte „Klimawandel und Nutzung von regenerativen Energien als Herausforderungen für die Raumordnung" (Kufeld 2013) und „Governance-Prozesse für erneuerbare Energien" (Klagge/Arbach 2013). Weitere Informationen zu laufenden Projekten und aktuellen Publikationen finden sich auf der Webseite www.arl-net.de.

2 Energiewende – ein Transformationsprozess

Politischer Ausgangspunkt der folgenden Betrachtungen ist das **Energie*konzept* der Bundesregierung**, das im September 2010 verabschiedet wurde. Es beinhaltet ambitionierte klimaschutz- und energiepolitische Ziele und Maßnahmen (vgl. BMWi/BMU 2010). Als tragende Säule der zukünftigen Energieversorgung sind die erneuerbaren Energien (EE) benannt, was die Notwendigkeit einer leistungsfähigen Netzinfrastruktur für Strom und Integration der EE mit sich bringt. Aber auch die Steigerung der Energieeffizienz, die z.B. durch eine Erhöhung der energetischen Gebäudesanierungsrate im Bestand und durch energieeffiziente Neubauten erreicht werden soll, ist Gegenstand des Energiekonzeptes. Ein weiterer wesentlicher Aspekt ist zudem der zukünftige Umgang mit Kernenergie: Hier wird im Energiekonzept eine Laufzeitverlängerung der Kraftwerke um 8 bis 12 Jahre festgelegt.

Nach der Reaktorkatastrophe von Fukushima im März 2011 kam es zu einer Anpassung der Ziele und Maßnahmen durch das **Energie*paket* der Bundesregierung** vom Juni/Juli 2011. Darin spricht man sich zunächst für die Fortführung des Energiekonzeptes vom September 2010 aus und bestätigt die dort verankerten Ziele. Die Umkehrung des Beschlusses zur Laufzeitverlängerung der Kernkraftwerke stellt jedoch den markantesten Änderungspunkt dar: Der Atomausstieg soll nun bis spätestens Ende 2022 erfolgen Dies macht einen fundamentalen Umbau unserer Energieversorgung notwendig, mit einem Wechsel von der bisherigen Nutzung fossiler und nuklearer Energieträger hin zu einer effizienten Ressourcennutzung mit einem dominierenden Anteil der erneuerbaren Energien (vgl. BMU 2011).

2.1 Die quantitativen Ziele der Energiewende

	Treibhausgas-emissionen	Erneuerbare Energien		Energieverbrauch			
		Bruttoend-energie-verbrauch	Strom-erzeugung	Primär-energie-verbrauch	Raum-wärme	Verkehr	Strom-verbrauch
2020	-40%	18%	35%	-20%	-20%	-10%	-10%
2030	-55%	30%	50%				
2040	-70%	45%	65%				
2050	-80% bis -95%	60%	80%	-50%	-80%	-40%	-25%
Basisjahr	1990			2008	2008	2005	2008

Abb. 1: Die quantitativen Ziele der Energiewende (Ziesing 2012: 11)

Abbildung 1 zeigt, dass die Energiewende mehr als nur ein Konzept für die künftige Stromversorgung ist. Auch ist sie mehr als „nur" der Atomausstieg. Trotzdem ist das bestimmende Element in der öffentlichen, politischen und wissenschaftlichen Energiewende-Debatte der Stromsektor. Dies wird sichtbar an Fachbeiträgen, Veranstaltungen, Projekten sowie an zahlreichen Bestrebungen von Regionen, Institutionen und einzelnen Akteursgruppen, sich zu dem Thema (öffentlich) zu positionieren.

Dabei zielt die Energiewende vielmehr auf die umfassende Umstrukturierung der gesamten deutschen Energieversorgung innerhalb von vier Jahrzehnten ab. Sie basiert maßgeblich auf drei Säulen: Steigerung der Energieeffizienz, Reduzierung des Energieverbrauchs und Ausbau der erneuerbaren Energien. Abbildung 2 veranschaulicht, dass Strom neben Wärme und Kraftstoffen nur einen Teil des Jahresendenergieverbrauchs ausmacht und dass das EE-Potenzial nicht ausreicht, um diesen Bedarf zu decken – gerade auch vor dem Hintergrund der Zunahme des wachsenden Energieverbrauchs in allen drei Segmenten, z.B. durch den steigenden IuK-Bedarf, Wärme- und Kälteversorgung sowie im Verkehrsbereich. Konsequenterweise müssen die EE weiter ausgebaut und möglichst reibungslos in die tradierten Strukturen integriert werden. Hier beginnt der Transformationsprozess, der neben einer Vielzahl flankierender Maßnahmen vor allem eine Anpassung im Bereich der Infrastrukturen verlangt. Notwendig ist in diesem Zusammenhang die Etablierung neuer und die Anpassung bestehender Planungsverfahren zum beschleunigten Ausbau der Netzinfrastrukturen.

Energiewende und Raumplanung 105

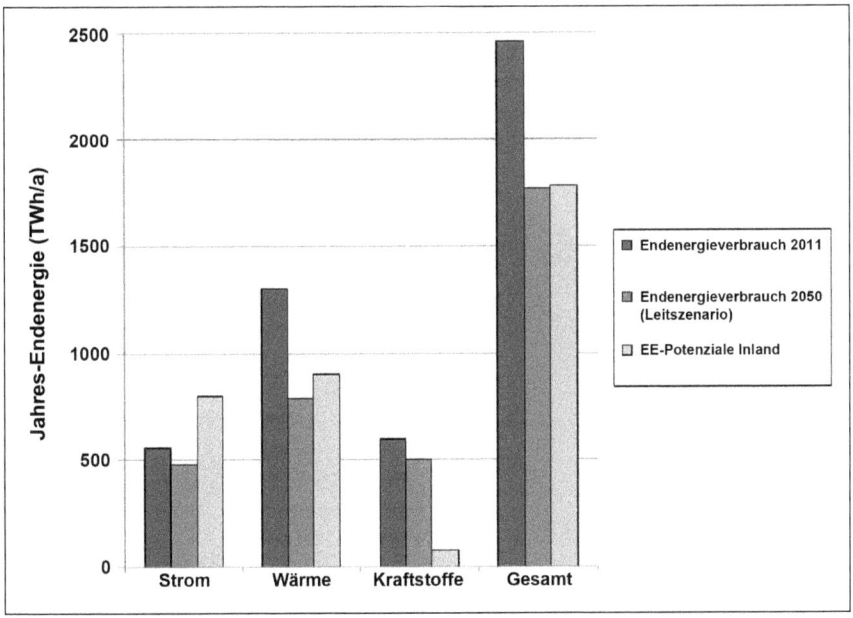

Abb. 2: Erneuerbare Energien in Zahlen (BMU 2012)

Erfolge, aber auch Folgeprobleme bei Ausbau und Nutzung erneuerbarer Energiequellen liegen derzeit sehr nah beieinander: Die Zunahme von Windkraft-, Bioenergie und Solaranlagen in der Landschaft sind ein Indiz für den fortschreitenden Ausbau der EE. Die für den Transport und die Speicherung dringend notwendigen Infrastrukturen sind allerdings noch nicht auf dem gleichen Entwicklungsstand wie der Ausbau der EE. Weitere Herausforderungen liegen in den unterschiedlichen räumlichen Standortfaktoren, die für das bisherige und das neue Energiesystem charakteristisch sind. Das konventionelle, zentrale Energiesystem zeichnet sich durch „gleichmäßig" verbreitete Großanlagen aus und bei der die Energie, die aus der Verbrennung von fossilen Stoffen gewonnen oder durch Kernfusion freigesetzt wird, erzeugt eine konstante, stabile Leistung. Im Gegensatz dazu ist die Versorgung aus EE charakterisiert durch räumlich bestimmte Erzeugungsstandorte. Mit Blick auf die Verteilung der Erzeugungsarten der EE ist derzeit beispielsweise erkennbar, dass die Quantität und Qualität (im Sinne der Leistung und Einspeisung) von Photovoltaikanlagen in Süddeutschland höher ist als im Norden, während sich dies in Norddeutschland vor allem für die Windenergie sagen lässt (insbesondere durch die noch zunehmende Offshore-Windkraft). Weiterhin ist das Energiesystem der EE durch Dezentralität und Fluktuation der Leistungsstärke geprägt. Dies birgt ganz neue Anforderungen an die Übertragungs- und Verteilnetze, aber auch an die

Organisation und Flexibilisierung des Stromsystems (vgl. Schill 2013), damit dem Verbraucher die gewohnte Netzstabilität garantiert werden kann. Dies ist nicht nur für den privaten Konsumenten, sondern v.a. auch für den Wirtschaftsstandort Deutschland ein wichtiger Aspekt.

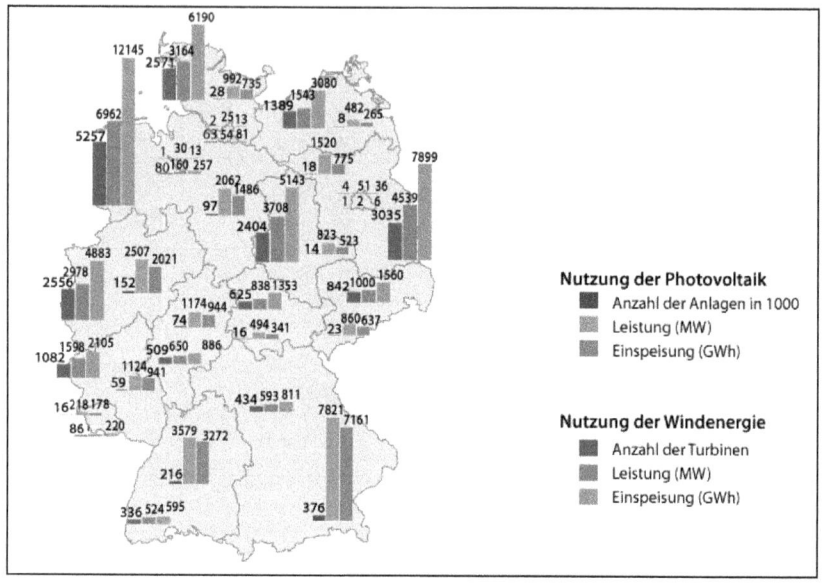

Abb. 3: Nutzung der Photovoltaik und Windenergie 2011: Anzahl, Leistung, Erzeugung (Handelsblatt Online 2013)

In diesem Zusammenhang tritt die Förderung des EE-Ausbaus in eine neue Phase ein: Zum einen verlassen die EE die Nische der „alternativen Energien" und prägen zunehmend das Stromversorgungssystem. Zum anderen werden, nachdem anfänglich v.a. Technologieentwicklung und Kostenreduktion im Vordergrund standen, in den folgenden Phasen auch Koordinations- und Integrationsaspekte – zur Sicherstellung der Akzeptanz – an Bedeutung gewinnen (vgl. Matthes 2013).

Vor dem skizzierten Hintergrund bedarf es eines Masterplans, der der Komplexität des Umbaus des Energiesystems gerecht wird. Derzeit verfolgen die Bundesländer jeweils bestimmte eigene Ziele und Strategien zur Umsetzung, womit kein umfassender, koordinierter Ansatz praktiziert wird.

Auf juristischer Seite zeigen sich die Bedeutungszunahme und Interdisziplinarität des Themas nicht zuletzt in Form von **Gesetzen des Energie*pakets* der Bundesregierung**. In der folgende Tabelle sind einige wichtige Bestimmungen zusammengestellt und deren Inhalt wird kurz skizziert.

Energiewende und Raumplanung

Gesetz bzw. Gesetzesnovelle	Inhalt
EnWG-Novelle (Gesetz über die Elektrizitäts- und Gasversorgung – Energiewirtschaftsgesetz)	Bestimmungen über Entflechtungen, Netzausbau
NABEG (Netzausbaubeschleunigungsgesetz Übertragungsnetz)	Einführung eines neuen Instrumentes: Bundesfachplanung
EEG-Novelle (Gesetz für den Vorrang Erneuerbarer Energien – Erneuerbare-Energien-Gesetz)	Bestimmungen u. a. zur Kosteneffizienz und der Marktintegration
BauGB-Novelle (Baugesetzbuch)	U. a. Erleichterungen für das Repowering
AtG-Novelle (Gesetz über die friedliche Verwendung der Kernenergie und den Schutz gegen ihre Gefahren – Atomgesetz)	Ausstieg aus der Kernenergie durch stufenweise Abschaltung

Abb. 4: Gesetze des Energiepakets (Auswahl) (Bundesregierung 2012, eigene Darstellung)

2.2 Steuerung der Energiewende

Die zur Umsetzung der Energiewende notwendigen Schritte haben neue Steuerungs- und Regulierungsanforderungen, die sich auf verschiedenen Ebenen abbilden lassen. Der damit einhergehende Wandlungsprozess zeigt sich nicht zuletzt in neuen Akteurs- und Interessenkonstellationen – die nicht nur die Energiewirtschaft betreffen, sondern sich auf sämtliche Wirtschaftsbereiche sowie den einzelnen Bürger beziehen –, die in neuen Strukturen koordiniert und gesteuert werden müssen.

Hier ist eine Dualität von Governance-Strukturen sichtbar, die sich auf verschiedene Akteure und Akteursgruppen aufteilt: Einerseits erfolgt die Koordination der EE über den Markt, der von Anreizstrukturen durch national festgelegte Einspeisevergütungen bestimmt wird. Zum anderen werden durch das Mehrebenensystem der räumlichen Planung konkrete Standort- und Trassenentscheidungen (wie z.B. bei den Verteilnetzen) überwiegend auf der lokalen und regionalen Ebene getroffen, während Bedarfsklärung und Entscheidung über den Ausbau des Höchstspannungsnetzes (Übertragungsnetze) auf der nationalen Ebene angesiedelt sind. In beiden Bereichen kommen wirtschaftliche, umwelt- und gesellschaftsrelevante Interessen zum Tragen, die sich jedoch in ihren räumlichen Bezügen unterscheiden (vgl. Klagge 2013: 10). Die in Abbildung 5 dargestellten Akteure variieren nicht nur durch ihre Interessen, sondern auch durch ihre Einbettung in verschiedene institutionelle und gesellschaftliche Settings (Öffentlichkeit, Politik, Administration, Verwaltung, Planung, Wirtschaft, Privat etc.) und den damit einhergehenden Kulturen. Diese und die jeweils investierten Ressourcen wirken sich maßgeblich auf den Gesamtprozess aus und erfordern ganz unterschiedliche Kommunikations-, Koordinations- und Beteiligungsverfahren.

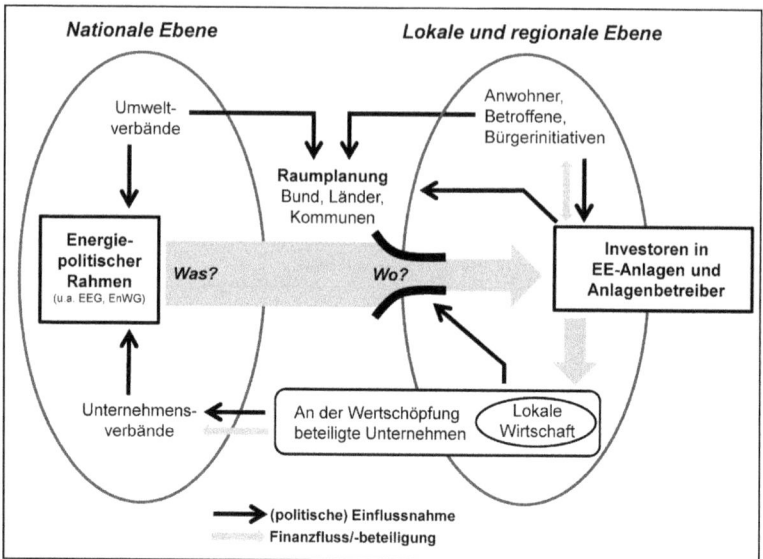

Abb. 5: Dualität der Governance-Strukturen (Klagge 2013: 11)

Die Politik hat die Aufgabe, den Gesamtprozess und alle beteiligten Akteure zu managen: Ein dafür notwendiger Masterplan müsste die Ziele und ihre Priorisierung kurz-, mittel- und langfristig auf den verschiedenen räumlichen Ebenen verbindlich festlegen und die Rahmenbedingungen so anpassen, dass der Wandel gelingen kann. Einen solchen Masterplan mit eindeutigen Zuständigkeiten und Zuordnungen gibt es derzeit nicht. Auch gibt es keine klare Struktur, die einen Regulierungsrahmen vorgibt, der flexibel genug ist, um bei einer Veränderung von Rahmenbedingungen Anpassungen im laufenden Prozess zuzulassen, ohne das langfristige Ziel aus den Augen zu verlieren.

Zudem fehlt es bislang an eindeutig definierten Zuständigkeiten sowie an einer Bündelung und Koordination von Interessen in einer Institution. Verantwortlichkeiten und Ziele der Energiewende müssten zusammengebracht, transparent und kontinuierlich vertreten sowie nach außen transportiert werden. Auch die Koordination zwischen den o.g. Akteurs- und Interessensgruppen und den räumlichen Ebenen (Bund, Land, Region) müsste Aufgabe einer solchen Institution sein, als ganzheitliche Schnittstelle und Schaltzentrale der Energiewende.

Energiewende und Raumplanung

2.3 Auswirkungen auf den Raum: Entstehung neuer Räume

Neben dem Wandel der Governance-Strukturen sind es v. a. die räumlichen Veränderungen, die durch den Ausbau der EE entstehen. Wie bereits erwähnt, ist ein zukünftiges Energiesystem, das weitgehend auf EE basiert, charakterisiert durch starke Leistungsschwankungen je nach Wetterlage, Tages- und Jahreszeit sowie durch neue räumliche Abhängigkeiten bedingt durch Erzeugungsstandorte. Außerdem wird die Bedeutung dezentraler Energiegewinnung gegenüber einer zentralen Erzeugung weiter steigen, ohne dass es derzeit einen umfassenden Abgleich miteinander gibt. Örtliche Gegebenheiten wie die Topographie von Erzeugungsstandorten, Lage und Beschaffenheit von Siedlungs- und Bebauungsstruktur, Gebäudeausrichtung, Nutzungsart sowie Siedlungs- und Nutzungsdichte bestimmen maßgeblich über das Spektrum der Versorgungslösungen. Aber auch die technisch-wirtschaftlichen Optionen haben Auswirkungen auf den Raum. Hier gewinnen vor allem die ländlichen Räume als „Produzenten" von EE an Bedeutung. Durch den Ausbau und die Nutzung der EE, durch Windenergieanlagen, Photovoltaikfelder, Flächen zum Anbau von nachwachsenden Rohstoffen, Biogasanlagen, Speicherseen, Talsperren usw. kommt es also zur Überformung des Landschaftsbildes. Es entstehen neue Energie-Landschaften, die Konfliktpotenzial für Mensch und Umwelt haben: Durch den verstärkten Netzausbau kommt es beispielsweise zur Veränderung von Lebensräumen bestimmter Vogelarten und von Fledermäusen, was nicht zuletzt zulasten der Biodiversität gehen kann. Die Beeinträchtigungen von Natur und Landschaft geschieht aber auch durch Windparks („Verspargelung") und durch großflächige Monokulturen mit Energiepflanzen wie Raps oder Mais („Vermaisung"). Vor allem Letzteres führt zu Nutzungskonkurrenzen bei den landwirtschaftlichen Flächen zwischen der Erzeugung von Nahrungs- und Futtermitteln und nachwachsenden Rohstoffen für EE. Dies wirkt sich auch auf Pachtpreise für Ackerflächen in der Nähe von Biogasanlagen aus und kann zu Konkurrenzen um Flächen zwischen Landwirten führen, auch wenn sich dieser Trend nicht unbegrenzt fortsetzen wird, da die Bioenergie-Potenziale in Deutschland begrenzt sind. Zudem bestehen Überschneidungen zwischen den Bezugsradien von Biomasseheizkraftwerken, was ein weiteres Indiz für den bereits angesprochenen unkoordinierten Ausbau der EE ist.

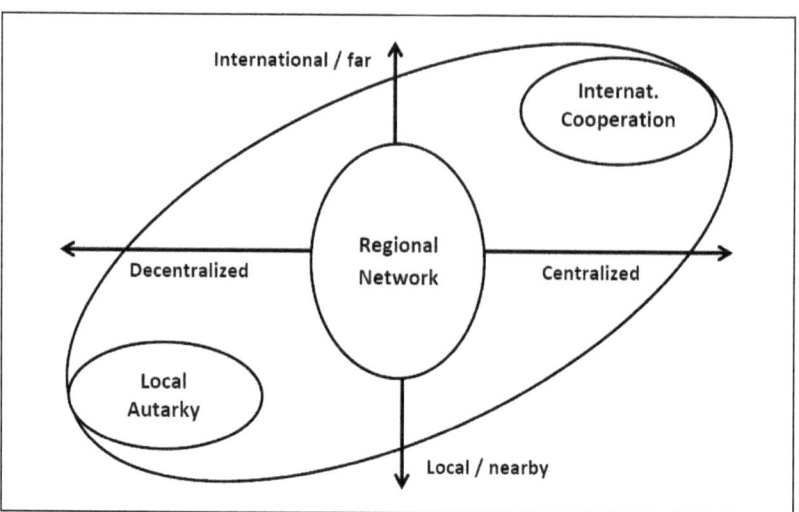

Abb. 6: Archetypen der EE-Versorgung (Lehmann 2010)

Um den Herausforderungen eines weitgehend auf erneuerbaren Energien basierenden Systems zur Stromversorgung zu begegnen, sind zwei grundsätzlich verschiedene Wege denkbar:

- Zum einen kann versucht werden, dezentral möglichst viele kleine Zellen zu bilden, die sich weitgehend autark versorgen, aber zur Absicherung mit den Nachbarzellen vernetzt sind. Die Zellen benötigen dann die entsprechende Erzeugungskapazität und Speichermöglichkeiten, z.B. in Form von Bioenergie oder Batterien.
- Zum anderen kann man auf große dezentrale Erzeugungseinheiten setzen und versuchen, den Ausgleich von Fluktuationen innerhalb eines möglichst großen Gebietes zu organisieren.

Beide Optionen erfordern z.T. sehr unterschiedliche technische Lösungen und spiegeln sich ganz unterschiedlich im Raum wider (vgl. Groscurth/Bode 2012).

2.4 Verhältnis zwischen den Räumen

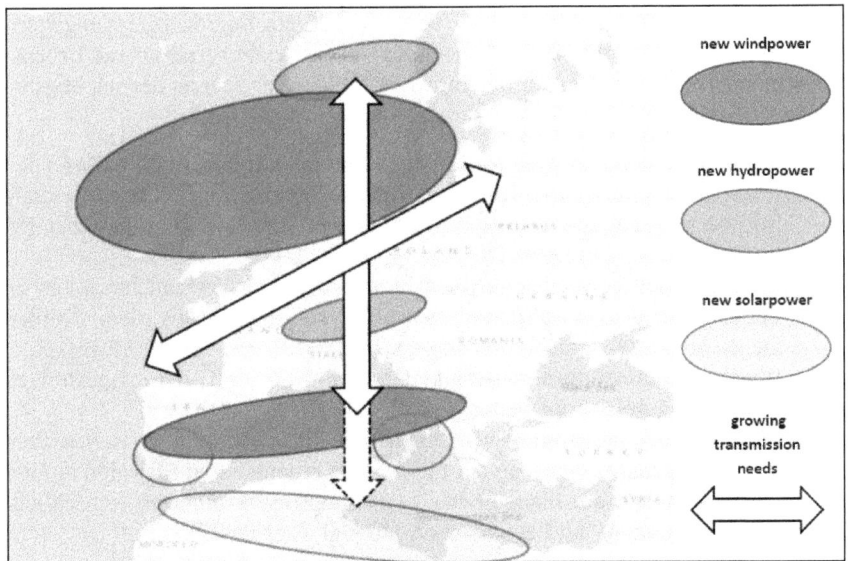

Abb. 7: Verhältnis zwischen den Räumen (ENTSOE 2010: 160)

Abbildung 7 illustriert Möglichkeiten neuer Verflechtungsbeziehungen im Kontext des Umbaus unseres Energiesystems. Die Zunahme der Nutzung und Erzeugung von EE verstärkt also die Verflechtungen der Energienetze, auch mit dem Ausland. Es entstehen neue Verhältnisse zwischen den Räumen. Dies verändert die Topologie von Erzeugungsanlagen und Netzen: „Energieanbieterregionen" sind dabei nicht deckungsgleich mit „Energienachfragerregionen", was zu Partizipationsproblemen führen kann und damit zu „Verlierer- und Gewinnerregionen" (Stadt–Land, Nord–Süd).

2.5 Offene Fragen im Transformationsprozess

Auf dem Weg zur Umstellung des Energiesystems von fossilen auf erneuerbare Energieträger sind noch viele technische, wirtschaftliche und gesellschaftspolitische Herausforderungen zu bewerkstelligen: Anpassung der Infrastruktur für Übertragungs- und Verteilnetze sowie Speicher im Stromsektor (aber auch im Gasbereich), Sicherstellung ausreichender Stromerzeugungskapazitäten, Schaffung der Verkehrsinfrastruktur für neue Mobilitätssysteme und Nutzung alternativer Energieträger (z.B. Strom und Wasserstoff) sowie Anreize für einen klimaneutralen Gebäudebestand (vgl. Ziesing 2012). Aber auch Fragen der

Akzeptanz (NIMBY), Gerechtigkeit und Bezahlbarkeit sind noch nicht abschließend beantwortet.

Dabei ist zu berücksichtigen, dass wir uns noch am Beginn eines langwierigen Transformationsprozesses befinden, der sich auf viele verschiedene Lebensbereiche auswirkt. Der Umbau der Infrastruktur ist derzeit eine der wichtigsten Aufgaben in diesem Prozess und beinhaltet zahlreiche Schritte:

- Umstellung der nach wie vor auf einer zentralen Einspeisung basierenden Infrastruktur mit ihrer eigenen Netzoptimierung auf eine dezentrale Stromerzeugung mit überdies zunehmenden Anteilen fluktuierender Erzeugung.
- Ausgleich der regionalen Differenzen zwischen den Verbrauchszentren im Süden und dem wachsenden Angebot von Strom aus dem Norden Deutschlands, z.B. aus (durchaus zentralen) Offshore-Windkraftwerken.
- Weitere Anpassungsnotwendigkeiten im Netz mit der angestrebten Ausweitung des europaweiten Stromhandels.
- Überwindung der zeitlich asymmetrischen Entwicklung zwischen dem äußerst expansiven Ausbau der dezentralen erneuerbaren Energien auf der einen Seite und der mangelnden Anpassung der Stromnetze (einschließlich Speicherung) auf der anderen Seite (vgl. Ziesing 2012).

Ziel ist es also zunächst, die Infrastruktur für die Energiewende tauglich zu machen, um langfristig ein nachhaltiges Energiesystem zu schaffen.

3 Energiewende – eine Aufgabe der Raumplanung

Bis hierher wurde dargestellt, welche Auswirkungen die Energiewende auf den physischen Raum und die räumlichen Institutionen hat. Nun wird folgender Frage nachgegangen: Welche Möglichkeiten und Grenzen bestehen für die räumliche Planung zur Gestaltung der Energiewende?

Dabei werden zwei Ziele verfolgt: Zum einen soll verdeutlicht werden, welchen Herausforderungen im Zusammenhang mit der Energiewende durch räumliche Planung begegnet werden kann und wann sie an ihre Grenzen stößt. Zum anderen wird aufgezeigt, dass die Energiewende nicht nur durch ein Rechtsregime gestaltet wird; Gesamtplanung und Fachplanung greifen vielmehr vielfältig bei dieser Gestaltungsaufgabe ineinander.

3.1 Das System der räumlichen Planung in Deutschland

Um die für diesen Abschnitt relevante Frage beantworten zu können, muss zunächst ein Überblick über das System der Raumplanung in Deutschland verschafft werden. „Im allgemeinen Sprachgebrauch kann Raumplanung als die

Energiewende und Raumplanung 113

von Fachleuten vorbereitete Entwicklung von Städten, Dörfern und Landschaften zu einer lebenswerten, den Bedürfnissen der Menschen gerecht werdenden Umwelt beschrieben werden" (Turowski 2005: 897). Das System der Raumplanung besteht zum einen aus der räumlichen Gesamtplanung, die überfachlich angelegt ist und zum Ausgleich unterschiedlicher räumlicher Belange dient. Zum anderen gehören die sektoral ausgerichteten raumwirksamen Fachplanungen zu diesem System (vgl. Greiving 2011: 385 ff.; Reitzig 2011: 387 f.).

Gesamtplanung

Zur raumwirksamen Gesamtplanung gehört die überörtliche Planung (Raumordnung). „Der Gesamtraum der Bundesrepublik Deutschland und seine Teilräume sind durch zusammenfassende, überörtliche und fachübergreifende Raumordnungspläne, durch raumordnerische Zusammenarbeit und durch Abstimmung raumbedeutsamer Planungen und Maßnahmen zu entwickeln, zu ordnen und zu sichern" (§ 1 ROG). Diese Gesamtplanung ist auf drei administrativen Ebenen angesiedelt:

- Auf der Bundesebene dient sie „im Wesentlichen als Zwecksetzung über die Normierung von Handlungsnormen für Landes- und Regionalplanung auf der Ebene der Bundesländer" (Greiving 2011: 386). Einzelne Grundsätze der Raumordnung können nach § 17 ROG aber auch durch Raumordnungspläne für einzelne Teilaspekte konkretisiert werden.
- Für das Gesamtgebiet eines Bundeslandes muss jeweils ein Raumordnungsplan erstellt werden.
- Für die Teilgebiete eines Landes sollen Regionalpläne erstellt werden. „Erfolgt die Regionalplanung durch Zusammenschlüsse von Gemeinden und Gemeindeverbänden zu regionalen Planungsgemeinschaften, kann ein Regionalplan zugleich die Funktion eines gemeinsamen Flächennutzungsplans nach § 204 des Baugesetzbuchs übernehmen" (§ 8 ROG).

Ein weiteres Element der räumlichen Gesamtplanung ist die örtliche Planung, die durch das BauGB geregelt wird und instrumentell im Wesentlichen in zwei Stufen unterteilt ist:

- „Im Flächennutzungsplan ist für das ganze Gemeindegebiet die sich aus der beabsichtigten städtebaulichen Entwicklung ergebende Art der Bodennutzung nach den voraussehbaren Bedürfnissen der Gemeinde in den Grundzügen darzustellen" (§ 5 Abs. 1 BauGB).
- „Der Bebauungsplan enthält die rechtsverbindlichen Festsetzungen für die städtebauliche Ordnung" (§ 8 Abs. 1 BauGB).

Fachplanung

Im Gegensatz zur räumlichen Gesamtplanung weist die Fachplanung, die „als Rechtsbegriff unscharf" (Durner 2005: 34) ist, „kein einheitlich strukturiertes System" (Reitzig 2011: 387) auf. Während die Gesamtplanung querschnittsorientiert und sektorübergreifend ist, befasst sich Fachplanung mit sektoralen Aufgaben. Es ist dabei festzuhalten, dass zwischen einer raumwirksamen Fachplanung im weiteren und im engeren Sinne unterschieden werden kann. Die raumwirksame Fachplanung im engeren Sinne – die für die Betrachtung der Energiewende maßgeblich ist – beschränkt sich auf „die Planung und Zulassung konkreter, raumbedeutsamer Infrastrukturvorhaben mit den Instrumenten der Planfeststellung und Plangenehmigung, die auch als raumbezogene Planfeststellung bezeichnet werden" (Reitzig 2011: 388).[1]

Die Planungsentscheidungen im Fachplanungsrecht können wie folgt unterschieden werden (vgl. Rieder 2004: 39 f.):

- Sofern die gesetzlich formulierten Anforderungen an ein Vorhaben erfüllt sind, besteht ein Rechtsanspruch auf die Erteilung einer gebundenen Zulassungsentscheidung.
- Die abwägungsdirigierten Zulassungsentscheidungen hingegen sind der Abwägung unterworfen – und weisen damit eine Ähnlichkeit mit den Verfahren der räumlichen Gesamtplanung (z.B. Bauleitplanung) auf.

3.2 Das Ineinandergreifen von Gesamtplanung und Fachplanung

Die physischen raumrelevanten Aspekte der Energiewende sind letztendlich Teile der technischen Infrastrukturen. Ihre Planung erscheint zunächst Sache des Fachplanungsrechts zu sein. Aber auch die verschiedenen Rechtsmaterien der Gesamtplanung sind bei der Planung von Infrastruktureinrichtungen zu berücksichtigen. Das Zusammenspiel von Gesamtplanung (die eine flankierende Stellung einnimmt) und Fachplanung (und zudem auch dem Finanzrecht) lässt sich beispielhaft in Abbildung 8 erkennen, in der die Planung von Fernstraßen schematisch dargestellt ist.

---

[1] Die raumwirksame Fachplanung im weiteren Sinne umfasst auch Schutzgebietsausweisungen und sonstige Fachplanungen (vgl. Reitzig 2011: 388).

Energiewende und Raumplanung

Finanzrecht	Fachplanungsrecht	Recht der Gesamtplanung
	Bedarfsplanung § 1 FStrAbG	
	Ausbauplanung § 5 FStrAbG	
Vorentwurf § 24 BHO	Linienbestimmung § 16 FStrG	Raumordnungsverfahren § 15 ROG
	Planfeststellungsverfahren § 17 FStrG	Landesplanung § 8 ROG
		Regionalplanung § 8 ROG
		Bauleitplanung §§ 5, 8 BauGB

Abb. 8: Zusammenspiel von Gesamtplanung und Fachplanung bei der Planung von Fernstraßen (Durner 2005: 69 ff.)

Dieser systematische Überblick soll aber nicht darüber hinwegtäuschen, dass gerade zwischen Raumordnung und Fachplanung ein Spannungsverhältnis besteht, das durch eine Überschneidungs- und Abgrenzungsproblematik gekennzeichnet ist. Die Raumordnung soll sich nicht nur darauf beschränken, die Fachplanung nachzuvollziehen und zusätzlich abzusichern, vielmehr kann sie sich in die Planung einbringen. Raumordnungsklauseln im ROG sowie in den verschiedenen Fachgesetzen sollen der Raumordnung bei Infrastrukturplanungen Geltung verschaffen. So müssen nach § 4 ROG öffentliche Stellen bei ihren raumbedeutsamen Planungen und Maßnahmen Ziele der Raumordnung beachten. Abgeschwächt wird diese Bindungswirkung aber bei einigen Maßnahmen des Bundes, z.B. bei der Bundesfernstraßenplanung (vgl. Stüer/Hönig o.J.: 1 ff.). Das Verhältnis zwischen Raumordnung und Fachplanung ist nicht ganz unproblematisch, sie „sind daher auf ein Miteinander angewiesen, wobei sich beide Beteiligte in Streitfällen auf ihr Kerngeschäft konzentrieren müssen" (Stüer/Hönig o.J.: 5).

Im Folgenden werden die Gestaltungsmöglichkeiten und deren Grenzen nach Gesamtplanung und Fachplanung getrennt (aber mit den verschiedenen Verzahnungen miteinander) dargestellt.

3.3 Gestaltungsmöglichkeiten und Gestaltungsgrenzen der Gesamtplanung

Nach Tietz (2012) können die Beiträge, die die querschnittsorientierte Gesamtplanung für die Energiewende leisten kann, in vier Bereiche unterteilt werden:

- **Konzepte**: Sie sind informelle Instrumente der Gesamtplanung und können entweder sektoral oder auch ganzheitlich ausgerichtet sein.
- **Flächen**: Die räumliche Gesamtplanung kann (formelle) Vorrangflächen festlegen.
- **Standorte**: Die formelle Sicherung bzw. Festlegung von Standorten z.B. für Anlagen zur Energieerzeugung.
- **Trassen**: Sie können ebenfalls durch die formelle Gesamtplanung festgelegt werden.

Im Folgenden werden die Möglichkeiten der Gesamtplanung zur Gestaltung der Energiewende in diesen vier Bereichen, bezogen auf verschiedene administrative Ebenen, beschrieben. Die Darstellung beschränkt sich dabei auf die regionale sowie lokale Ebene, da die planerischen Aussagemöglichkeiten auf den Ebenen von Bund und Ländern sehr abstrakt sind.

Zunächst muss zwischen der formellen und der informellen Planung unterschieden werden. Der Ablauf formeller Planung sowie ihre potenziellen Inhalte sind gesetzlich geregelt, sie entfaltet – in unterschiedlicher Abstufung – eine verbindliche Wirkung. Formelle Planung muss durchgeführt werden, wenn sich ein planerischer Handlungsbedarf ergibt. Informelle Planungen – auf den verschiedenen administrativen Ebenen, aber auch bei der Gesamt- sowie der Fachplanung – sind freiwillige und zusätzliche Planungsleistungen. Ihr Ablauf ist nicht gesetzlich geregelt und sie entfalten keine Bindungswirkung, außer die am Planungsprozedere Beteiligten erlegen sich eine Selbstbindung auf (vgl. BMVBS 2011: 21).

Die regionale Handlungsebene[2]

„Erneuerbare Energien werden zu einem in der Fläche äußerst relevanten Gegenstand der Raumentwicklung und -planung, und zwar insbesondere auf der regionalen Ebene", so das BMVBS (2011: 13). Die regionale Handlungsebene ist dabei aus drei Gründen bedeutsam (vgl. BMVBS 2011: 13):

---

2 Im Folgenden werden die Steuerungsmöglichkeiten der räumlichen Gesamtplanung an Land dargestellt. Die Besonderheiten der Möglichkeiten der maritimen Raumordnung stellt Erbguth (2013) dar.

- Sie ist zuständig für die Flächensteuerung und Konfliktvermeidung auf regionaler Ebene.
- Sie hat das Potenzial, als überörtlich vernetzender Akteur eine integrierte Regionalentwicklung zu moderieren.
- Sie ist Bindeglied zwischen der übergeordneten Landes- und nachgelagerten Kommunalebene.

Der regionalen Handlungsebene stehen dabei informelle und formelle Instrumente zur Verfügung. Ein informelles Instrument, das § 13 ROG bereitstellt, ist das Regionale Entwicklungskonzept. Allerdings wird mit diesem ein eher ganzheitlicher konzeptioneller Ansatz verfolgt (vgl. Knieling, Weick 2005: 928). Im Gegensatz dazu können in – informellen – Regionalen Energiekonzepten Energiethemen vertieft behandelt werden (vgl. BMVBS 2011: 19). Bei der Erstellung eines solchen Konzeptes wirkt nicht nur der Träger der formellen Regionalplanung mit; es können die energiewirtschaftlich relevanten Akteure unmittelbar am Planungsprozedere beteiligt werden.

Wie bereits erläutert, entfaltet ein solches informelles Konzept zwar keine rechtliche Bindungswirkung. Es kann aber verstanden werden als strategische Grundlage einer „innovativen, effizienten und klimagerechten Energieversorgung" (BMVBS 2011: 17).

Neben den informellen Handlungsmöglichkeiten existiert auf der regionalen Ebene ein formelles Instrument: der Regionalplan. Nach § 8 Abs. 1 Nr. 2 ROG sind Regionalpläne „Raumordnungspläne für die Teilräume der Länder". Sie können wie folgt charakterisiert werden:

- Regionalpläne steuern die raumbedeutsame Entwicklung (vgl. § 4 ROG).
- In ihnen sollen raumstrukturelle Festlegungen getroffen werden (vgl. § 8 Abs. 5 ROG).
- Diese Festlegungen können als Vorranggebiete, Vorbehaltsgebiete oder Eignungsgebiete erfolgen (vgl. § 8 Abs. 7 ROG).
- Die Festlegungen können entweder als Ziele der Raumordnung (abschließend abgewogene verbindliche Vorgaben) oder als Grundsätze der Raumordnung (Vorgaben für nachfolgende Abwägungs- oder Ermessensentscheidungen) erfolgen (vgl. § 3 Abs. 1 ROG).

Allgemein formuliert, ist die Aufgabe der Regionalplanung „die vorausschauende, zusammenfassende, überörtliche und überfachliche Planung für die raum- und siedlungsstrukturelle Entwicklung ihres Planungsraumes auf mittlere und längere Sicht" (Schmitz 2005: 965). Für den „Einsatz" der Raumordnung in der Energiewende ist es von Bedeutung, dass sich nach § 8 Abs. 5 Nr. 3 ROG die raumstrukturellen Festlegungen auch auf Standorte und Trassen der Infrastruktur erstrecken können.

Ein wichtiges Prinzip des Rechtsstaates beinhaltet den Vorrang und den Vorbehalt des Gesetzes. Das bedeutet, dass, wenn öffentliche Verwaltungen handeln, sie eine gesetzliche Grundlage für ihr Handeln benötigen (Vorbehalt) und sie dabei an das Gesetz gebunden sind (Vorrang). Für die formale Planung (auf welcher administrativen Ebene auch immer) bedeutet dies, dass rechtliche Anknüpfungspunkte für die Gestaltung der Energiewende existieren müssen. Auf der Ebene der Regionalplanung finden sich im ROG drei Punkte, die als Grundlage für weiteres planerisches Handeln herangezogen werden können:

- § 2 Abs. 3 ROG: Die Versorgung mit Dienstleistungen und **Infrastrukturen** der Daseinsvorsorge.
- § 2 Abs. 4 ROG: Den räumlichen Erfordernissen für eine kostengünstige, sichere und **umweltverträgliche Energieversorgung** einschließlich des **Ausbaus von Energienetzen** ist Rechnung zu tragen.
- § 2 Abs. 6 ROG: Räumliche Voraussetzungen für den **Ausbau der erneuerbaren Energien**, für eine **sparsame Energienutzung** sowie für den Erhalt und die Entwicklung natürlicher Senken für klimaschädliche Stoffe und für die Einlagerung dieser Stoffe schaffen.

Die Regionalplanungsträger können somit aus rechtlicher Sicht Festlegungen in dem jeweiligen Regionalplan treffen. Doch wie können solche Festlegungen – nach den grundsätzlich zur Verfügung stehenden Möglichkeiten der förmlichen Raumordnung – konkret aussehen? Nachfolgend einige Beispiele zu Festlegungen des Regionalplanungsverbandes Ostwürttemberg aus dessen Entwurf der Teilfortschreibung Erneuerbare Energien des Regionalplans 2010:

- **Grundsatz – „Nutzung Regenerativer Energien zur Stromerzeugung:** Die Region Ostwürttemberg verfolgt das Ziel, durch möglichst viele, geeignete Maßnahmen auf regionaler und kommunaler Ebene, aber auch durch Anstrengungen der Wirtschaft und der Bevölkerung, zur Verminderung schädlicher Emissionen und zur Verringerung des Energieverbrauchs beizutragen. Die Region leistet ihren Beitrag zur Steigerung der regionalen Energieerzeugung, zur Reduzierung ansonsten notwendiger Energieimporte und für eine sichere, umweltverträgliche und wirtschaftliche Energieversorgung unter Bewahrung der natürlichen Ressourcen. Die Belastung von Umwelt, Natur und Landschaft soll dabei verträglich gestaltet werden. Für die Versorgung mit Strom und Wärme sollen möglichst moderne Anlage mit hohen Wirkungsgraden eingesetzt werden. Dabei müssen zum Erreichen der oben genannten Ziele verstärkt regenerative Energieträger genutzt werden."
- **Ziel – „Standorte für regionalbedeutsame Windkraftanlagen (VRG):** Folgende Vorranggebiete sind für den Bau und Betrieb von raumbedeutsamen Windenergieanlagen geeignet und werden als Vorranggebiete fest-

gesetzt. Andere raumbedeutsame Nutzungen sind in den Vorranggebieten ausgeschlossen, soweit sie mit dem Bau und Betrieb von regionalbedeutsamen Windkraftanlagen nicht vereinbar sind. Ihre räumliche Lage ist in den Ergänzungen zur Raumnutzungskarte dargestellt."

An den zweiten Punkt schließt in der Teilfortschreibung des Regionalplans eine dezidierte Auflistung aller betreffenden Gebiete an, die zudem in der Raumnutzungskarte dargestellt werden.

Im ersten Teil dieses Beitrages wurde auf die – zum Teil negativen – Auswirkungen insbesondere der Produktion von Biomasse zur Erzeugung von EE hingewiesen. Die Teilfortschreibung Erneuerbare Energien des Regionalplans 2010 des Regionalplanungsverbandes Ostwürttemberg enthält dazu folgende Aussage:

- **Grundsatz** – „**Biogas und Biomasse:** Standorte für Biogas- und Biomasseanlagen sind im Zusammenhang mit land- und forstwirtschaftlichen Betrieben zu fördern, um einen Beitrag zur Nutzung regenerativer Energien zu leisten. Auf eine möglichst vollständige Nutzung der anfallenden Abwärme ist besonders hinzuwirken."

An diesem Planungsgrundsatz wird die Grenze der Gestaltungsmöglichkeiten der Energiewende durch die formelle Regionalplanung exemplarisch verdeutlicht. Grundsätzlich wird der Inhalt der Raumordnungspläne (auf Länder- wie auch regionaler Ebene) dadurch begrenzt, „dass die Raumordnung nur raumbedeutsame[3] Festlegungen treffen darf" (Runkel 2010: Rn 61). Zahlreiche Anlagen(arten) zur Erzeugung von EE haben keine gravierenden Auswirkungen auf den Raum: Weder oberflächennahe Geothermieanlagen, fassaden- oder dachgebundene Solaranlagen, einzelne privilegierte Bioenergieanlagen noch kleinere Wasserkraftwerke weisen i.d.R. eine Raumbedeutsamkeit auf (vgl. BMVBS 2011: 52).

Die lokale Handlungsebene

Allgemein betrachtet, lässt sich Verwaltungshandeln jedweder Handlungsebene in rechtsförmliches und nicht-rechtsförmliches Handeln unterscheiden. Das nicht-rechtsförmliche Handeln umfasst die sogenannten Realakte (wie die Erteilung von Auskünften) und das informelle Handeln. Für Letzteres existieren keine konkreten, normierten Handlungsanweisungen (vgl. Stefansky 2011: 42 ff.), wodurch „die Instrumentenpalette erweitert und die Reaktionsmöglichkeiten der Verwaltungen vielfältiger" (Schmidt-Aßmann 2006: 350) werden. Die lokale Planungsebene verfügt im informellen Bereich über mehrere Planungsin-

---

3 Eine Maßnahme ist raumbedeutsam, wenn sie entweder raumbeanspruchend oder raumbeeinflussend ist (vgl. Runkel 2010: Rn 103).

strumente, wie etwa Entwicklungskonzepte und Rahmenpläne (vgl. Stüer 2009: Rn 1437; Söfker 2013: Rn 177). Beispielhaft können die in Bayern bekannten „Energienutzungspläne" als informelle Planwerke erwähnt werden. „Vergleichbar dem Grundgedanken des Flächennutzungsplans (FNP) in der räumlichen Planung zeigt der Energienutzungsplan ganzheitliche energetische Konzepte und Planungsziele auf" (StMUG 2011: 5). Informelle Pläne oder Konzepte entfalten selbst keine Bindungswirkung gegenüber Dritten. Werden sie von der Gemeindevertretung beschlossen, so müssen sie im Prozedere der formellen Planungen (z.B. der verbindlichen Bauleitplanung) gemäß den Bestimmungen des § 1 Abs. 6 Nr. 11 BauGB berücksichtigt werden.

Wie auch schon für die regionale Ebene ausgeführt, bedarf es rechtlicher Anknüpfungspunkte, um die Energiewende im formalen Handlungsbereich gestalten zu können. Um auf der lokalen Ebene das Instrumentarium des Städtebaurechts einsetzen zu können, kann auf folgenden Punkt abgestellt werden:

- § 1 Abs. 6 Nr. 7 f BauGB: Nutzung erneuerbarer Energien sowie die sparsame und effiziente Nutzung von Energie.

Der kommunalen Planung wurden durch den Gesetzgeber in drei Bereichen Möglichkeiten zur Gestaltung der Energiewende auf der lokalen Ebene durch das BauGB eingeräumt:

- **Flächennutzungsplan:** Aufstellung von sachlichen Teilflächennutzungsplänen für Zwecke des § 35 Abs. 3 S. 3 BauGB (§ 5 Abs. 2 b BauGB); Anforderungen an die energetische Qualität von Gebäuden entsprechend den Zielen und Zwecken von städtebaulichen Planungen (§ 11 Abs. 1 Nr. 5 BauGB).
- **Bebauungsplan:** Versorgungsflächen einschließlich Flächen für Anlagen und Einrichtungen zur dezentralen und zentralen Erzeugung, Verteilung, Nutzung oder Speicherung von Strom, Wärme oder Kälte aus erneuerbaren Energien oder Kraft-Wärme-Kopplung (§ 9 Abs. 1 Nr. 12 BauGB); Gebiete, in denen bei der Errichtung von Gebäuden oder bestimmten sonstigen baulichen Anlagen bestimmte bauliche oder technische Maßnahmen für die Erzeugung, Nutzung oder Speicherung von Strom, Wärme oder Kälte aus erneuerbaren Energien oder Kraft-Wärme-Kopplung getroffen werden müssen (§ 9 Abs. 1 Nr. 23 b BauGB).
- **Städtebauliche Verträge:** Errichtung und Nutzung von Anlagen und Einrichtungen zur dezentralen und zentralen Erzeugung, Verteilung, Nutzung oder Speicherung von Strom, Wärme oder Kälte aus erneuerbaren Energien oder Kraft-Wärme-Kopplung entsprechend den Zielen und Zwecken der städtebaulichen Planungen (§ 11 Abs. 1 Nr. 4 BauGB); Anforderungen an die energetische Qualität von Gebäuden entsprechend

den Zielen und Zwecken von städtebaulichen Planungen (§ 11 Abs. 1 Nr. 5 BauGB).

Der FNP ist geeignet, „die Konzeption der Gemeinde für den Einsatz erneuerbarer Energien" (Otto 2011: 737) darzustellen. Die Gemeinde kann – im Verbund mit den Bestimmungen des § 35 Abs. 3 BauGB – Konzentrationszonen im FNP darstellen, die dazu führen, dass z. B. privilegierte Biomasseanlagen[4] an Hofstellen konzentriert und zugleich an anderen Stellen im Gemeindegebiet ausgeschlossen werden (vgl. Otto 2011: 737). Die nicht-privilegierten Biomasseanlagen sind in der Regel im sogenannten „Außenbereich" einer Gemeinde nicht zulässig. Im „Innenbereich" sind Biomasseanlagen nach § 34 BauGB zu beurteilen. Ergibt die planungsrechtliche Prüfung, dass sie dort unzulässig sind, und sollen sie dort oder im Außenbereich zulässig gemacht werden, bedarf es der Steuerung durch einen Bebauungsplan (vgl. Otto 2011: 735 ff.).

Im Gegensatz zu den Möglichkeiten, die sich der regionalen Planungsebene bieten, kann die lokale Planungsebene auch den Anbau der nachwachsenden Rohstoffe (NAWARO) steuern. Hierzu kann sie einen „vorhabenbezogenen Bebauungsplan" aufstellen, mit dem nicht nur z. B. die Biomasseanlage selbst, sondern auch die für den Betrieb der Anlage benötigte Biomasse den planungsrechtlichen Festsetzungen unterworfen werden kann (vgl. Otto 2011: 739 f.).

Durch die „Klimaschutznovelle 2011" sind die Regelungsmöglichkeiten der Gemeinden zur Gestaltung der Energiewende erweitert worden. Die Gemeinden müssen hinsichtlich ihrer Gestaltungsmöglichkeiten allerdings Folgendes bedenken (vgl. Erbguth 2013: 6 ff.):

- Sie sind zum einen an die Ziele der Raumordnung gebunden und müssen die eigene Planung an diesen Ziele ausrichten. Die Suche für einen Standort kann durch die übergeordnete Planungsebene eingeschränkt werden.
- Zum anderen ist festzuhalten, dass „der Vorschrift des § 50 BImSchG neben ihrem Anlagenbezug eine regelmäßig nur eingeschränkt ausnahmefähige Maßgabe für die planende Gemeinde zukommt, abwägend für eine angemessene Trennung unverträglicher Nutzungen, gerade des Wohnens einerseits und emittierender gewerblicher Betätigung andererseits, Sorge zu tragen" (Erbguth 2013: 7).

---

4 Privilegierte Biomasseanlagen sind solche, die „der energetischen Nutzung von Biomasse im Rahmen eines Betriebes nach § 35 Abs. 1 Nr. 1 oder 2 BauGB oder eines Tierhaltungsbetriebes nach § 35 Abs. 1 Nr. 4 BauGB" (Otto 2011: 735) dienen.

3.4 Gestaltungsmöglichkeiten und Gestaltungsgrenzen der Fachplanung

Wie auch das System der räumlichen Gesamtplanung verfügt die raumwirksame Fachplanung über ein informelles Instrumentarium. Es weist die gleichen Spezifika (und somit Beschränkungen hinsichtlich seiner Rechtsverbindlichkeit) auf, wie bereits zuvor für die Gesamtplanung ausgeführt.

Ein formelles Instrument, das für die Fachplanung bedeutsam ist, wird durch das ROG zur Verfügung gestellt: das Raumordnungsverfahren (ROV). Es stellt kein Planungsinstrument dar, vielmehr wird mit ihm gemäß § 15 Abs. 1 ROG die „Raumverträglichkeit raumbedeutsamer Planungen und Maßnahmen" geprüft. Das Ergebnis der Raumverträglichkeitsprüfung entfaltet keine unmittelbare Bindungswirkung, im nachfolgenden Planfeststellungsverfahren muss es nur berücksichtigt werden, d.h. es unterliegt der Abwägung. Darüber hinaus kann es nicht mit Rechtsmitteln angegriffen werden (vgl. Krebs 1999: 367). Allerdings dient es als Bindeglied zwischen Raumordnungs- und Fachplanungsrecht. Der Ablauf eines ROV lässt sich beispielhaft an Abbildung 9 ablesen.

Energiewende und Raumplanung 123

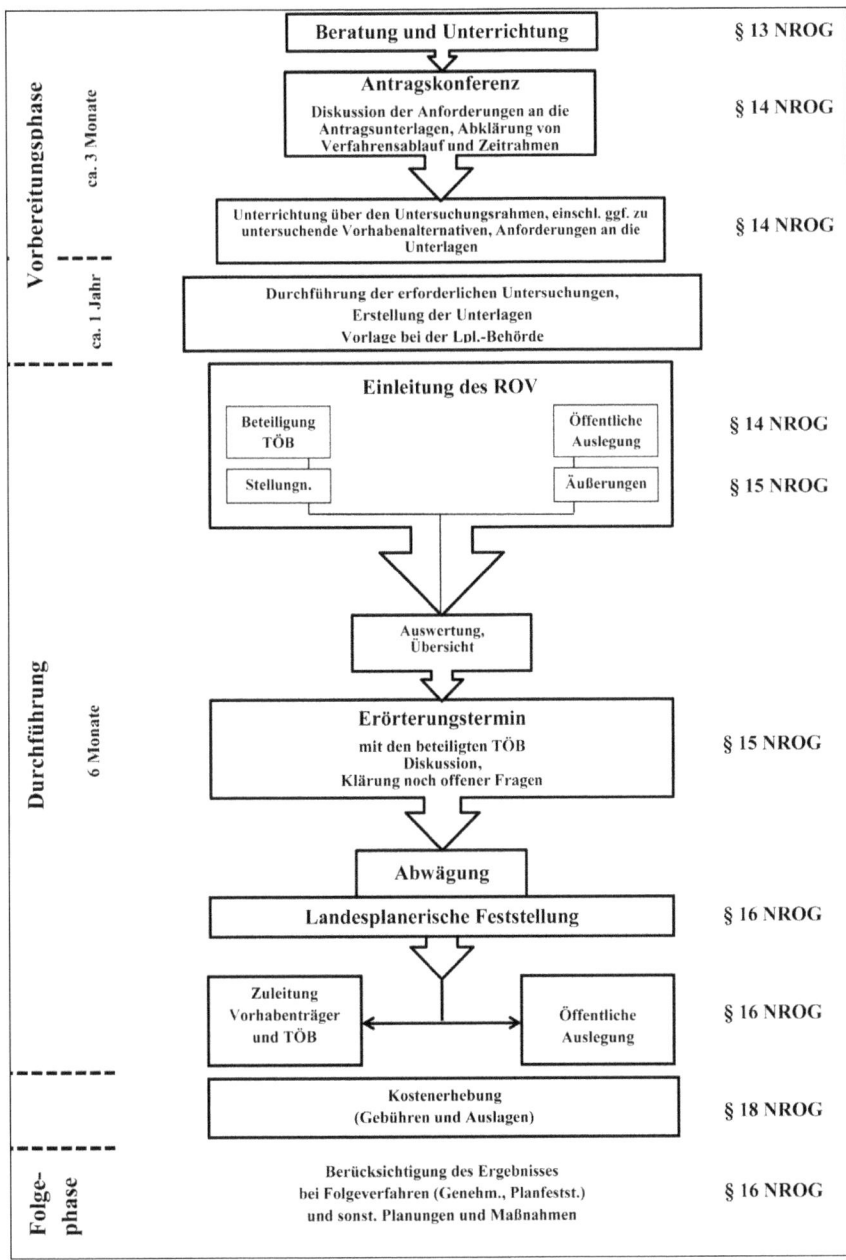

Abb. 9: Ablauf Raumordnungsverfahren (Niedersächsische Staatskanzlei 2013, bearbeitet)

Das Planfeststellungsverfahren wiederum gehört zur engeren raumwirksamen Fachplanung. Es wird im Verwaltungsverfahrensgesetz des Bundes sowie der Länder geregelt und gilt als „besonderes Verwaltungsverfahren" (Ibler 1987: 23). Im Gegensatz zu den üblichen Verwaltungsverfahren (z.B. Erteilung einer Baugenehmigung) wird das Planfeststellungsverfahren durch das Abwägungsgebot gekennzeichnet (und ist somit eine abwägungsdirigierte Zulassungsentscheidung) – und weist dadurch eine Nähe zur räumlichen Gesamtplanung auf (vgl. Reitzig 2011: 389). Das Verfahren (den Ablauf betreffend siehe Abbildung 10) schließt mit einem Planfeststellungsbeschluss, der für „alle die Planung und Zulassung des Infrastrukturvorhabens betreffenden Belange eine umfassende Regelung enthält" (Reitzig 2011: 389).

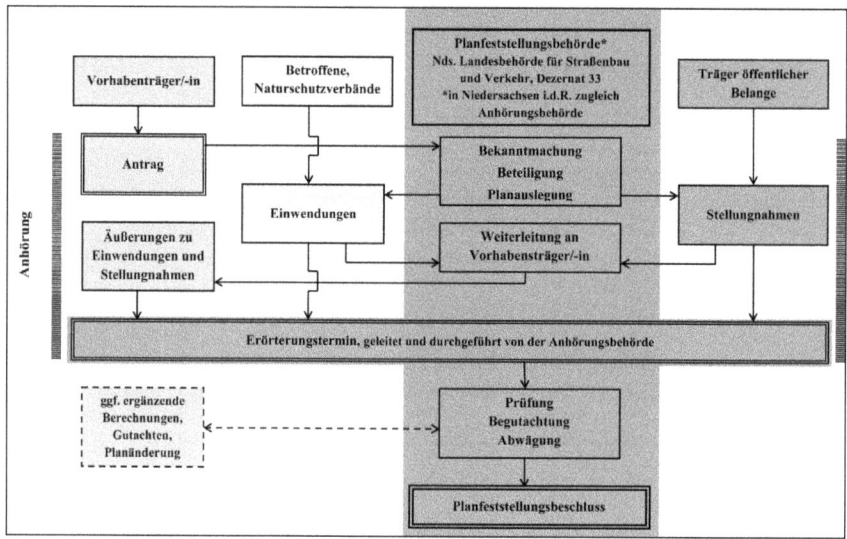

Abb. 10: Fachplanung im engeren Sinne: Zulassungsverfahren (Planfeststellungsverfahren) (NLStBV 2013)

Ein völlig neues – und auch neuartiges – Instrument im Fachplanungsrecht ist die Bundesfachplanung nach dem Netzausbaubeschleunigungsgesetz Übertragungsnetz (NABEG), das ein Teil des Gesetzespaketes der Bundesregierung zur Umsetzung und Beschleunigung der Energiewende ist.

Die Besonderheit der Bundesfachplanung liegt darin, dass sie das zuvor dargestellte Raumordnungsverfahren und die Umweltverträglichkeitsprüfung zusammenführt. Im Gegensatz zum ROV ist das Ergebnis der Bundesfachplanung für das nachfolgende Verfahren der Planfeststellung verbindlich (vgl. Witt et al. 2012: 127). Dieses Instrument – für dessen Anwendung die Bundesnetzagentur

Energiewende und Raumplanung

(BNetzA) zuständig ist – kommt dann zum Einsatz, wenn Trassenvorhaben im Bundesbedarfsplan „als grenzüberschreitend und länderübergreifend gekennzeichnet sind" (Witt et al. 2012: 136). Als problematisch stellt sich zurzeit noch das Verhältnis der Bundesfachplanung zum Raumordnungsrecht dar. Es ist strittig, ob die Bundesfachplanung an die Ziele der Raumordnung gebunden ist oder nicht. Die ARL (2013: 4) ist der Auffassung, „dass der Vorhabenträger – oder bei einer laufenden Bundesfachplanung die Bundesnetzagentur – einem entgegenstehenden Ziel der Raumordnung förmlich nach § 5 Abs. 3 ROG innerhalb der dort genannten Frist widersprechen muss, um sich von der strikten Bindung zu lösen. Die materiellen Kriterien für die Berechtigung des Widerspruchs ergeben sich aus § 5 Abs. 2 ROG. Danach lässt der Widerspruch die Bindungswirkung des Ziels der Raumordnung insbesondere dann entfallen, wenn die raumbedeutsame Planung nicht auf anderen geeigneten Flächen durchgeführt werden kann."

Eine wesentliche Begrenzung des raumwirksamen Fachplanungsrechts zur Gestaltung der Energiewende liegt darin, dass es sich bei ihr nicht um Planung im umgangssprachlichen Sinne handelt (gedankliche Vorwegnahme einer möglichen Zukunft), sondern sie eine „nachvollziehende Planung"[5] ist. Auch das neue Instrument der Bundesfachplanung ist keine originäre, sondern nachvollziehende Planung. Auch für sie gilt, dass die wesentlichen inhaltlichen, planerischen Weichen vor der Antragstellung gestellt werden. Unter anderen kann für die Bundesfachplanung gefordert werden, dass der Gesetzgeber „in Verwaltungsvorschriften auf die Planung durch den Vorhabenträger und die Antragstellung Einfluss nimmt" (ARL 2013: 3).

Zudem wird die gestaltende Macht der raumwirksamen Fachplanungen durch die Begrenzung dieser Rechtsmaterie auf den spezifischen sektoralen Blickwinkel eingeschränkt. Fachplanung und Gesamtplanung müssen daher in diesem Aufgabenfeld eng miteinander verzahnt werden.

4 Schlussbetrachtung

Wir befinden uns mitten im Wandel des Energiesystems, was weitreichende Auswirkungen auf Wirtschaft und Gesellschaft hat. Durch die notwendige Etablierung neuer Planungsverfahren und die Anpassung bestehender Planungsverfahren zur Umsetzung der Energiewende und zum beschleunigten Ausbau der Netze hat sich die Raumplanung für diesen Wandlungsprozess gerüstet. Die

---

5 Der Begriff „nachvollziehende Planung" kann analog zur „nachvollziehenden Abwägung" verstanden werden. Bei dieser „geht es um das Auffinden einer normativ vorgegebenen Entscheidung. Die Kompensation eines öffentlichen Belangs durch andere Belange ist nicht zulässig. Demgegenüber bildet die planerische Abwägung einen originär gestaltenden, schöpferischen Vorgang" (Dreier 1995: 45).

Ziele der Energiewende und ihre Umsetzung, Chancen und Herausforderungen sowie einige raumplanerisch relevante planerische Anpassungen und Neueinführungen wurden in dem vorliegenden Beitrag vorgestellt.

Für die Raumplanung bleibt zu unterstreichen, dass es zwar insbesondere auf lokaler Ebene gute Möglichkeiten für die Steuerung der Energiewende gibt und dass auch die Bundesfachplanung als gänzlich neuartiges Instrument grundsätzlich über die Möglichkeit der Steuerung raumordnerischer Belange verfügt. Dennoch sind Instrumente der Raumplanung (Gesamtplanung und Fachplanung) zur Steuerung der Energiewende stark in ihrer rechtlichen Wirksamkeit begrenzt, wenn es sich um informelle Instrumente handelt. Aber auch die formellen Instrumente können viele Bereiche (wie z.B. Photovoltaik auf Dächern durch die Regionalplanung) nicht abdecken und haben deswegen eine begrenzte Steuerungswirkung der räumlichen Entwicklung. Gleiches gilt für die Fachplanung und das ROV: erstere ist nur sektoral ausgerichtet und das ROV hat keine Bindungswirkung. Daher sind die Verzahnung von Gesamt- und Fachplanung sowie die Einbettung in einen Masterplan zur Bewältigung der Gestaltungsaufgabe „Energiewende" zwingend erforderlich. Dieser Masterplan sollte nicht nur energie- und klimapolitische sowie wirtschaftliche, sondern auch raumplanerische Aspekte vereinen.

Literatur

ARL-Akademie für Raumforschung und Landesplanung (Hrsg.) (2013): ARL-Empfehlungen zum Netzausbau für die Energiewende Hannover. = Positionspapier aus der ARL 93.
http://shop.arl-net.de/media/direct/pdf/pospaper_93.pdf (04.09.2013).

BMU – Bundesministerium für Umwelt, Naturschutz und Reaktorsicherheit (Hrsg.) (2002): Atomausstiegsgesetz nimmt letzte Hürde.
http://www.bmu.de/bmu/presse-reden/pressemitteilungen/pm/artikel/atomausstiegsgesetz-nimmt-letzte-huerde/ (27.08.2013).

BMU – Bundesministerium für Umwelt, Naturschutz und Reaktorsicherheit (Hrsg.) (2011): Das Energiekonzept und seine beschleunigte Umsetzung. Die wichtigsten Beschlüsse des Energiewendepakets vom Juni/Juli 2011.
http://www.bmu.de/themen/klima-energie/energiewende/beschluesse-und-massnahmen/ (04.09.2013).

BMU – Bundesministerium für Umwelt, Naturschutz und Reaktorsicherheit (Hrsg.) (2012): Erneuerbare Energien in Zahlen. Nationale und internationale Entwicklung. Berlin.

Energiewende und Raumplanung 127

BMVBS – Bundesministerium für Verkehr, Bau und Stadtentwicklung; BBSR – Bundesinstitut für Bau-, Stadt- und Raumforschung (Hrsg.) (2011): Erneuerbare Energien: Zukunftsaufgabe der Regionalplanung. Bonn.
BMWi – Bundesministerium für Wirtschaft und Technologie; BMU – Bundesministerium für Umwelt, Naturschutz und Reaktorsicherheit (Hrsg.) (2010): Energiekonzept für eine umweltschonende, zuverlässige und bezahlbare Energieversorgung. http://www.bmu.de/A1F68902-A747-45D6-AA2B-AFFFD3689DA4/FinalDownload/DownloadId-DF6D1D632E12B7F3724A93FA6E996CC4/A1F68902-A747-45D6-AA2B-AFFFD3689DA4/fileadmin/bmu-import/files/pdfs/allgemein/application/pdf/energiekonzept_bundesregierung.pdf (04.09.2013).
BNetzA – Bundesnetzagentur (Hrsg.) (2012): Leitfaden zur Bundesfachplanung nach §§ 4 ff. des Netzausbaubeschleunigungsgesetzes Übertragungsnetz (NABEG). http://www.netzausbau.de/SharedDocs/Downloads/DE/Bundesfachplanung/LeitfadenBundesfachplanung.pdf?__blob=publicationFile (02.07.2013).
Bruns, E.; Futterlieb, M.; Ohlhorst, D.; Wenzel, B. (2012): Netze als Rückgrat der Energiewende – Hemmnisse für die Integration erneuerbarer Energien in Strom-, Gas- und Wärmenetz. Berlin.
Deutscher Bundestag (Hrsg.) (2011): Entwurf eines Gesetzes zur steuerlichen Förderung von energetischen Sanierungsmaßnahmen an Wohngebäuden. http://dipbt.bundestag.de/dip21/btd/17/060/1706074.pdf (27.08.2013).
Bundesregierung (2012): Gesetzespaket im Überblick. http://www.bundesregierung.de/Content/DE/Artikel/2012/06/2012-06-04-artikel-hintergrund-energiewende-gesetzespaket.html (27.08.2013).
Dreier, J. (1995): Die normative Steuerung der planerischen Abwägung. Berlin.
Durner, W. (2005): Konflikte räumlicher Planung. Tübingen.
ENTSOE – European Network of Transmission System Operators for Electricity (Hrsg.) (2010): Ten-Year Network Development Plan 2010-2020. https://www.entsoe.eu/major-projects/ten-year-network-development-plan/tyndp-2010/ (02.07.2013).
Erbguth, W. (2013): Kraftwerkssteuerung durch räumliche Gesamtplanung. In: Neue Zeitschrift für Verwaltungsrecht – Extra. München, 1-9.
Fürst, D.; Scholles, F. (Hrsg.) (2008): Handbuch Theorien und Methoden der Raum- und Umweltplanung. Dortmund.
GIB NRW – Gesellschaft für innovative Beschäftigungsförderung mbH (Hrsg.) (2010): Neue Vergabeverordnung (VgV) am 11.06.2010 in Kraft getreten. http://www.gib.nrw.de/service/downloads/vergabeverordnung-vgv (27.08.2013).

Greiving, S. (2011): Gesamtplanung auf überörtlicher und örtlicher Ebene. In: ARL – Akademie für Raumforschung und Landesplanung (Hrsg.): Grundriss der Raumordnung und Raumentwicklung. Hannover, 385-387.

Groscurth, H.-M.; Bode, S. (2012): Zielkonflikte in der Stromerzeugung im Kontext der Energiewende. Hamburg. = Arrhenius Discussion Paper Nr. 7.

Handelsblatt Online (Hrsg.) (2013): Infografik: Nutzung der Photovoltaik und Windenergie. http://www.handelsblatt.com/infografiken/infografik-nutzung-der-photovoltaik-und-windenergie/7961036.html (27.08.2013).

Ibler, M. (1987): Die Schranken planerischer Gestaltungsfreiheit im Planfeststellungsrecht. Berlin.

Klagge, B. (2013): Dualität der Governance-Strukturen für erneuerbare Energien. In: Klagge, B.; Arbach, C. (Hrsg.): Governance-Prozesse für erneuerbare Energien. Hannover, 7-16. = Arbeitsberichte der ARL 5.

Klagge, B.; Arbach, C. (Hrsg.) (2013): Governance-Prozesse für erneuerbare Energien. Hannover. = Arbeitsberichte der ARL 5. http://shop.arl-net.de/media/direct/pdf/ab/ab_005/ab_005_gesamt.pdf (04.09.2013).

Knieling, J.; Weick, T. (2005): Regionale Entwicklungskonzepte. In: ARL – Akademie für Raumforschung und Landesplanung (Hrsg.): Handwörterbuch der Raumordnung. Hannover, 928-933.

Krebs, W. (1999): Baurecht. In: Schmidt-Aßmann, E. (Hrsg.): Besonderes Verwaltungsrecht. Berlin, New York.

Kufeld, W. (Hrsg.) (2013): Klimawandel und Nutzung von regenerativen Energien als Herausforderungen für die Raumordnung. Hannover. = Arbeitsberichte der ARL 7. http://shop.arl-net.de/media/direct/pdf/ab/ab_007/ab_007_gesamt.pdf (04.09.2013).

Matthes, F. (2013): Vision und Augenmaß – Zur Reform des Flankierungsrahmens für die Stromerzeugung aus erneuerbaren Energien. In: AGORA Energiewende (Hrsg.): Die Zukunft des EEG – Evolution oder Systemwechsel? Berlin.

Lehmann, H. (2010): Archetypen der Versorgung mit erneuerbaren Energien. Vortrag: IBA Hamburg–Schritte in eine nachhaltige Zukunft. http://www.iba-hamurg.de/fileadmin/Mediathek/Fachtagungen/LABORE/ 101201_Energieatlas/101201_LABOR_Praesentationen/101201_LABOR _energieatlas_Dr_Harry_Lehmann.pdf (21.06.2013).

Niedersächsische Staatskanzlei (Hrsg.) (2013): Raumordnung. http://www.netzausbau-niedersachsen.de/images/rovablauf.jpg (21.06.2013).

NLStBV – Niedersächsische Landesbehörde für Straßenbau und Verkehr (Hrsg.) (2013): Allgemeiner Ablauf.

http://www.strassenbau.niedersachsen.de/portal/live.php?navigation_id=2 1072&article_id=78247&_psmand=135 (21.06.2013).

Otto, C.-W. (2011): Zulassung und planerische Steuerung von Biomasseanlagen unter besonderer Berücksichtigung der Klimaschutznovelle des Baugesetzbuchs. In: ZfBR – Zeitschrift für deutsches und internationales Bau- und Vergaberecht. München, 735-741.

Regionalplanungsverband Ostwürttemberg (2012): Entwurf der Teilfortschreibung Erneuerbare Energien des Regionalplans Ostwürttemberg. http://www.ostwuerttemberg.org/global/files/regionalplan/1_TFEE2012_Plansaetze_mit_Uebersicht.pdf (21.06.2013).

Reitzig, F. (2011): Fachplanung, insbesondere raumbedeutsame Fachplanungen. In: ARL – Akademie für Raumforschung und Landesplanung (Hrsg.): Grundriss der Raumordnung und Raumentwicklung. Hannover, 387-392.

Rieder, M. (2004): Fachplanung und materielle Präklusion. Osnabrück.

Runkel, P. (2010): Kommentar zum Raumordnungsgesetz § 1. In: Spannowsky, W.; Runkel, P.; Goppel, K. (Hrsg.): Raumordnungsgesetz (ROG) – Kommentar. München.

Schill, W.-P. (2013): Integration von Wind- und Solarenergie: Flexibles Stromsystem verringert Überschüsse. In: DIW Wochenbericht (34/2013), 3-14. http://www.diw.de/documents/publikationen/73/diw_01.c.426135.de/13-34-1.pdf (04.09.2013).

Schmidt-Aßmann, E. (2006): Das allgemeine Verwaltungsrecht als Ordnungsidee. Grundlagen und Aufgaben der verwaltungsrechtlichen Systembildung. Berlin, Heidelberg, New York.

Schmitz, G. (2005): Regionalplanung. In: ARL – Akademie für Raumforschung und Landesplanung (Hrsg.): Handwörterbuch der Raumordnung. Hannover, 963-973.

Söfker, W. (2013): Kommentar zum § 1 BauGB. In: Ernst, W.; Zinkahn, W.; Bielenberg, W.; Krautzberger, M. (Hrsg.): Baugesetzbuch – Kommentar. München.

Stefansky, A. (2011): Interkommunale Zusammenarbeit im Gewährleistungsstaat. Vergleichende Analyse in Deutschland, Österreich und Schweiz. Dortmund.

StMUG – Bayerisches Staatsministerium für Umwelt und Gesundheit (2011): Leitfaden Energienutzungsplan. München.

Stüer, B. (2009): Handbuch des Bau- und Fachplanungsrechts. München.

Stüer, B.; Hönig, D. (o.J.): Raumordnung und Fachplanung im Widerstreit. http://www.stueer.business.t-online.de/aufsatz/speyer02.pdf (21.06.2013).

Tietz, H.-P. (2012): Der Beitrag der Raumplanung zur Energiewende – Chancen und Risiken. Vortrag auf der Sitzung „Energiewende in Baden-Württemberg – strategische und instrumentelle Perspektiven für die Raumplanung" der LAG Baden-Württemberg am 29. März 2012.

Turowski, G. (2005): Raumplanung (Gesamtplanung). In: ARL – Akademie für Raumforschung und Landesplanung (Hrsg.): Handwörterbuch der Raumordnung. Hannover, 893-898.

Witt, S. de; Durinke, P.; Kause, H. (2012): Die Planung der Übertragungsnetze. Berlin.

Ziesing, H.-J. (2012): Hintergründe, Ziele und strategische Ansätze bei der Erstellung eines Masterplans 100 % Klimaschutz. Vortrag auf der Auftaktveranstaltung „Masterplan 100 % Klimaschutz für die Hansestadt Rostock" am 20. September 2012 in Rostock. http://rathaus.rostock.de/sixcms/media.php/144/Vortrag%20Dr%20Ziesing.pdf (21.06.2013).

Martina Glomb

Mode in der postfossilen Gesellschaft

Redesign, Upcycling und Zero Waste: Modedesign-Konzepte aus Hannover für energieärmere Entwicklung von Bekleidung

Inhalt

1 Kreativer Aufbruch in eine postfossile Zeit
2 Mode, ein Produkt?
3 Material/Ressourcen
   3.1 Pflanze und Tier - nachwachsende Rohstoffe
   3.2 Kunstfasern, vom Menschen verursacht
   3.3 Hybride
4 Der Modedesign- und Produktionsprozess
   4.1 Cradle to Cradle
   4.2 Zero Waste
   4.3 Upcycling & Redesign
   4.4 Multifunktionale Mode, Unisex und Wardrobe Essentials
   4.5 Slow Fashion
5 Konsumenten
   5.1 LOHAS
   5.2 Vom Verbraucher zum Wertschätzer
   5.3 Zertifizierung, Transparenz und Kommunikation mit dem Kunden
6 Fazit

1 Kreativer Aufbruch in eine postfossile Zeit

Das Wissen um die Knappheit an fossilen Ressourcen vorausgesetzt, gehen wir davon aus, dass sich nicht nur unser Leben, sondern auch die Produkte, die wir nutzen, und mit ihnen auch unser Aussehen verändern wird. Nach Dirk Althaus leben wir in der Endphase einer kurzen fossilen Epoche, deren Ende er wie folgt begründet:

1. „Die fossilen Stofflager sind leer;
2. Die Bergung der schmalen Reste ist zu teuer für ein Feuer;
3. Der Nutzen der Rohstoffe unverbrannt in hoher Ordnung ist vorrangig;
4. Das globale Klima erlaubt keine Verbrennung mehr." (Althaus 2007: 229)

Wir sind gefordert, den Umgang mit Material und Energie zur Herstellung, Nutzung und Entsorgung von Produkten, in diesem Fall von Mode und Bekleidung, neu zu überdenken.

Daraus ergibt sich die Frage nach der Rolle der Kreativen, der Designer und besonders der Modedesigner in diesem Prozess. Was genau hat Mode mit der Vision einer Gesellschaft zu tun, die ohne fossile Energieträger wie Öl oder Kohle existieren kann?

Weder kann und möchte ich diese Frage im Folgenden beantworten noch ist es möglich, perfekte Lösungen für die angesprochenen Problematik präsentieren zu können. Vielmehr handelt es sich hier um den Versuch, Ansätze, Konzepte und Entwürfe von Mode vorzustellen, die zu energieärmerer Entwicklung von Bekleidung führen könnten und Einblicke in Zukunftsvisionen von Mensch und Mode sowie der Produktion von Bekleidung geben.

Vorweg möchte ich anmerken, dass die hier beschriebenen und gezeigten Arbeiten und Bildmaterial aus Projekten, Bachelorarbeiten und Masterarbeiten von Studierenden des Studiengangs Modedesign der Hochschule Hannover stammen, bei denen ich mich für die inspirierenden Konzepte und konsequenten Umsetzungen bedanken möchte.

Diese jungen Designer und viele andere werden eine wichtige Rolle bei der hoffentlich für alle annehmbaren positiven Reise in die postfossile Zeit spielen.

2 Mode, ein Produkt?

Für viele ist Mode ein Produkt, das konsumiert und entsorgt wird, also ständig erneuert werden muss. Das Wort Mode wird oft gleichbedeutend benutzt wie das Wort Bekleidung.

Betrachtet man die Darstellung des Menschen in der Kunstgeschichte, wird klar, dass Mode mehr als funktionale Kleidung ist. Sie repräsentiert, idolisiert und erzählt Geschichten. Mode ist ein Kommunikationsmittel und ein Kulturträger, sie verbindet die Vergangenheit mit uns und zeigt Wege in die Zukunft.

Mode in der postfossilen Gesellschaft 133

3 Material/Ressourcen

Die Ausgangsmaterialien für heutige Bekleidung bilden Rohstoffe „natürlicher" Herkunft oder die von Menschen geschaffenen, also Kunstfasern. Doch schon lange sind die verwendeten Stoffe nicht mehr natürlich. In den aufwändigen Prozessen der Textilienerstellung, -veredlung und -beschichtung enden die „Naturstoffe" oft als weitaus künstlichere und energieaufwendigere Materialien als manche „Chemiefasern".

Zurzeit ist die Basis unserer Kleidung im Idealfall aus erneuerbaren und gleichzeitig biologisch abbaubaren oder wieder gewonnenen Fasern.

Technische Entwicklungen machen die Kreation völlig neuer Materialien und Stoffe möglich, die sich Klima und unterschiedlichen Situationen anpassen können, den sogenannten „high performance"-Agenten.

Aus der Vielzahl von textilen Rohstoffen möchte ich folgend nur einige Beispiele nennen:

3.1 Pflanze und Tier – nachwachsende Rohstoffe

Baumwolle

In der Bekleidungsindustrie ist Baumwolle immer noch der am häufigsten eingesetzte Rohstoff. Die Auswirkungen dieser intensiven Produktion sind bekannt: ökologische Katastrophen und Klimawandel, Einsatz von Gentechnik und Pestiziden.

„Für die Herstellung von einem Kilo konventioneller Baumwolle werden bis zu 26.000 Liter Wasser benötigt."(Diekamp/Koch 2010: 56).

Dieses muss den Pflanzen unter hohem Aufwand zugeführt werden. Der Wasserforscher John Grimond befürchtet: „Water is the new oil" (Gwilt/Rissanen 2011: 43).

Leider bedeutet dies nicht, dass Öl im Herstellungsprozess von Textilien abgelöst oder drastisch verringert wurde. Die Bemühungen z.B. der „better cotton initiative", Wasserverbrauch und Pestizide zu reduzieren und Fairtrade- und Biobaumwolle zu produzieren, sind ein guter Ansatz und führen zu einem besseren Material. Aber besser in Bezug auf was? Das Rohmaterial – auch das der Bio-Baumwolle – ist quasi untragbar und muss extremen Ausrüstungsverfahren unterzogen werden, die enorm energieaufwändig sind. Der Konsument will seine Baumwolle eben immer fein, weiß und weich. Täglich frisch gewaschen muss das Kleidungsstück natürlich auch sein: ein zusätzlicher hoher Energieverbrauch.

Auch andere pflanzliche Fasern wie Leinen, Hanf, Kokos, Bambus etc. bieten ein Spektrum von Vor- und Nachteilen in Bezug auf die Energieeffizienz. Die haltbareren Hartfasern müssen sehr stark bearbeitet werden, um tragbar und funktional zu werden.

Ebenso basieren Zucht- und Wildseiden, die aus den Kokons der Seidenraupen gewonnen werden, auf komplexen Verfahren. Umfangreiche Forschung und Experimente etwa mit den feineren und haltbareren Fäden aus den Drüsen verschiedener Muschelarten oder den elastischen, hochbelastbaren Fäden bestimmter Spinnen laufen zwar vielversprechend, sind aber noch nicht kompatibel für die Massen.

Wolle

Stellvertretend für alle Tierhaare und die daraus gewonnenen hochwertigen Textilien möchte ich besonders auf die Schafwolle eingehen. Diese scheint das ideale Material zu sein. Sie besitzt die Eigenschaft, Wärme und Kälte zu regulieren und kann bis zu einem Drittel ihres Gewichts an Flüssigkeit aufnehmen, ohne sich feucht anzufühlen. Sie ist elastisch, knittert nicht und ist schmutzabweisend. Nachdem die Wolle viele Jahre ein Schattendasein geführt hat, erkennt man inzwischen ihr Potenzial. Obwohl die Weiterverarbeitung der Wolle und das Färben und Mischen mit anderen Materialien weitaus einfacher ist als bei der Baumwolle, ist der Verbrauch von Wasser und Brennstoffen ebenfalls hoch. Allerdings ist Wolle ein anspruchsvolleres Material mit oftmals hochwertiger Verarbeitung und die Bekleidung ist über Jahre haltbar. Bekleidung aus Wolle ist durch Lüften und Waschen bei geringen Temperaturen energiearm zu pflegen. Ein Faktor, den man nicht unterschätzen darf und der mit zunehmender Wertschätzung von Kleidungsstücken in Zusammenhang steht.

Inspiriert von Langlebigkeit und Vielseitigkeit der Wolle sowie lokalen Trachten, ethnischer Kleidung, britischer Schneiderkunst, französischer Couture und Omas Strickpullovern ist zeitgenössische Mode entstanden, funktional und doch experimentell, komfortabel, fragil. Modernes Tailoring wurde humorvoll und kritisch umgesetzt in Serien und Unikate zwischen Innovation und Tradition. Die Arbeiten der Designer der Hochschulen aus mehreren Ländern werden im Wool School-Projekt zusammengefasst und präsentiert. Die Studierenden erhalten die einmalige Chance, sich mit dem anspruchsvollen Material und dessen handwerklicher und industrieller Verarbeitung auseinanderzusetzen. Dabei haben sie direkten Kontakt mit den Herstellern, dem Zusammenschluss der australischen Wollproduzenten sowie mit den Marketingprofis des gehobenen Einzelhandels und die direkte Kommunikation mit den Kunden.

Aber muss die Wolle denn ganz aus Australien kommen? Die wollverarbeitende Industrie in Europa, vor allem in England, ist so gut wie zum Erliegen gekommen. Die wenigen Weber, die noch existieren, nutzen Wolle nichteuropäischer Herkunft. Die Produkte vom heimischen Schaf sind dem Kunden zu hart und kratzig.

Mode in der postfossilen Gesellschaft 135

Die Firma Hess Natur in Deutschland forscht seit Jahren an einer möglichen Verbesserung deutscher Tierhaare und das mittlerweile fast ausgestorbene Rhönschaf wird zurückgezüchtet. Von den 4100 Schafen der Heidschnucken der Lüneburger Heide fallen jährlich allein fünf Tonnen Wolle an, die entsorgt werden muss, da keine Nachfrage besteht (Wormenor 2012: 28). In ihrer Bachelor-Kollektion SHEEP & CHIC hat sich Elise Wormenor mit der Verwendung dieser ungenutzten und bis dato wenig beliebten Wolle befasst und propagiert die komplette Nutzung der Felle.

3.2 Kunstfasern, vom Menschen verursacht

Öl ist heutzutage die Basis für fast alle Kunstfasern, und damit ist schon das Problem aller im Handel befindlichen Kunstfasern wie Polyacryl, Polyamid etc. genannt. Es ist notwendig, weiter in die Entwicklung und Erforschung umwelt- und nutzerfreundlicher Kunststoffe zu investieren. Zukunftträchtige Konzepte wie die Nutzung von Polyesterfasern aus PET-Flaschen, die in kleinen Pellets entsorgt zu den Spinnereien geschifft werden, hinterlassen einen geringeren ökologischen Fußabdruck als herkömmliche Polyesterfasern.

Die Nanotechnologie zur wasser- und schmutzabweisenden Beschichtung von Textilien entwickelt eigenständige Materialien aus feinen Nanoschläuchen.

Durch die Verbindung von organischen Materialien und Polymeren entstehen innovative Materialien wie Cocona, Sorona und Biophyl, deren Kohlenstoffmoleküle aus Glukose oder Kokosschalen gewonnen werden und die so gut wie keine fossilen Rohstoffe benötigen und nur wenig Pflege brauchen.

3.3 Hybride

Alle Rohstoffe, Fasern und Textilien, egal an welchem Punkt der Skala zwischen künstlich und natürlich sie anzusiedeln sind, haben Vor- und Nachteile in Bezug auf energieärmere Produktion und Entsorgung. Die Bestrebungen der Forschung in der Textilentwicklung sind also, die positiven Eigenschaften verschiedener Materialien zu sogenannten Hybriden zu verknüpfen und die „Leistungsfähigkeit" der Stoffe zu steigern. Leider gibt es dabei noch keine perfekten Lösungen für Wiederverwertung und Entsorgung. Das ist bei Textilien, die nur aus einem Rohstoff bestehen, einfacher zu regeln.

Sogenannte „smarte Textilien" können viele Funktionen haben. Bekleidung bietet nicht nur mehr Schutz vor Wärme und Kälte, sondern unterschiedlichsten Service. Sie kann klimaaktiv sein, den Körper mit Sauerstoff, Pflegemitteln oder Arzneien versorgen. Sie kann eine Diagnose des Trägers erstellen oder digitale Prozesse steuern. Wichtig bei der Betrachtung unter energieeffizienten Gesichtspunkten ist dabei das Streben nach einem universellen, multifunktionalen Produkt nach dem Motto „one for all".

Die Entwicklung von textilen Sensoren und Membranen, die sich dem Körper anpassen und mit ihm arbeiten, die sogenannten „bionic climate membranes", können je nach Temperatur und Feuchtigkeit ihre Poren öffnen und schließen und treten so mit dem Träger in Kommunikation. Sie umgeben den Körper wie eine zweite Haut, dadurch ist das Gefühl materiell existierender Kleidung aufgehoben. Die futuristische Designerin Iris von Herpen meint:

> „Future fashion could include ways to dress in substances that are not touchable or stable, but actually move and change with the wearer" (Quinn 2012: 50).

Als Designer sind wir auf Kooperationen und die Unterstützung von Textildesignern und -ingenieuren sowie der entsprechenden Industrie angewiesen. Im interdisziplinären Team zwischen Technik und Design werden die zukünftigen Produkte erforscht und kreiert.

4 Der Modedesign- und Produktionsprozess

Um Lösungen für energieärmere Erstellung von Bekleidung und Mode zu finden, reicht es nicht aus, nur Materialien zu untersuchen. Innovative Methoden entstehen aus dem Verständnis der Design- und Produktionsprozesses.

Im konventionellen Designprozess erhalten Modedesigner ein eingeschränktes Briefing. Sie recherchieren den Markt, Trends und die Materialien und entwickeln daraus ein Designkonzept. Dieses wird durch zwei- oder dreidimensionale Skizzen und Moodboards visualisiert. Danach entstehen Schnitte und Probemodelle aus Nessel, die in Anproben an Schneiderpuppen und am lebenden Körper modifiziert und perfektioniert werden. Aus den Experimenten und Prototypen entstehen Serien und Kollektionen von Prototypen, die den Einkäufern und Agenten präsentiert und kommuniziert werden. Sind die Teile geordert worden, werden die Schnitte in unterschiedliche Größen gradiert und produziert. Ist die Ware geliefert und verkauft, erhält der Designer ein Feedback, das in die nächste Kollektion einfließt.

An der Hochschule versuchen wir diesen Prozess genau zu verstehen und nachzuvollziehen. In Experimenten versuchen wir aber ebenso, diesen zu brechen, umzudrehen und zu stören, um neue Ansätze zu finden. Wir versuchen die Trennung von Designer und Macher, Künstler und Techniker aufzuheben und den Modedesigner wieder in Kontakt mit allen Aspekten der Entstehung und Verbreitung von Mode zu bringen. Dazu gehört die Kenntnis handwerklicher, traditioneller Verarbeitung genauso wie technisches Wissen zum Produkt und multimediale Inszenierung und Kommunikation von Mode.

Zeitgenössische Entwicklungen hin zu Ideen und Konzepten für eine energieärmere Produktion von Mode können so aus dem Prozess heraus nachvollzogen und individuell weiterentwickelt werden, sei es die Weiterverarbeitung

Mode in der postfossilen Gesellschaft 137

vorhandener Kleidung oder die Vermeidung von „Waste" (ich benutze bewusst statt Abfall das schöne englische Wort, das vom Klang her auch Taillenlinie bedeuten könnte).

4.1 Cradle to Cradle

Michael Braungart beschreibt die Einbahnstraße im Lebensweg von Industrieprodukten als „cradle to grave; von der Wiege zur Bahre" (McDonough/Braungart 2002). Übertragen auf unsere Kleider bedeutet das: produziert, gekauft, getragen, auf den Müll geworfen. Im Gegensatz dazu sollten Bestandteile der Produkte wieder gewonnen werden können und erneut benutzt werden (cradle to cradle).

Wichtig dafür ist es zu verstehen, dass es eigentlich gar keinen Müll geben kann.

„Nichts ist einfach mal weg" (Austen 2012).

Zumindest die einzelnen Bestandteile entsorgter Kleidung bleiben jahrzehntelang erhalten. Verbrennung ohne Rückstände ist eine Utopie.

Oft werden Dinge unter hohem Energieverbrauch aufbereitet und wieder in den Kreislauf gegeben. Wird bei diesem Prozess, dem sogenannten „recycling", ein hoher Verlust der ursprünglichen Qualität in Kauf genommen, handelt es sich um „downcycling". Aus der in Ungnade gefallenen Lieblingsbluse wird ein Putzlappen.

4.2 Zero Waste

Zunehmend beschäftigen sich die Modedesigner mit Methoden, die bereits beim Entwurf und der Konzipierung von Mode keine Reste entstehen lassen. Im Durchschnitt entstehen beim Zuschnitt von Bekleidung bereits bis zu 25 % Stoffrest. Gewebte Textilien haben eine begrenzte Breite, die in den meisten Fällen bei 1,50 Meter liegt. Ziel der „Zero Waste"-Modedesigner ist es, die gesamte Stoffbreite zu verwenden und wie in einem Puzzle oder Legespiel aus dieser Stoffmenge trotzdem eine perfekte Passform zu entwickeln (Abb. 1 und 2). Eine Herausforderung für die klassische Schnittkonstruktion. Verschiedene internationale Designer arbeiten bereits mit diesen Methoden und vermeiden dabei nicht nur Reste, sondern haben außerdem individuelle Handschriften und Merkmale entwickelt, welche die NO WASTE-Aussage offensiv kommunizieren und dabei auch die Konsumenten ansprechen. Die rechtwinklig abstehenden Ärmelschnitte wirken dabei als Erkennungsmerkmal unter den „fashion victims" und erzielen eine Wirkung nicht unähnlich den Prestigesymbolen der Luxusgüterindustrie.

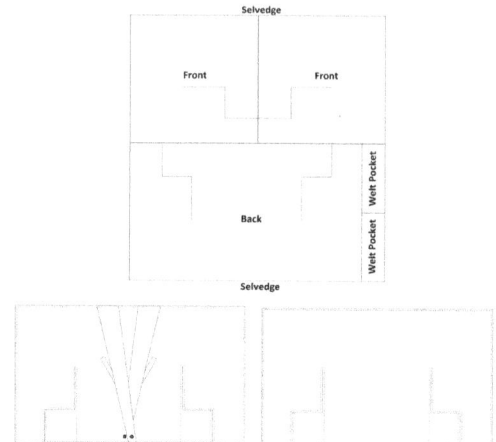

Abb. 1 & 2: ZERO8/15 – No Waste (Austen 2011; Foto: Gerhard Eckhardt)

Simone Austen hat in ihrer Kollektion ZerO8/15 ein eigenes Schnittsystem entwickelt, bei der sich das System durch alle Produktgruppen zieht und vom T-Shirt bis zum Wintermantel Männer- und Frauenkleidung gestaltet.

Ideale NO WASTE-Methoden sind Strick- und Häkeltechniken. Bei diesen traditionellen Handwerkstechniken wird nur soviel textile Fläche erstellt, wie auch wirklich zur Abformung des Körpers benötigt wird. Strickwaren sind ausserdem elastisch und flexibel, bieten also großen Komfort bei weniger Energieverbrauch.

Im Projekt „Häutzutage" für eine Ausstellung im Deutschen Ledermuseum war das Designbriefing die Nutzung von Leder mit Respekt vor dem verwerteten Tier. Die Entwürfe mussten sich der natürlichen Form der Häute anpassen und es durfte nicht der geringste Abfall entstehen. Es wurden ausserdem nur ganze und ohne Chrom gegerbte Häute verwendet. Die so entstandenen Kleider, bei denen jeder Zentimeter geplant eingesetzt werden musste, fordern den kritischen Umsatz mit Material und kommunizieren den Wert dieser Unikate.

In der Autoindustrie entwickelte 3D-Drucker werden experimentell bereits für Kleidformen eingesetzt und verwenden Nylonpulver, das in die entsprechende Form gepresst wird. Iris van Herpen hat in ihrer couturenahen Kollektion Crystallization für Sommer 2011 erstmalig diese Technik in Verbindung mit Laserschnitt eingesetzt und damit Zukunftsvisionen inszeniert.

„Future fashions could include ways to dress in substances that are not touchable or stable, but actually move and change with the wearer." (van Herpen in Quinn 2012: 50)

Durch Bodyscans sind digitale Anproben möglich geworden, die das Anfertigen von Nesselmodellen erübrigen. Noch können diese den kreativen Gestaltungs-

Mode in der postfossilen Gesellschaft 139

prozess am lebenden Menschen in Originalgrösse nicht ersetzen. Trotzdem haben diese Innovationen großen Einfluss auf die Gestalter. So sind bei einigen Designern die Silhouetten aufgeteilt in geometrische Formen, die den natürlichen Körper in geradlinige Teilstücke aufteilen und somit ein digitales Umkleiden und Abformen möglich machen. Ähnlich wie bei historischen Silhouetten wie Krinoline und Korsett ist die gewünschte äußere Silhouette dabei wichtiger, als die tatsächliche Form des menschlichen Körpers.

4.3 Upcycling & Redesign

Im Gegensatz zum zuvor beschriebenen „Downcycling" geht es hier um die Aufwertung und Verbesserung von Kleidung. Dabei werden beim Upcycling oft Industrieabfälle oder Reste der Textilindustrie genutzt. Beim „Redesign" dagegen entsteht Mode aus Second Hand-Kleidung.

Mit dem Wirtschaftswunder der Nachkriegszeit ist das Wissen vom Reparieren, Ausbessern und Aufpeppen von Kleidungsstücken, dem „mend and make do", langsam verlorengegangen.

Designer der Neunzigerjahre wie Rei Kawakubo oder Martin Margiela haben durch Minimalisierung und Dekonstruktion von gewöhnlichen Kleidungsstücken und deren Rekrutierung aus zweiter Hand ein neues Genre geschaffen und damit die Verwendung von Second Hand-Teilen im Designprozess angeregt. Dazu war es notwendig, sich kritisch mit dem gewohnten Entwurfsprozess auseinanderzusetzen und nicht von einer Zeichnung, sondern von einem originalen dreidimensionalen Kleidungsstück, z. B. einem Männerhemd oder -jackett auszugehen. Das fertige Modell entsteht, ohne das vorher eine Zeichnung erstellt wird. Damit kommen vermehrt intuitive Designtechniken, dreidimensionales Formen und Drapieren zum Zuge. Für die Reproduktion werden in den Ateliers traditionelle Techniken aus dem Couture-Bereich genutzt, bei denen der Schnitt ebenfalls erst nach dem fertigen Modell entsteht.

Im Projekt RESTLOS des Studiengangs Modedesign der Hochschule Hannover haben wir unterschiedlichste Arbeiten der Studierenden zusammengefasst und auf der Ethical Fashion Fair in Berlin zur Modewoche im Januar 2013 präsentiert. Selbstverständlich war die Gestaltung von Showroom und Ausstellung Teil der Aufgabe und wurde durch Kleiderständer aus verschweißtem Altmetall und gebrauchten Boxen unterstützt. Durch diese oder ähnliche Aktionen wird das Bewusstsein für die Weiterverwertung von getragener Kleidung über den Putzlappen hinaus kommuniziert und ein gebrauchtes Kleidungsstück, als Unikat „redesignt", erfährt eine Imagesteigerung. Zur Zeit entstehen erste „Upcycling"-Werkstätten und Redesign-Modelabel.

In ihrer Masterarbeit WEITERTRAGEN beschäftigt sich Beatrix Landsbek mit der Frage, wie man unter Verwendung von „Altkleidern" sinnvoll und ästhetisch ansprechende Mode gestalten kann. Motivation war dabei die

Tatsache, dass der REDESIGN-Prozess äusserst ressourcenschonend ist und theoretisch circa 90% des Kleidermülls wiederverwertet werden kann. Die Verschiffung der enormen Mengen von Altkleidern, der „dead white mens clothes", in afrikanische Länder ist energieaufwendig und äußerst umstritten. Für bestimmte Länder besteht bereits Importverbot, auch zum Schutz der lokalen Märkte. Die benötigte Energie, um Second Hand-Teile zu sammeln und zu sortieren, ist bis zu 20 mal geringer als die Neuproduktion eines ähnlichen Teils (Fletcher 2008).

In schier endlosen Versuchsreihen sind Altkleider seziert und Experimente durchgeführt worden mit dem Ziel, einzigartige Unikate zu kreieren, die aber auch industriell reproduziert werden können.

Die Altkleider sollen dabei nicht an Individualität verlieren. Das Kleid bleibt ein wertvolles Einzelstück, an dem man noch die Spuren seiner Herkunft verfolgen kann. Jedes Teil erzählt so seine eigene Geschichte und behält und erhält eine eigene Identität. Das Ergebnis dieser Arbeit in Kombination aus NO WASTE- und Redesign-Techniken ist eine Serie von Spiralenkleidern, deren Variationen auf der Herkunft der verwendeten alten Kleidung beruhen (Abb.3, 4 und 5).

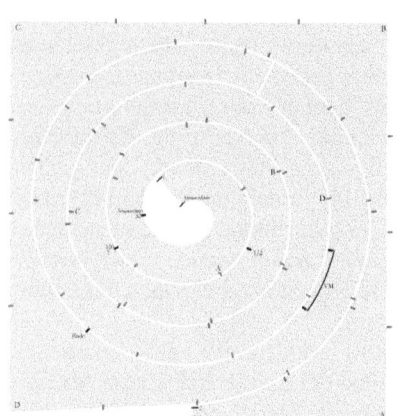
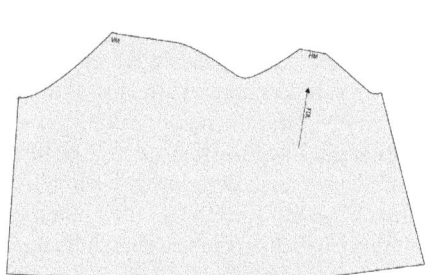

Oberteil des Kleides
Spirale wird 2 mal zugeschnitten

Rockteil wird aus einem Hemd zugeschnitten
Die Ärmel des Hemdes ergänzen das Oberteil des Kleides

Abb. 3: Weitertragen – Spiralenkleider (Landsbek 2012)

Mode in der postfossilen Gesellschaft 141

Abb. 4 & 5: Weitertragen – Spiralenkleider (Landsbek 2012; Fotos: André Nakonz, links/ Hans Jürgen Oertelt, rechts)

4.4 Multifunktionale Mode, Unisex und Wardrobe Essentials

Lebensdauer und Wert eines Kleidungsstückes kann durch Multifunktionalität erheblich erhöht werden. Diese wird nicht nur durch Textiltechnologie erreicht (Kälte/Wärme), sondern ist vor allem eine Herausforderung für die Modedesigner. Wendejacken und abnehmbare Details machen die Kleidung vielseitig. Durch die Gestaltung mit Schlitzen und Öffnungen für Arme, Beine und Kopf bietet sich eine Vielzahl von Möglichkeiten, um die Kreativität der Träger anzufeuern.

Minimierung des Produktionsaufwands bei gleichbleibend starker Ästhetik ist Ziel vieler Designer. Mode, die von Männern und Frauen gleichzeitig getragen und womöglich nur in einer Größe angeboten wird, geht einher mit einer Aufhebung der bisher gekannten Trennung von Damen- und Herrenmode. Immer häufiger sieht man auch in Paris Männermodels in Damenkleidung und umgekehrt.

Die BA-Absolventin Katharina Buczek hat die Alltagsgarderobe junger Menschen erforscht und ihre eigenen Entwürfe auf „Wardrobe Essentials" reduziert. Diese neuen Klassiker können als Einzelteile von Männer und Frauen getragen werden und funktionieren in allen Kombinationen miteinander. Ein kompletter Look ist gewollt nicht vorgegeben (Abb. 6 und 7).

Abb. 6 & 7: # none intended collection (Buczek 2013; Fotos: Pascal Winter)

4.5 Slow Fashion

Slow Fashion ist eine Demokratisierung von „style", ein langsamerer, bewussterer Konsum von natürlicher, ethisch-korrekter, möglichst lokal produzierter Mode. (Wanders 2009: 34)

Für junge Kreative sind die Attitüden und Allüren der Modeesigner der Achtziger („Ich will aber alles in superteurer, knallblauer Seide") überholt und uncool. Sie lernen mit einem eng gefassten oder selbst gestelltem Briefing umzugehen, sei es die energieärmere Entwicklung durch sorgfältige Materialrecherche und Kooperationen oder der Entwurf von Mode hoher Qualität, die lokal verortet und als Unikat oder in kleiner Auflage produziert wird. Viele Kreative ziehen ihre Unabhängigkeit einer vermeintlichen Sicherheit vor und werden Existenzgründer. Da das traditionelle Handwerk im Aussterben begriffen oder völlig unzeitgemäß orientiert ist, besteht Bedarf für neue Konzepte. Die Modedesigner teilen sich Ateliers und Maschinen oder Materialbestellungen und arbeiten verstärkt mit Netzwerken für Vertrieb und Produktion. Sie sind nicht mehr unbedingt auf ständige Anwesenheit in den Fashion-Metropolen angewiesen.

Im interdisziplinären Design-Projekt „Nach Neuem Trachten" begeben sich Modedesign- und Fotografie-Studierende auf die Suche nach der Tracht des Schaumburger Landes. Gemeinsam arbeiten sie „slow und local" an zeitgenössischen Kollektionen, Fotoinszenierungen und Dokumentationen, die Traditionen weitertragen können und Respekt vor den Menschen und dem bewussten Umgang mit lokalen Ressourcen und vermitteln.

Auch wenn die komplexen Produktionsprozesse und Akzeptanz von Mode und Bekleidung nicht von heute auf morgen veränderbar sind, können die Modedesigner immerhin Negatives minimieren und Positives verstärken, auch in Bezug auf die Energiebilanz.

5 Konsumenten

5.1 LOHAS

Die Beliebtheit von Materialien ändert sich und ist trendabhängig. Kleidung aus natürlichen Materialien wird zur Zeit noch als richtig und gut angesehen. So gibt es beispielweise in den vergangenen Jahren durch die konsumfreudige und kaufkräftige Zielgruppe der LOHAS den verstärkten Trend zu „grüner" Mode. In Deutschland macht diese Gruppe immerhin etwa 15% der Bevölkerung aus (Wanders 2009: 40). Die energieaufwändige Massenproduktion wird oft auch von dieser Gruppe nicht bedacht, es zählen nur die vermeintlich guten Rohstoffe. Ein Bio-Kleidungsstück wird dann mit bestem Gewissen und Akzeptanz der „Peer Group" gekauft und da es so gut ankommt, dürfen es gerne auch mehrere Teile sein. Für Frans Prins, Psychologe an der Universität Utrecht, bedeutet LOHAS: „dass die Leute ihre ganze Lebenskonzeption auf das Thema Nachhaltigkeit und auch Nachhaltigkeit im eigenen, persönlichen Sinne beziehen" (Prins in Wanders 2009: 41). Oberflächlich gesehen ist dies also nur eine Verbesserung des Produkts für eine Elite. Waren in den Neunzigerjahren noch Luxuslabels angesagt, so zeigt man nun seinen hohen Anspruch an die Kleidung und deren Wert durch die angebliche Nachhaltigkeit.

Die Komplexität von energiearmer und nachhaltiger Bekleidung ist den Konsumenten nicht immer bewusst. Deshalb wird die Kommunikation dieser Aspekte von den Designern zunehmend genutzt. Die „Message" muss ankommen und so finden sich gerade bei der nachhaltigen oder grünen Mode auch die einschlägigen Botschafter wie die Slogan-T-Shirts und Taschen. Somit erfüllen die LOHAS immerhin eine Vorbildfunktion. Diese Erkenntnis machen sich zunehmend globale aktive Modelabels und -ketten wie H&M für ihre Marketing-Konzepte zu nutze.

5.2 Vom Verbraucher zum Wertschätzer

„Es wurden viele Ressourcen und Energie für meine Herstellung genutzt, ich bin wertvoll" (Landsbek 2012: 78)

DIY

Als Alternative zu den immer gleichen perfekten Massenprodukten erschaffen sich viele junge Menschen ihre Kleidung selber. DIY ist der Trend. Man trifft sich in Strickzirkeln beim „crazy knitting". Magazine liefern erste Schnittanleitungen für Selbstgenähtes. Zufall und kleine Fehler betonen die Individualität und der Träger hat eine emotionale Bindung zum selbst gestrickten Pullover, mit dem man ja bereits seit Wochen die Couch geteilt hat (Abb. 8).

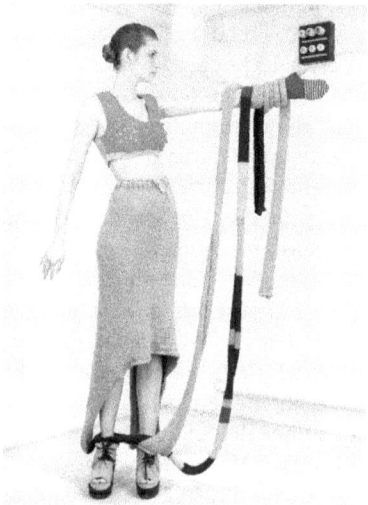

Abb. 8: Mach doch selbst! (Borchardt 2013; Foto: Stefan Koch)

Second Hand

Second Hand-Mode ist inzwischen kein Zeichen von Armut mehr. Sorgfältig kuratierte Stücke werden als „Vintage Dress" zu Höchstpreisen angeboten. Designer Second Hand wird im Internet bestellt und Kleidertauschpartys sind soziale Events.

Low Impact Care

Verbraucher werden sich eine Basis an Kompetenz aneignen müssen, um nicht nur Rohstoffe und Material zu kennen, sondern auch energiearme Pflegetechniken anwenden zu können. Ein Vielfaches der für die Produktion eines

Mode in der postfossilen Gesellschaft 145

Kleidungsstückes nötigen Energie wird während dessen Lebensdauer durch Waschen und Trocknen verbraucht.

5.3 Zertifizierung, Transparenz und Kommunikation mit dem Kunden

Die emotionale Bindung des Kunden an sein Kleidungsstück wird durch Transparenz in Bezug auf Rohstoffe und Entstehungsprozess gestärkt. Das Teil muss seine Geschichte erzählen können, damit es nicht lieblos in den Müll entlassen wird. Dies ist natürlich auch ein Argument für wertvolle, lokal produzierte Unikate im Gegensatz zum anonymen Industrieprodukt vom anderen Ende der Welt.

Obwohl im Dschungel der Zertifizierungen immer wieder Grauzonen auftauchen, möchte ich hier beispielhaft die Global Organic Textile Standards, kurz GOTS erwähnen.

Inzwischen entsprechen über 3000 Einrichtungen diesen strengen Standards nach ökologischen und ethischen Kriterien. Eine enorme Steigerung ist in Deutschland zu verzeichnen (GOTS 2012: 2 f.).

Durch Barcodes und elektronisches Tagging kann die Entstehung eines Kleidungsstücks verfolgt werden bis zurück etwa zur Schafherde. Ein personalisiertes und individualisiertes Label wird in Zukunft die Identifizierung mit dem Kleidungsstück unterstützen.

6 Fazit

Trotz aller Bedenken und Einschränkungen soll Mode ein sinnliches Erlebnis bleiben und dem Designer sowie dem Wertschätzer Spaß machen.

Lokales Design und die kreativen Ateliers bereichern das Stadtbild und die Attraktivität des alltäglichen Lebens. Das Bekenntnis zu echter Individualität und lokaler Identifikation kann in den durch Globalisierung und einheitliche Trends gezeichneten Stadtbildern wieder unterschiedliche Profile kreieren und für ein Umdenken in Produktion, Verbrauch und Entsorgung führen als Einstieg in eine Vision vom Leben und der Bekleidung der postfossilen Gesellschaft.

„Um Energieverbrauch drastisch zu verringern, ist ein erster Schritt, sich wärmer anzuziehen und die Heizung zwei Grad runterzudrehen" (Braungart 2012).

Dazu kann übrigens auch ein in Hannover gestrickter Pullover aus Schafwolle nützlich sein kann.

Literatur

Althaus, D. (2007): Zeitwende: Die postfossile Epoche. Weiterleben auf dem blauen Planeten. Murnau am Staffelsee.
Austen, S. (2011): ZERO8/15. Bachelorarbeit an der Hochschule Hannover. Hannover.
Borchardt, S. (2013) Mach doch selbst! Bachelorarbeit an der Hochschule Hannover. Hannover.
Braungart, M. (2012): Fashion's footprint – Ein Blick in den Kleiderschrank von heute und morgen. Vortrag im Rahmen der Veranstaltungsreihe „Dritter November der Wissenschaft" am 21. November 2012 in Hannover.
Buczek, K. (2012): #none: intended collection. Bachelorarbeit an der Hochschule Hannover. Hannover.
Diekamp, K.; Koch, W. (2010): Eco Fashion. Top-Labels entdecken die Grüne Mode. München.
Fletcher, K. (2008): Sustainable Fashion and Textiles: Design Journeys. London.
GOTS – Global Organic Textile Standard International Working Group (2012): Annual Report 2012. http://www.global-standard.org/images/stories/GOTS_AR2012.pdf (16.10.2013).
Gwilt, A.; Rissanen, T. (Hrsg.) (2011): Shaping sustainable fashion. Changing the way we make and use clothes. London/ Washington.
Landsbek, B. (2012): Weitertragen. Masterarbeit an der Hochschule Hannover. Hannover.
McDonough, W.; Braungart, M. (2002): Cradle to cradle. Remaking the way we make things. New York.
Quinn, B. (2012): Fashion Futures. London.
Wanders, A. T. (2009): Slow Fashion. Sulgen u.a. = Designkritische Texte 3.
Wormenor, E. (2012): Sheep & Chic. Bachelorarbeit an der Hochschule Hannover. Hannover.

Dietrich Fürst

Nullwachstum – eine Option?

Inhalt

1 Zum Begriff „Nullwachstum"
2 Theoretische Überlegungen
3 Rahmenbedingungen des Wirtschaftswachstums – und was sich alles ändern müsste
4 Auch die Politik würde sich sehr schwer tun
5 Null-Wachstum verlangt eine fundamentale Änderung unserer Gesellschaft
6 Einschätzungen

In einer Welt, in der die Wirtschaftsteile einer Zeitung täglich vielfach das Wort „Wachstum" verwenden und Unternehmen danach beurteilt werden, ob ihre Dividenden und ihre Aktienwerte wachsen, wirkt eine Diskussion zu „Nullwachstum" etwas bizarr. Gleichwohl ist sie gut begründet, wird auch von ernst zu nehmenden Wirtschaftswissenschaftlern geführt und gewinnt bei immer bedrohlicher erscheinenden Folgen des Klimawandels Anhänger. In der Literatur wird die Diskussion unter den Stichworten „Postwachstumsökonomie", „Degrowth-Strategien" oder „Décroissance-Strategien" geführt.

1 Zum Begriff „Nullwachstum"

Als 1972 der Club of Rome Berechnungen zu den „Grenzen des Wachstums" vorlegte (Meadows et al. 1972), kam bald danach in den wissenschaftlichen Diskussionen der Begriff „Nullwachstum" auf. Die Fronten waren schnell klar: Ökonomen fanden diese Idee absurd, weil marktliche Systeme auf Wachstum programmiert sind – Nullwachstum wäre verkappter Marxismus mit dem Ziel, die Marktwirtschaft abzuschaffen. Sozialwissenschaftler fanden die Idee gut,

weil damit der Natur ihr Recht gegeben und der Konsumwahn moderner kapitalistischer Systeme gebrochen werden könnte.
Der Begriff ist allerdings alles andere als klar. Nullwachstum bezieht sich auf das Bruttoinlandsprodukt (BIP). BIP ist eine Durchschnittsgröße in zweifacher Hinsicht:

- darin enthalten sind unterschiedliche Produkte und Produktionszweige: wenn einzelne wachsen, andere entsprechend schrumpfen, kann im Ergebnis „Nullwachstum" herauskommen;
- ebenfalls darin enthalten sind unterschiedliche soziale Gruppen und unterschiedliche Regionen: Wenn einzelne soziale Gruppen immer mehr Einkommen erzielen, andere entsprechend weniger, oder wenn einzelne Regionen wachsen, andere entsprechend schrumpfen, kann es im Ergebnis immer noch bei „Nullwachstum" bleiben;

Nullwachstum heißt aber auch nicht: „kein Ressourcenverbrauch". Vielmehr wird jedes Jahr ein BIP in gleichem Umfange erzeugt – das BIP wächst also nicht von Jahr zu Jahr, aber von Jahr zu Jahr wird eine Produktion in der Größenordnung des Vorjahrs erzeugt. Bei konstanter Bevölkerung würde auch das Einkommen nicht wachsen, sondern Jahr für Jahr das gleiche bleiben. Gleichwohl nimmt das Vermögen zu, weil investiert wird, auch in langlebige Konsumgüter. Allerdings sind dann auch Vermögensabgänge (durch Alter, Zerstörung etc.) gegenzurechnen.

Vom erwirtschafteten BIP müssten die Kosten abgezogen werden, die durch (nicht berechneten) Umweltverbrauch entstehen. Rechnet man die gesamte Kosten ein, die vom Klimawandel verursacht werden, die für Krankheiten aus Wirtschaftsstress, Lärmbelastung, Umweltbelastung etc. herrühren, oder die aus den wachsenden Risiken der globalen Finanzwirtschaft auf uns zukommen, dann haben wir ab ca. der Mitte der 1970er Jahre kein Wohlstand-Wachstum mehr: Wir verzehren teilweise das, was wir an Rückstellungen für entstandene, aber noch nicht bearbeitete Kosten der Umweltbelastung vorhalten müssten, wenn wir kaufmännisch korrekt rechnen würden (vgl. Miegel 2012: 68 ff., 153 ff.).

Das BIP selbst ist ohnehin kein verlässlicher Indikator für Wohlstand. Bei Wohlstand kommt es nicht nur auf die Menge der verfügbaren Güter an, sondern auch auf deren Qualität. Deshalb gibt es Überlegungen, statt quantitatives Wachstum stärker das qualitative Wachstum zu fördern.

Deshalb mehren sich die Stimmen, die Wohlstand an anderen Indikatoren messen wollen.[1] Sogar die Bundesregierung setzte eine Enquete-Kommission

---

1 Die Enquete-Kommission „Wachstum, Wohlstand, Lebensqualität" des Bundestages bemühte sich um einen ganzheitlichen Wohlstands- und Fortschritts-Index für Deutschland (Bode 2011). Bekannt ist auch das Beispiel des Landes Bhutan, das einen eigenen „Glücksindex" aus eine Fülle anderen Indikatoren gebildet hat, die OECD hat den „*Better Life Index*" eingeführt, der auch Faktoren der Lebensqualität enthält; die *New Economics*

ein, die sich mit den Begriffen „Wachstum, Wohlstand, Lebensqualität" auseinandersetzen und „Wege zu nachhaltigem Wachstum und gesellschaftlichem Fortschritt in der Sozialen Marktwirtschaft" finden sollte (Enquete-Kommission 2013). Dabei ging es um drei Grundfragen: den Stellenwert von Wachstum in Wirtschaft und Gesellschaft, einen Wohlstandsindikator und um die Entkoppelung des Wachstums vom Ressourcenverbrauch/von der Umweltbelastung (Paqué 2012: 15). Auch die sog. „Glücksforschung" (Frey) ist inzwischen bei Ökonomen angekommen (Frey/Frey Marti 2011). Selbst die Bevölkerung ist zunehmend skeptisch geworden, ob der alte an materiellen Gütern ausgerichtete Wohlstandsbegriff noch zeitgemäß ist (FORSA 2012).[2]

2 Theoretische Überlegungen

Nullwachstum kann kein Ziel an sich sein – es ist ein Mittel, um den „Grenzen des Wachstums" etwas entgegen halten zu können. Denn wir kommen nicht an dem Problem vorbei, dass, wenn verbrauchte Ressourcen nicht ersetzt werden, es irgendwann einen Minimumfaktor gibt, der definitiv die Grenzen des Wachstums markiert. Einer davon ist der Boden – die Erde/der Globus ist absolut endlich. Ein anderer ist der Verlust von Tier- und Pflanzenarten. Ein dritter ist die nicht-regenerierbare Umweltbelastung (z.B. CO_2). Deshalb hat auch der Sachverständigenrat für Umweltfragen (SVU) in seinem Umweltgutachten 2012 („Verantwortung in einer begrenzten Welt") gefordert:

> „frühzeitig eine Debatte darüber zu beginnen, wie essenzielle gesellschaftspolitische Ziele auch ohne oder mit sehr niedrigem Wachstum erreichbar bleiben" (SVU 2012: 2).

Dabei vermischt sich die Diskussion zum Nullwachstum mit derjenigen zur Nachhaltigkeit. Beide zielen auf dasselbe: die Erde bewohnbar zu halten, das Ökosystem in Takt zu lassen und die Zufriedenheit der Menschen mit ihrer Lebensqualität zu verbessern.

Allerdings wird die Diskussion mit sehr unterschiedlichen Stoßrichtungen geführt (Brand 2011; Brand 2012: 10 ff.; Ott 2011; Adler/Schachtschneider 2010 mit jeweiligen Literaturhinweisen):

Foundation, eine Londoner Nichtregierungs-Organisation zur Fortentwicklung der Wirtschaftswissenschaften in Reaktion auf Umwelt- und Finanzkrisen, hat 2006 einen „*Happy Planet Index*" vorgestellt etc.

2 „36 Prozent der befragten Bundesbürger sehen die Schaffung von Wohlstand auch heute noch als eines der wichtigsten Ziele der Politik. Mehrheitlich (60%) sind die Bürger aber der Meinung, dass es inzwischen wichtigere Ziele gibt, um die sich die Politik vorrangig kümmern sollte" (FORSA 2012: 1)

- Neokonservative Wachstumskritiker wenden sich gegen den „Consumerism" und fordern Lebensstile, die sich stärker mit Kultur, Gesellschaft, Sinnfindung befassen und mit weniger Gütern auskommen (z.B. über die Erhaltung der Nutzbarkeit von Gütern, Gemeinschaftskonsum) und sich stärker zivilgesellschaftlich engagieren;
- neo-marxistische Kritiker zielen gleichzeitig auf das Gesellschaftssystem und seine marktlichen Steuerungsmuster und wollen alle Arten von Ausbeutungsverhältnissen (gegenüber Natur, Entwicklungsländern, unqualifizierten Arbeitskräften etc.) verhindern. Ansatz ist die Kapitalakkumulation, die begrenzt werden soll. Schwerpunkt der gesellschaftspolitischen Veränderung liegt aber auf der gerechten Bedarfsbefriedigung und der Chancengleichheit für alle und verlangt ein umfangreiches Umverteilungssystem;
- herrschaftsbezogene Gesellschaftskritiker suchen nach einer Gesellschaft, die demokratischer, solidarischer und offener für neue Lebensformen ist;
- feministische Kritiker suchen nach neuen gesellschaftlichen Lebensformen, die Natur, nicht-bezahlte Arbeit, Gleichrangigkeit der Geschlechterrollen konstruktiv einbeziehen und Kooperation, Suffizienz des Wirtschaftens und soziale Gerechtigkeit anstreben;
- Entschleunigungstheoretiker (vgl. Rosa 2005) verbinden mit der gesellschaftlichen Hinwendung zum Nullwachstum eine Reduktion der gesellschaftlichen Dynamik und damit einen Gewinn an Komplexitäts-Reduktion. Aber theoretische Überlegungen unterstützen diese Vorstellungen nicht. Denn Nullwachstum wird mit höherem technologischem Einsatz verbunden sein (Produkt- und Prozessinnovation) und möglicherweise auch neue soziale Institutionen erfordern (gesellschaftliches Konflikt-/Konsensmanagement), was nicht ohne entsprechende Beschleunigung von Veränderungen einher gehen wird.
- Sozialkapital-Theoretiker bemühen sich, mit Verweisen darauf, „wie Gemeinschaften ohne Geld Werte schaffen" können (Dill 2012: 29 ff., 171 ff.), Gegenmodelle gegen den rabiaten Marktmechanismus zu setzen. Aber auch das sind zunächst nur Ergänzungen innerhalb marktlicher Systeme, die nicht die Marktwirtschaft ersetzen sollen.

Nullwachstum setzt am Ressourcenverbrauch an. Technisch geht es dabei um vier Aktionsmöglichkeiten: a) ressourcensparend zu operieren (Ressourceneffizienz: von Weizsäcker 2012[3], „Effizienzrevolution": Ott 2011), um die Zeit, wann das Ende des Wachstums erreicht sein könnte, hinauszuschieben; b) Substitute für die natürlichen Ressourcen zu entwickeln, die umweltfreundlicher

---

3 Das kann bis zur Ressourcenmehrung führen, indem Gebäude mehr Energie produzieren als sie verbrauchen

Nullwachstum – eine Option? 151

sind; c) verbrauchte Ressourcen zu recyclen, sofern das möglich ist[4], oder d) zur „kreativen Subsistenz" zurückzukehren (Eigenproduktion, Gemeinschaftsnutzung von langlebigen Konsumgütern, „Mieten statt Kaufen" etc.[5]: Paech 2012).

Wie das steuerungstechnisch zu erreichen ist, dafür werden drei methodische Ansätze angeboten: marktliche Steuerungsmodi, interventionistische Regelungen und genossenschaftliche Formen der Gemeinschaftsnutzung. Sozialwissenschaftler mit notorischem Misstrauen gegenüber marktlichen Prozessen favorisieren die interventionistischen Regelungen; Wirtschaftswissenschaftler setzen auf marktliche Lösungen, Ökologen auf genossenschaftliche Ansätze. Interventionistische Regelungen sehen Gebote und Verbote vor, marktliche Lösungen setzen an den Preisen an, genossenschaftliche Ansätze gehen davon aus, dass Ressourcen, die in genossenschaftlichem Besitz sind und gemeinsam genutzt werden, schon aus Eigeninteresse der Genossen sparsam und schonend behandelt werden (Helfrich/Tuschen 2012).

Bevorzugt werden in unserem kapitalistischen System die marktlichen Lösungen. Dabei gibt es wiederum zwei Möglichkeiten: Man kann die Preise der Ressourcen künstlich erhöhen (z.B. über Abgaben/ökologische Steuer- und Finanzreform) oder man erhöht die Preise indirekt über Mengenbegrenzungen: Werden die Ressourcenverbrauche kontingentiert, erhöhen sich die Preise für die Ressourcen zwangsläufig. Dort, wo die Ressourcen keine marktlichen Preise haben (z.B. Luftbelastung), kann die Kontingentierung vermarktet werden, indem Zertifikate ausgereicht werden: Um Luft verschmutzen zu können, benötigt man Zertifikate, die an entsprechend eingerichteten Börsen gekauft/verkauft werden. Ökonomen ziehen die marktlichen Lösungen deshalb vor, weil sie die marktlichen Allokationsprozesse nicht stören: Erstens werden knappe Ressourcen schonender eingesetzt, wenn sie teuer sind (ressourcensparende Produktion, Recycling, Mieten statt Kaufen etc.). Zweitens werden die Ressourcen über den Markt dorthin gelenkt, wo sie den gesellschaftlich höchsten Nutzen erzeugen, wenn vorausgesetzt werden kann, dass die Nachfrager der Ressourcen solche Güter erzeugen, die den gesellschaftlichen Wohlstand voranbringen. Letzteres wird allerdings von Sozialwissenschaftlern bestritten. Denn die so produzierten Güter sind solche, die auch der Rüstung, dem „*Consumerism*" und der Ver-

---

4 Dafür gibt es eine breite Varianz: Abwässer können zu Trinkwasser aufbereitet werden, Verbrauchsgüter werden mit solchen Stoffen produziert, dass sie keinen nutzlosen Abfall, sondern beispielsweise Nahrung für Tiere und Pflanzen bieten, Gebrauchsgüter werden am Ende ihrer Lebenszeit zu hochwertigen Rohstoffen umgewandelt (vgl. Braungart/McDonough 2003)
5 Dazu ist auch in Deutschland eine breitere Bewegung in Städten wie Bonn, Berlin, Hamburg etc. entstanden: privates Carsharing, Kleidertauschparties, gemietete Gärten. Tauschbörsen werden vor allem über das Internet organisiert (tamyca für Autoleihe, netcycler für Tausch von Alltagsgegenständen, 9flats für Wohnungstausch etc.) (Bund 2011: 29 f.)

schwendung dienen. So ist bekannt, dass viele Produkte eingebaute Verfallszeiten haben („*planned obsolescence*": Economist 2009; Slade 2007), d.h. sie sind nach Ablauf der programmierten Zeit nicht mehr zu gebrauchen und zwingen den Käufer, sich neue Produkte anzuschaffen.
Marktliche Prozesse finden dort ihre Grenzen,

- wo egoistisches Verhalten den „fairen" Marktprozess zu vermachten droht,
- wo „*rebound-effects*"[6] (d.h. Ressourcenmehrverbrauch an anderer Stelle/in anderen Kontexten: Madlener/Alcott 2011) auftreten,
- wo die Güter/Ressourcen marktlich nicht gehandelt werden können, also bei Gemeinschaftsgütern (*common goods*). Hier bietet sich an, einen Markt über genossenschaftliche Anteilsscheine oder Patenschaften zu organisieren. Oder die Nutzung der Gemeinschaftsgüter wird mit Kosten belastet, die dieser Nutzung entsprechen. Im Idealfall lassen sich die Kosten genau erfassen und dem Verursacher zurechnen – das ist jedoch selten möglich. Aber eine Variante ist die sog. Ausgleichsregelung des Naturschutzes (§ 19 Abs.2 BNatschG). Sie verpflichtet den Verursacher eines Eingriffs in die Natur, diesen „durch Maßnahmen des Naturschutzes und der Landschaftspflege vorrangig auszugleichen (Ausgleichsmaßnahmen) oder in sonstiger Weise zu kompensieren (Ersatzmaßnahmen)."

Aber auch Regelungen können unterlaufen werden oder durch Ausweichreaktionen unwirksam werden. Deshalb sind alle solche Änderungen nur wirklich erfolgreich, wenn die Adressaten sie willentlich mittragen. Folglich wird über ethische Fragen, veränderte institutionelle Strukturen (einschließlich einer veränderten Rolle des Staates („Gewährleistungsstaat") und neuer sozialer Normen sowie Methoden und der Weiterentwicklung der Demokratie nachgedacht wird, um in Gesellschaften neue Verhaltensnormen durchzusetzen (vgl. Ott 2011; Ott 2007).

---

6 Darunter versteht man Ressourcen-Mehrverbrauch resp. Problemverschiebungen in andere Handlungsfelder. Beispiel: Umsteuerung von Kernenergie auf erneuerbare Energie kann zu erhöhten Kosten in Gestalt beeinträchtigter Kulturlandschaften oder Verlust von Fläche für Nahrungsmittel führen; oder: „ein Konsument, der ein durch Effizienzsteigerung günstiger gewordnes Produkt bisher gekauft oder genutzt hat (z.B. ein Fahrzeug), kauft mehr davon, oder nutzt es intensiver" (Madlener/Alcott 2011: 8 f.).

3 Rahmenbedingungen des Wirtschaftswachstums – und was sich alles ändern müsste

Wirtschaftswachstum lässt sich nicht so leicht auf „Nullwachstum" reduzieren. Denn die wirtschaftliche Entwicklung wird zum einen von Institutionen unterstützt: Finanzsystem, Produzenten, Gewerkschaften, Staat, Wissenschaft u. A.. Das sind aber institutionalisierte Machtstrukturen, die so eng mit Wachstum verbunden sind, dass die Abkehr vom Wachstum deren Machtbasis gefährden kann. Das Finanzsystem würde sich in der gegenwärtigen Form nicht mehr halten lassen, wenn wir auf Zinsen verzichten müssten – und diese sind Ausdruck des Wirtschaftswachstums, woraus sollten sie sonst bezahlt werden. Produzenten müssten darauf verzichten, noch nennenswert neue Güter herzustellen – in einer Zeit, wo die Produktions- und Innovationszyklen immer kürzer werden und der geplante Verschleiß zur Geschäftsstrategie geworden ist. Der Staat müsste auf steuerliche Mehreinnahmen verzichten – es wäre ohnehin unklar, woher er seine Einnahmen gewinnen sollte, wenn sich die Wirtschaft aus der Produktion immer weiter zurückzieht. Überall würden neue Verteilungsprobleme entstehen, die nicht ohne Umbau der Gesellschaft und insbesondere deren Wertesystem bewältigt werden könnten.

Zweitens hat sich die Gesellschaft insgesamt auf Wachstum eingestellt – dass es „den Kindern mal besser geht", dass die Verteilungsmasse wächst, dass die Altersversorgung stimmt etc. Das sind Erwartungen, die wirtschaftlich und politisch immer wieder genährt werden. Würden sie nicht erfüllt, gäbe es erhebliche Konflikte zwischen den Generationen, die noch mit Wachstum rechnen konnten (und denen es immer besser ging), und jenen, die darauf verzichten müssen.

Drittens sind aber auch unsere gesellschaftlichen Steuerungsstrukturen auf Wachstum ausgerichtet: Das gilt eindeutig für das wirtschaftliche Steuerungssystem mit Märkten (die über den Wettbewerb Wachstum ankurbeln) und über das System der Aktienmärkte (mit dem Zwang für Unternehmen, den „share holder value" zu erhöhen, was aber nur über Wachstum geht). Das gilt aber ebenso für die Demokratie (der Wettbewerb der Parteien zwingt zu „immer mehr"). Demokratische Gesellschaften sind in besonderer Weise neidorientiert, weil sie den Einzelnen motivieren, sich mit anderen zu vergleichen und sich sowie seine Situation vor dem Hintergrund vergleichbarer Situationen zu bewerten (Schoeck 1968). Das gilt auch für den Vergleich der Regionen untereinander – deshalb spielt auch der Disparitätenausgleich in der deutschen Sozial- und Regionalpolitik eine so große Rolle, dass er indirekt auch ins Grundgesetz Eingang fand

„Die Bundesrepublik Deutschland ist ein demokratischer und sozialer Bundesstaat" (Art. 20 Abs.1 GG)

"Auf dem Gebieten des Art. 74...hat der Bund das Gesetzgebungsrecht, wenn und soweit die Herstellung gleichwertiger Lebensverhältnisse im Bundesgebiet...eine bundeseinheitliche Regelung erforderlich macht" (Art. 72 Abs.2 GG)

Viertens braucht man Wachstum aufgrund der Bevölkerungsentwicklung. Sonst würden die jeweils Jüngern die Leidtragenden sein: Sie müssten verzichten – auf Arbeitsplätze, auf Einkommen, auf Konsum. Es sei denn,

- die Älteren verteilten ihren Wohlstand um,
- Arbeitsplätze und Einkommen entwickelten sich BIP-Wachstums-neutral (also in Bereichen mit geringem Ressourcenverbrauch bei Wegfall von anderen Bereichen mit höherem Ressourcenverbrauch).

Fünftens ist Nullwachstum zunächst nur eine Option der Alt-Industrienationen – die, bei genauer Rechnung, schon heute faktisch Nullwachstum erreicht haben (Miegel 2012: 68 f.). Denn der Güterberg wächst nicht mehr, sondern wird laufend umgeschichtet, indem Produkte ausgemustert und durch neue ersetzt werden, indem ganze Branchen verschwinden und neue Geschäftsfelder sich öffnen (z.B. im Dienstleistungs- und Wissensbereich) und indem immer mehr Ressourcen dafür aufgewendet werden müssen, die Umweltschäden, einschließlich der Gesundheitsschäden, zu beseitigen.

Für die aufrückenden Entwicklungsländer ist Nullwachstum vorerst keine Option. Vielmehr beobachten und erwarten wir dort einen schnell aufstrebenden Mittelstand[7], der sich vor allem auch durch wachsende Konsumansprüche artikuliert. Immer noch geht es weltweit um das Aufholen der weniger entwickelten Staaten und deren Anpassung an das Konsumniveau der Alt-Industriestaaten. Diesen Gesellschaften Wachstum zu verwehren, ist weder technisch noch politisch sinnvoll. Das sind Gesellschaften mit hohen internen Spannungen, die durch die Befriedigung von Konsumwünschen reduziert werden können (vgl. Bolz 2002: 16 f.). Zudem wird wirtschaftliche Stärke mit politischer Stärke gleichgesetzt: UN, Weltbank IWF und andere globale Gremien ordnen die Staaten nach ihrer wirtschaftlichen Bedeutung ein, nicht nach ihrer Bevölkerungszahl.

Zusammengefasst stehen wir damit vor dem grundsätzlichen Problem, ob ein kapitalistisches System ausreichend nachhaltig sein kann. Die Antwort ist: nein! Denn Nullwachstum ist offenbar sehr voraussetzungsvoll, weshalb einige Öko-

---

7 Groß-Britannien brauchte für die Verdoppelung des Pro-Kopf-Einkommens nach der industriellen Revolution noch 150 Jahre, die USA kamen schon auf nur 30 Jahre, während China und Indien dieses Ergebnis „*in a fraction of the time on a larger scale*" erreichten. Unterschiedliche Prognosen der „Boston Consulting Group", von McKinsey oder des „National Intelligence Council" (USA) lassen vermuten, dass bis 2020 ca. 1 Mrd. Chinesen und Inder zur Mittelklasse nach europäischen Maßstäben gehören können (ca. 320 Mio. Haushalte), auch wenn davon auszugehen ist, dass sich der Verbrauch mit Sättigung der Konsum-Investitionen verlangsamen wird (alles nach Economist 2013: 48).

nomen davon ausgehen, dass es überhaupt nicht gelingen könne, das Wachstum drastisch zu drosseln oder wenigstens vom Ressourcenverbrauch zu entkoppeln (Tichy 2009): Je weniger Wachstum eine Wirtschaft verfolgt, um so mehr müssten Verteilungsmaßnahmen aus der Substanz finanziert werden, um so geringer seien die Anreize zum Investieren, um so höher werde die Arbeitslosigkeit steigen, um so mehr werde sich die Wirtschaft aus der globalen Arbeitsteilung verabschieden müssen etc.. Auch eine post-fossile Energieversorgung, die vor allem auf erneuerbare Energie setzt, hat als einen der wichtigsten Input-Faktoren den Boden resp. die Fläche (für Windenergie, Bio-Energie, Wasserenergie, Sonnenenergie). Damit entstehen Konkurrenzen zu anderen Bodennutzungen, mit weltweiten Konsequenzen (z. B. bei der Nahrungsmittelerzeugung).

Wollte man also auf ein nachhaltiges Wirtschaften umstellen, müssten wir die Relevanz der marktlich gesteuerten Lebensbereiche deutlich reduzieren und durch eine genossenschaftliche Tauschwirtschaft ersetzen (vgl. Trainer 2011) – die aber weltweit organisiert werden müsste und die dann noch so angelegt wäre, dass die reichen Länder aus ihrem in der Vergangenheit angesammelten Vermögen den armen Ländern Transfers zahlen. Eine schlicht nicht denkbare Utopie!!

4 Auch die Politik würde sich sehr schwer tun

Nullwachstums-Strategien müssen – wenn sie die marktlichen Allokationsprozesse möglichst wenig tangieren sollen – über die Nachfrage gesteuert werden. Die Konsumenten müssen sich in ihrem Konsumverhalten umstellen, insbesondere weniger konsumieren. Dem dienen die zahlreichen Kritiken am „Konsumismus"[8] und die Bemühungen, durch Konsumverzicht einen Beitrag zur Stabilisierung der Welt zu leisten (vgl. Assadourian 2010). Das bedeutet: die wirtschaftliche Entwicklung der Zukunft müsste am Bedarf der Bevölkerung, weniger an den Interessen der Produzenten ausgerichtet werden – bis hin zu „Suffizienz-Zielen", die politisch durchgesetzt werden müssten. Das sind aber nicht nur große Herausforderungen für sozio-kulturellen Wandel[9], viel gravierender noch sind die Eingriffe in die wirtschaftlichen Machtstrukturen, die ein Staat in einer globalen Verflechtung kaum durchstehen kann. Denn sie

---

8 Dazu ist inzwischen ein umfangreicher Literatur-Körper entstanden, insbesondere in den USA (vgl. Barber 2007 und Assadourian 2010), aber auch bei uns (vgl. http://www.politischer-konsum.de/).
9 Consumerism wird mit kulturellem Verhalten in Verbindung gebracht: „Put more simply: consumerism is a cultural pattern that leads people to find meaning, contentment, and acceptance primarily through the consumption of goods and services." (Assadourian 2010: 4)

drehen die Steuerungs-Dominanz um – weg vom Produzenten, hin zum Konsumenten mit Unterstützung des Staates.

Solche Spannungen können nur aufgefangen werden, wenn das auf Wachstum ausgerichtete „Lebensskript" moderner Gesellschaften umgeschrieben wird: mehr Solidarität, mehr Zufriedenheit mit nicht-materiellen Gütern, mehr Wohlstandsgewinn aus qualitativen Elementen der Lebensqualität. Zwar pluralisieren sich die Lebensstile, und asketische Muster der Lebensqualität gewinnen durchaus Anhänger. Jedoch: Wie organisiert eine Gesellschaft einen solchen gravierenden Lernprozess, der vielen aufgezwungen werden müsste und nur von wenigen freiwillig geleistet würde. Erzwungenes Lernen (extrinsisch gesteuertes Lernen) ist aber sehr viel schwieriger zu bewerkstelligen als freiwilliges (intrinsisch gesteuertes) Lernen.

Die Frage ist auch, ob eine Gesellschaft, die auf Wirtschaftswachstum verzichtet, die soziale Mobilität, also die Möglichkeit des sozialen Aufstiegs, noch in gleichem Maße möglich macht wie bisher. Denn soziale Mobilität verlangt Aufstiegsmöglichkeiten, die aber um so schwieriger zu schaffen sind, je mehr sie mit Abstiegsgefährdungen für andere verbunden sind. Politisch würde sich das in heftigeren „Lagerkämpfen" ausdrücken, wie sie gegenwärtig in den USA ansatzweise zu beobachten sind: Hier steht die „Aufsteigerpartei" (Demokraten) der „Abstiegsverhinderungspartei" (Republikaner) gegenüber, mit teilweise grotesken politischen Blockaden.

Nullwachstum ist mit Herrschaftsfragen verbunden (Brand 2012): Die wirtschaftlich Starken müssten mit den wirtschaftlich Schwächeren mehr als bisher teilen, müssten sich stärker politisch steuern und kontrollieren lassen und müssten Verlierer kompensieren. Machtstrukturen zu verändern, ist nicht leicht, zumal sie auch mit gesellschaftlichen Werthaltungen, Mentalitäten und *„belief systems"* zu tun haben, die sie stützen und nicht in Frage stellen. Deshalb lässt sich die Überwindung von Herrschaftsstrukturen nicht einfach mit demokratischeren Regelsystemen bewerkstelligen, sondern ist auch eine Frage von durchgestandenen Machtkämpfen, die nicht frei von Gewalt sein dürften.

Zuständig dafür wäre zunächst einmal der nationale Staat. Dieser aber ist im Zuge der Globalisierung erheblich steuerungsschwächer geworden als früher, weil er immer damit rechnen muss, dass seine Steuerungsimpulse unterlaufen werden, indem Kapital und Arbeit in das Ausland entschwinden, andere Staaten dadurch Wettbewerbsvorteile gewinnen und internationale Verpflichtungen (z. B. EU, WTO) nationale Alleingänge untersagen.

Natürlich bleibt jedem freigestellt zu hoffen, dass die sich international vernetzenden Nicht-Regierungsorganisationen mit Zielen, das Konsumverhalten weltweit zu ändern, irgendwann stark genug sind, ihren Zielen wirklich näher zu

Nullwachstum – eine Option? 157

kommen.[10] Aber der Glaube daran ist vorerst auf Idealisten beschränkt. Denn wenn Konsumverzicht auch Vorteile haben kann: Der Einzelne tut sich schwer, diese zu realisieren, weil die uns umgebende Wirtschaftswerbung selbst starke Charaktere schwach werden lässt.[11]

Fasst man die Schwierigkeiten einer Umstellung unserer auf Wachstum programmierten Gesellschaften zusammen, und fragt man danach, was alles geschehen müsste, um die „Große Transformation" zu bewerkstelligen, so stehen wir vor einer riesigen Aufgabe. Der Wissenschaftliche Beirat Globale Umweltveränderung (WBGU) hat in seinem Gutachten die wichtigsten Elemente zusammengestellt (WBGU 2011), allerdings bezogen auf die Klimapolitik, die er als die zur Zeit wichtigste Frage identifizierte:

> Es ist ein Aushandelungs- und Konsensbildungsprozess, an dem Individuen, die Zivilgesellschaft, die Staaten, die Wirtschaft und die Wissenschaft teilnehmen müssen. Es muss ein neuer Gesellschaftsvertrag ausgehandelt werden, der jedoch die politischen, institutionellen und ökonomischen Pfadabhängigkeiten überwinden, Interessenstrukturen und Vetospieler einbinden sowie Verlierer kompensieren muss. Verändert werden müssen nicht nur Produktion, Konsummuster und Lebensstile, sondern auch Institutionen. Eine zentrale Steuerungsinstanz ist dabei zwar der Nationalstaat, aber auch der ist keineswegs ein Monolith, sondern Teil komplexer gesellschaftlicher Entscheidungsstrukturen, bei denen der Staat immer mehr reagieren muss als wirklich steuern zu können, während die Steuerungsimpulse heute mehrheitlich aus der Wirtschaft, supranationalen Einrichtungen, Interessengruppen, Medien etc. kommen. Unterstützt werden müssen solche Transformationsprozesse von intensiven gesellschaftlichen Lernprozessen. Dafür braucht man „Pioniere des Wandels" (WBGU 2011: 6). Handlungsbedarf wird dann in 10 Maßnahmebündeln gesehen: (1) einer Neuausrichtung des gestaltenden Staates mit erweiterten Partizipationsmöglichkeiten, (2) Einer Ressourcen- und Schadstoffbepreisung auf globaler Ebene (z.B. globaler Emissionshandel), (3) einer Europäisierung wichtiger global relevanter Handlungsfelder wie Energiepolitik, (4) Ausbau von nachhaltigeren Substituten der gefährdeten oder gefährlichen Ressourcen (z.B. erneuerbare Energie), (5) Hilfen für Entwicklungsländer für die Transformation (z.B. nachhaltige Energiedienstleistungen); (6) Schwerpunkte des Ressourcenverbrauchs weltweit nachhaltiger gestalten (z.B. rasante Urbanisierung nachhaltiger machen), (7) die Landnutzung modifizieren (klimaverträglichere Landnutzung), (8) Investitionen fördern, die nachhaltigeres Wirtschaften in der Zukunft sichern (z.B. Investitionen in eine klimaverträglichere Zukunft), (9) die Politiken international koordinieren und angleichen und (10) eine „internationale Kooperationsrevolution anstreben" – was konkret bedeuten würde: „den zügigen Umbau der großen operativen internationalen Entwicklungsagenturen (wie Weltbank, Regionalbanken, UNDP, UNIDO) zu Pionieren des Wandels für die klimaverträglichere Transformation" anzusteuern (WBGU 2011: 20). Wie schwierig das in der Praxis sein wird, zeigen allein die Klimakonferenzen der letzten Jahre: natio-

---

10 „With many interconnected citizens energized, organized, and committed to spreading a sustainable way of life, a new cultural paradigm can take hold – one that will allow humanity to live better lives today and long into the future" (Assadourian 2010: 20)

11 Dazu die amüsante Darstellung eines Jahres Konsumverzicht (im Jahre 2004) bei Judith Levine (2007)

naler Egoismus ist schon deshalb nicht zu überwinden, weil dahinter eine Vielzahl nationaler Interessengruppen stehen, die zunächst an ihre Belange denken und denen die globalen Belange relativ gleichgültig sind. Was es bedeutet, die zahlreichen nationalen Interessen und Belange über den Verhandlungswege zu einer nationalem nationalen Konsens zu bringen, zeigt eine Analyse des „Verhandelns und Inter-Organisationslernens in demokratischen Mehrebernenstrukturen" (Czada 1998): Macht, Unsicherheits-Reaktionen, fehlende Verantwortung für das Kollektiv, fragmentierte Entscheidungsstrukturen etc. bewirken, dass Entscheidungen weitgehend am status quo verharren und der „große Wurf" nicht gelingt.

Angesichts dieser Schwierigkeiten hofft der WBGU auf „steile Lernkurven" und rasante internationale Lernprozesse, die unterstützt werden müssen vom „transformativen Quartett der Wissensgesellschaft": der Transformationsforschung, der Transformationsbildung sowie der transformativen Forschung und der transformativen Bildung (ebenda: 23 ff.).

5 Null-Wachstum verlangt eine fundamentale Änderung unserer Gesellschaft

Alle Lösungen einer Null-Wachstums-Strategie müssen sich mit dem für demokratische Systeme essentiellen Problem der Konsumenten-Souveränität auseinandersetzen. Wie lässt sich eine Lösung finden, die damit konform geht? Die Antwort steht noch aus, sofern man nicht auf eine neue Ethik des „Weniger ist mehr" (Paech 2012: 113 ff.) mit deutlich reduzierter industrieller Produktion und ausgedehnterer Kultur des Selbermachens, der „Teilungs-Wirtschaft" (share economy)[12], größerer Anteile der Subsistenzwirtschaft in de-globalisierten Wertschöpfungsketten, Kultur des Re-Building, Re-Manufacturing, etc. zurückgreifen will (ebenda: 113 ff., 151 (Grafik)).

Solche Lösungen haben aus unserer heutigen Sicht noch etwas Utopisches an sich, zumal sie marktliche Steuerungsmuster zurückdrängen und vermehrt durch genossenschaftliche Tauschsysteme ersetzen wollen (vgl. auch Trainer 2011: 80 f.). Der Eindruck des Utopischen verstärkt sich dadurch, dass Drosselung des Konsums und der Produktion massive gesellschaftliche, insbesondere auch institutionelle und ethische Änderungen erzwingen. Nicht nur müsste der Wohlfahrtsindex verändert werden, auch die gesellschaftliche Steuerung müsste stärker dezentralisiert werden, mehr mit Vernetzung und Kooperation sowie neuen Beteiligungsformen operieren, einen Wandel der Ethiknormen erreichen etc.. Selbst die Eigentumsrechte müssten diskutiert werden (z.B. genossenschaftliche Rechte) etc. (vgl. Brandt 2012) und das Bankensystem müsste stärker unter

---

12 Share Economy, ursprünglich für die Industrie entwickelt, hat sich inzwischen zu einer breiten Konsumbewegung entwickelt: man teilt sein Auto, sein Haus, seine Bücher etc. mit anderen gegen Entgelt und verzichtet auf die Anschaffung von Konsumgütern (vgl. Altmann 2013).

Nullwachstum – eine Option? 159

Kontrolle gebracht werden, was aber ohne internationale Vereinbarungen nicht zu bewerkstelligen ist, weshalb schon von einem neuen internationalen Abkommen, einem „Bretton Woods II"[13] (Müller/Strasser 2012: 75) die Rede ist. Ferner müssten die neuen ökologischen und sozialen Standards international vereinheitlicht werden, um Wettbewerbsnachteile für die Länder zu vermeiden, die sich auf die „Große Transformation" einlassen. Da das alles auch mit Verteilungswirkungen verbunden ist, wird ein neuer „New Deal" gefordert, um „die großen Gemeinschaftsanstrengungen des sozialökologischen Umbaus (zu) bündeln und voran(zu)treiben." (Müller/Strasser 2012: 75).

Und letztlich erfordert die „Große Transformation" auch eine Stärkung der Demokratie, der Zivilgesellschaft (gesellschaftliche Selbststeuerungsstrukturen; Stärkung der ehrenamtlichen Funktionen), mehr soziale Kontrolle durch Dezentralisierung von Entscheidungsstrukturen etc.. Das klingt wie ein Widerspruch – wir brauchen einerseits einen „starken Staat" und andererseits mehr Demokratie. Dieser Widerspruch ist auflösbar, wenn die Bevölkerung und sozialen Gruppen mitziehen, d.h. den Staat als Partner sehen, ohne ihre Eigeninitiativen aufzugeben. Das werden sie aber nur tun, wenn sie den Eindruck gewinnen, dass damit auch ein Mehr an sozialer Gerechtigkeit einhergeht, d.h. dass die Transformation nicht zulasten einzelner Gruppen geht – das Entstehen von Gewinnern und Verlierern muss ausgeschlossen werden oder Gewinner müssen die Verlierer kompensieren.

Was aber als sozial gerecht gilt – darüber gehen die Meinungen erheblich auseinander (Nutzinger 2012: 81). Auch darüber müsste zunächst ein gesellschaftlicher Konsens gefunden werden. Selbst dann aber entstehen Verteilungsprobleme, die schwierig zu meistern sind, z.B. dass die Vorteile der Einsparungen von Ressourcen möglicherweise nicht denen zugute kommen, die sie erdulden, sondern anderen, die von den dann günstigeren Ressourcenpreisen profitieren. Das sind vor allem Akteure außerhalb der nationalstaatlichen Steuerungshoheit (Nutzinger 2012: 86).

Eine „Große Transformation" (WBGU 2011[14]) hätte auch eine neue Industriepolitik zur Folge, die nicht nur am technischen Fortschritt ansetzt, sondern auch die notwendigen Infrastrukturmaßnahmen einleitet (Wandel der Energieversorgung mit *„smart grid"*, Eloktromobilität, neuen Werkstoffen, inte-

---

13 Das „Bretton Woods"-Abkommen von 1944 regelte das System des Internationalen Währungsfonds und des internationalen Währungsaustauschs und geht auf eine Initiative des britischen Ökonomen John Meynard Keynes zurück

14 Der WBGU (2011) überschreibt sein Gutachten 2011 mit „Welt im Wandel. Gesellschaftsvertrag für eine Große Transformation" und führt dazu aus: „Dieser Strukturwandel wird vom WBGU als Beginn einer Großen Transformation zur nachhaltigen Gesellschaft verstanden, die innerhalb der planetarischen Leitplanken der Nachhaltigkeit verlaufen muss" (ebenda: 1).

grierten Mobilitätskonzepten etc. (Brandt 2012: 59)) und neue Finanzierungssysteme für den Wandel organisiert.

Modellrechnungen von Ökonomen mit großer Affinität zu Nullwachstumskonzepten kommen zum Ergebnis, dass für Nullwachstum wohl mindestens erforderlich ist, dass die Bevölkerung konstant bleibt (also schrumpfende Bevölkerungen durch Migration ausgeglichen werden), dass die durchschnittliche Arbeitszeit verringert (und Arbeit umverteilt) werden müsste, dass die Investitionen in solche Bereiche gelenkt werden müssten, die Wertschöpfungen mit geringem Ressourceneinsatz ermöglichen (bevorzugt: Leistungen der Gesundheits- und Bildungswirtschaft), die Technologie-Entwicklung sich stärker auf qualitatives Wachstum konzentrieren müsste (bei Umwelttechnologie: mehr integrierte Technologie, weniger „end-of-pipe"-Technologie) u.ä..

Gleichzeitig muss aber auch verhindert werden, dass die neuen Strukturen fehlsteuern, z.B. dass sich letztlich doch ein „starker Staat des Übergangs" herausbildet mit einem Mehr an Bürokratie und wachsenden Verteilungsaufgaben, weil infolge der Wachstumsbegrenzungen die Schere zwischen Arm und Reich weiter auseinander geht und die Verteilungsmasse immer kleiner wird. Jedenfalls erfordern diese Frage „weitere Forschung" (Pennekamp 2011: Zusammenfassung)

Wäre es einfacher, auf qualitatives Wachstum umzusteigen, d.h. die Bevölkerung dazu zu bewegen, nicht-materielle Güter höher zu schätzen, mehr in Dienstleistungen zu investieren und technischen Fortschritt zu nutzen, um mit weniger Ressourcen/Umweltbelastungen auszukommen? (Paqué 2012; Ott 2011). Dafür spricht zunächst, dass sich diese Strategie mit wesentlich geringern gesellschaftlichen Veränderungen realisieren ließe, denn hier kann der Wettbewerb wirken, um Produkt- und Prozessinnovationen hervorzubringen. Der Staat muss nicht so stark zentral-interventionistisch operieren, vieles lässt sich dezentral organisieren und die zu ändernden gesellschaftlichen Rahmenbedingungen richten sich vor allem auf organisierte Lern- und Mentalitätsänderungsprozesse. Aber wenn man genauer hinschaut, ist qualitatives Wachstum nicht sehr viel Anderes als „nachhaltiges Wachstum". Und folglich argumentieren die Verfechter auch mit Konzepten, die in angel-sächsischen Ländern und vom UNEP (2011) mit „green growth" bezeichnet werden.

> „Diese kommen auf der Grundlage von Modellrechnungen und Computersimulationen zu dem Ergebnis, dass die Kosten des radikalen Umsteuerns durch die Vermeidung von massiven Folgekosten des konventionellen Wachstums der brown economy und die Wachstumsimpulse durch den Aufbau der green economy bei Weitem überkompensiert werden...Nicht Verzicht auf Wachstum ist nötig, sondern allein die Einleitung des „richtigen" Wachstums." (Paqué 2012: 17 f.).

Aber *green economy* basiert auf Annahmen, die möglicherweise zu optimistisch sind: dass die erneuerbare Energie rasch billiger würde (aber möglicherweise

Nullwachstum – eine Option? 161

nicht rasch genug?) und dass es gelänge, Produktion und Energieverbrauch über neue Technologien (Ressourcen-Effizienz über „Faktor 5": von Weizsäcker 2012) drastisch zu entkoppeln. Beide Annahmen sind möglicherweise so nicht zu halten. Denn selbst wenn wir ressourceneffizienter werden und wenn mehr Ressourcen aus erneuerbaren Quellen stammen, würde damit das Problem des wachsenden Ressourcenverbrauchs zulasten des Globus nicht beseitigt werden – lediglich würden wir mehr Zeit gewinnen können. Und da wir gleichzeitig mehr Boden in Anspruch nehmen müssten, ist fraglich, ob wir damit nicht in neue Probleme geraten (Welthunger).

Deshalb ist auch der Weg über internationale Verträge zum Klimaschutz (CO_2-Minderung), über Emissionshandelsysteme, Umschichtung von Subventionen zugunsten der erneuerbaren Energiequellen und andere marktliche Steuerungsformen (Edenhofer/Jakob 2012) zwar hilfreich, aber nur Zeitgewinn und keine endgültige Lösung des Problems.

6 Einschätzungen

Für die traditionellen Wirtschaftswissenschaften ist Null-Wachstum keine Option, sondern nur Spinnerei. Denn die negativen Folgewirkungen seien zu hoch (Verteilungskonflikte, Abwanderung der Jungen, Dynamischen, Verlust an Unternehmertum, weil Anreize fehlen etc., vgl. King 2013).

Man kann aber auch, wie der WBGU, argumentieren, dass Nullwachstum zunächst gar nicht notwendig und kein wünschenswertes Ziel sei, weil Wachstum für die „Große Transformation" benötigt wird. Denn aus dem Wachstum werden Ressourcen frei gesetzt, die zur Umstrukturierung von Wirtschaft und Gesellschaft sowie zur Kompensation der Verlierer genutzt werden könnten. Aber selbst diese Konstellation führt zu immensen gesellschaftlichen Kosten – die dafür aufzuwendenden Mittel gehen in die tausende von Milliarden (WBGU 2011: Kap. 4.5).

Die Transition zu Nullwachstum setzt einen starken Staat voraus, der einen „neuen" Ordoliberalismus institutionalisieren müsste, und zwar auf ökologischer Grundlage (Ott 2007): Der Staat kann sich zwar auf die Rolle des „Gewährleistungsstaats" (Schuppert 2005) zurückziehen. Aber er muss steuernd eingreifen, zumindest die regulativen Rahmenbedingungen schaffen, dass die Wirtschaft sich in die gewünschte Richtung bewegt. Noch schwierig einzuschätzen ist die Rückwirkung auf die internationale Vernetzung: Wie verändern sich die Geld- und Finanzströme, wie konstruktiv arbeiten die privaten Investoren mit? Was passiert, wenn die Nachbarstaaten ihre Ressourcen nicht künstlich verteuern, sondern billige Ressourcen als Argument zur Abwerbung von Investoren nutzen? Im Zeitalter des „Superkapitalismus" (Reich 2008) ist ein nationaler Alleingang kaum möglich, ohne dass Investoren und hochqualifizierte Fachkräfte in Scharen abwandern und sich Regionen suchen, in denen der klassische marktliche Mechanismus uneingeschränkt weiter funktioniert (Reich 2008: 187). Wie schnell kann sich die Wirtschaftsstruktur umstellen – oder ist damit eine längere Zeit der Rezession verbunden? Auch Entkoppelungsprozesse/„Effizienz-Revolutionen" (Wirtschaftsentwicklung mit gesunkenem Ressourcenverbrauch) haben Folgekosten (Bettzüge/Schneidewind 2012: 27), u.a. in Gestalt der sog. Rebound-Effekte. Maßnahmen, die interventionistisch oder über Abgaben zur Minderung des Ressourcenverbrauchs führen, sind mit Preiseffekten verbunden, die soziale Auswirkungen mit sich bringen, z.B. Kaufkraftverluste einzelner Bevölkerungsschichten (wie heute schon als Folge der steigenden Energiekosten zu beobachten ist).

Deshalb sind andere Ökonomen etwas vorsichtiger und verlangen, dass zwar ein Mindestwachstum aufrecht erhalten werden sollte, dieses aber so niedrig ist, dass Umweltauswirkungen kaum relevant sind. Diesen Ansatz verfolgt Hans Christoph Binswanger (Binswanger 2009). Als Hebel dafür setzt er an der Geldpolitik an, weil seine Analyse ihm zeigt, dass Wirtschaftswachstum vor allem von drei Kräften gestützt wird: marktlichem Wettbewerb, technologischem Fortschritt und einem „spendablen" Bankensystem. BINSWANGERS zentraler Ansatz verläuft deshalb über die Geldschöpfung der Banken und die Kapitalverfügbarkeit an den Börsen. Folglich sieht er die zentrale Möglichkeit, um Wachstum zu beschränken, in der Änderung des Bankensystems (nur die Zentralbank darf noch Geldschöpfung betreiben) und des Aktienrechts (mit dem Ziel, die Steigerung der Aktienwerte zu begrenzen).

Die Politik des Nullwachstums muss Machtstrukturen in Frage stellen und zudem ein Kollektivgut verfolgen: den Ressourcenverbrauch einzuschränken, wobei aber die Kosten viele Akteure/ soziale Gruppen mit ungleicher Intensität tragen müssen, ohne dass sie die Vorteile der Politik als individuelle Nutzen wahrnehmen könnten. Wie schwierig solche Kollektivgüter zu entscheiden sind, zeigen die internationalen Klima-Konferenzen: Staaten, die ihre Wachstumsmöglichkeiten gefährdet sehen (USA, China etc.) boykottieren die Beschlüsse. Berücksichtigt man zudem, dass nationalstaatliche Politiker in den Alt-Industriestaaten einem mittelfristigen Wahlzyklus unterliegen, der ihre Interessen und Sichtweisen relativ kurzfristig werden lässt, sind solche langfristigen Kollektivgut-Entscheidungen kaum zu erwarten – allenfalls in Zeiten des Wohlstands, nicht aber in Zeiten global eingetrübter Wirtschaftsaussichten bei hohen Nationalschuldenständen und Finanzmärkten, die nationalstaatliches Handeln auf kurzfristiges Krisenmanagement zwingen.

Noch komplizierter wird es, wenn wir an eine „neue Ethik" herangehen wollen, die eine zu große Einkommensdifferenz zwischen Managern und einfachen Arbeitnehmern, gierige Finanzmarktspekulationen, Vermögenskonzentrationen in wenigen Händen, Ausbeutung von sozial Schwachen etc. verhindert:

Nullwachstum – eine Option? 163

„Verträge, die Fairness, Anstand und Sitte grob verletzen, verletzen zugleich die gesellschaftliche Stabilität, den gesellschaftlichen Zusammenhalt, selbst wenn wie formaljuristisch korrekt formuliert sind." (Miegel 2012: 184).

Wir brauchten in dieser auf Nachhaltigkeit getrimmten Gesellschaft zudem mehr „Gemeinsinn" (ebenda: 205 ff.) und – ganz wichtig - einen Bewusstseinswandel, „der die Menschen befähigt, ihre prekären Existenzen zu festigen" (ebenda: 235). Damit ist gemeint: dass zukünftig Menschen immer weniger in dauerhaften Arbeitsverhältnissen leben werden, immer mehr daneben auch freiberufliche/unternehmerische Tätigkeiten aufgreifen, sich mit dieser Situation konstruktiv arrangieren müssen und wieder zu dem werden, was sie im Kern sind:

„Teil einer viel umfassenderen, facettenreicheren menschlichen Kultur, die neben materiellen zahlreiche nicht-materielle Aspekte umfasst und erst in ihrer Gesamtheit zur Quelle individueller Zufriedenheit und gesellschaftlicher Stabilität wird." (ebenda: 236).

Unstrittig ist, dass alles, einschließlich der Finanzkrise, darauf hindeutet, dass das marktliche System an Grenzen zu stoßen scheint, die es notwendig machen, sich mit den Regeln eines humaneren Wirtschaftssystems erneut zu befassen. Aber da davon immer nur Teile der Gesellschaften negativ betroffen sind und vor allem Personen in führenden Funktionen die Systemfrage am wenigsten zu stellen wagen, wird es eher zu einer Zweiteilung der Gesellschaft kommen: in diejenigen, die immer weniger mit den gesellschaftlichen Belastungen mithalten können, und jene, die sich darin gut bewegen oder sogar erfolgreich behaupten können. Solange man diese Teilung hinnimmt, wird wenig zur Verbesserung unternommen werden. Sobald sich daraus aber gesellschaftliche Konflikte ergeben, öffnet sich eine Chance für Reformen. Gleiches gilt für die zunehmende Flexibilisierung unserer Alltagswelt: Wenn Berufe nur noch zeitlich befristet gelten, man häufiger seinen Job wechseln muss, kann man auch keine langlebigen Konsumgüter kaufen, sondern man muss sich auf flexible Konsummöglichkeiten einrichten (Mietwohnung, Mietauto etc.). Aber Mieten reduziert den individuellen Gestaltungsspielraum und ist eine zweitbeste Lösung. Auch hier spaltet sich die Gesellschaft, wobei die Flexiblen für Null-Wachstum sehr viel offener sind als die anderen.

Ist wenigstens die Wissenschaft auf solche „Großen Tranformationen" vorbereitet? Die Durchsicht der Literatur zeigt: das ist sie nicht. Die Diskussion dazu läuft allerdings auf breiter Front, heute immer mehr unter dem „label": *degrowth* oder *décroissance*[15]. Unterstützung finden sie in gesellschaftlichen Umdenkungs-Prozessen, weil immer mehr gesellschaftliche Themen zu einer

---

15 Diese Diskussion wird über ein internationales Netzwerk von Wissenschaftlern unterschiedlicher Disziplinen geführt. Ihr erstes Treffen fand in Paris (2008) statt, das zweite in Barcelona (2010). Ergebnisse der Pariser Konferenz finden sich in der Zeitschrift „Journal of Cleaner Production" (2010, Bd. 18: 511 ff.)

umfassenderen Diskussion unseres Gesellschafts- und Wirtschaftssystems drängen: die mit der Finanzkrise erneut aufgekommene Kapitalismuskritik, die „Entschleunigungsdebatte" (Rosa 2005), die Wahrnehmung von Stress als Krankheitsursache Nummer Eins unserer Gesellschaft (vgl. Lohmann-Haislah 2012), die Ökonomisierung unserer Welt („*homo oeconomicus*"-Konzept: Schirrmacher 2013). Auch die IT-Entwicklung erzwingt eine Diskussion über die Zukunft der Gesellschaft: Denn damit einher gehen erhebliche Potenziale der Dezentralisierung, der sozialen Gruppenbildung, der sozialen Interessenorganisation und der „Steuerung von unten", die auch Machtverhältnisse in Frage stellen können.

Bis auf Weiteres sind die europäischen Gesellschaften allerdings nicht offen für Null-Wachstum: die hohen öffentlichen Schulden, der Umbau der Energiekonzepte, die hohen Alterslasten (niedrige Kapitalverzinsungen bei Lebensversicherungen), die hohen Arbeitslosen-Quoten etc. verlangen kurz- unf mittelfristig eine Wachstumsstrategie. Deshalb geht auch Jorgen Randers, der 1972 mit den Meadows an der Studie „Grenzen des Wachstums" gearbeitet hatte, in seiner Langfristprognose bis 2052 davon aus, dass sich die Wachstumsraten in den Altindustrieländern zwar stetig verlangsamen und entsprechend die Verteilungskonflikte (arm-reich, jung-alt, Konsum-Umweltreparatur) intensivieren werden (Randers 2012: 4 ff.). Aber dahinter steht nur ein bescheidener Wechsel der Gesellschaften auf einen Pfad der Nachhaltigkeit – Randers traut den Regierungen nicht zu, dass sie erhebliche Kraftanstrengungen in diese Richtung wagen oder politisch durchsetzen können.

Und dennoch ist die Diskussion zu Nullwachstum kein reines „Glasperlenspiel", sondern regt zu Prozessen des Umdenkens an. Viele Bewegungen, die schließlich Gesellschaften veränderten, fingen mit „Spinnern" an, die richtige Ideen hatten, die von der Gesellschaft irgendwann übernommen wurden. Auch die „Degrowth"/„Décroissance"-Netzwerke könnten eine Bewegung initiieren, die schließlich eine neue Wirklichkeit des Null-Wachstums hervorruft. Sie bemühen sich, realistische Annahmen zu treffen und realistische Modelle zu entwickeln, ideologiefrei zu sein und alle Möglichkeiten des gesellschaftlichen Wandels einzubeziehen, insbesondere technische und soziale Innovationen. Sie zielen auf gesellschaftliche Lernprozesse zugunsten von mehr Lebensqualität und entsprechend die Indikatoren neu zu justieren, an denen sich die Gesellschaftspolitik ausrichten sollte: Wohlfahrtsindikatoren, die gleichzeitig die wichtigsten gesellschaftlichen Ziele abbilden (Schneider et al. 2010: 512 f.).

Literatur

Adler, F.; Schachtschneider, U. (2010): Green New Deal, Suffizienz oder Ökosozialismus? Konzepte für gesellschaftliche Wege aus der Ökokrise, München.
Altmann, J. (2013): Meins ist deins. In: Hannover Allgemeine Zeitung, 25.02.2013, 22.
Assadourian, E. (2010): The rise and fall of consumer culture. In: World Watch Institute (Hrsg.): State of the World 2010. Transforming cultures. From consumerism to sustainability. New York/London, 4-20.
Barber, B. R. (2007): Consumed: How markets corrupt children, infantilize adults, and swallow citizens whole. New York.
Bettzüge, M. O.; Schneidewind, U. (2012): Wohlstand und Umweltverbrauch entkoppeln. In: Aus Politik und Zeitgeschichte (27-28), 23-27.
Binswanger, H. C. (2009): Die Wachstumsspirale. Marburg.
Bode, T. (2011): Anforderungen an einen ganzheitlichen Wohlstands- bzw. Fortschrittsindikator oder einen Indikatorensatz im Hinblick auf seine mediale Kommunizierbarkeit, Kurzexpertise. Berlin.
Bolz, N. (2002): Das konsumistische Manifest. München.
Brand, U. (2011): Post-Neoliberalismus. Hamburg.
Brand, U. (2012): Wachstum und Herrschaft. In: Aus Politik und Zeitgeschichte (27-28), 8-14.
Brandt, A. (2012): Strukturpolitik 3.0. Neue Weichenstellungen im Zeichen der Großen Transformation. In: RegioPol (1-2), 55-63.
Braungart, M.; McDonough, W. (2003): Einfach intelligenter produzieren. Berlin.
Bund, K. (2011): Meins ist deins. In: Die ZEIT, 15.12.2011 (51), 29-30.
Czada, R. (1998): Verhandeln und Inter-Organisationslernen in demokratischen Mehrebenenstrukturen. In: Hilpert, U.; Holtmann, E. (Hrsg.): Regieren und intergouvernementale Beziehungen. Opladen, 67-86.
Dill, A. (2012): Gemeinsam sind wir reich. Wie Gemeinschaften ohne Geld Werte schaffen. München.
Economist (2009): Planned obsolescene In: The Economist, 23.03.2009. http://www.economist.com/node/13354332 (15.10.2013).
Economist (2012): Schumpeter: Mammon's new monarchs. In: The Economist, 05.01.2012, 48.
Edenhofer, O.; Jakob, M. (2012): Die Illusion des grünen Wachstums. In: Frankfurter Allgemeine Zeitung, 01.03.2012. http://www.faz.net/aktuell/wirtschaft/klimapolitik-die-illusion-des-gruenen-wachstums-11668692.html (15.10.2013).

Enquete-Kommission „Wachstum, Wohlstand, Lebensqualität – Wege zu nachhaltigem Wirtschaften und gesellschaftlichem Fortschritt in der Sozialen Marktwirtschaft" (2013): Schlussbericht. Berlin.

FORSA – Gesellschaft für Sozialforschung und statistische Analysen mbH (2012): Wohlstand für alle? Meinungen und Einschätzungen der Deutschen im Frühsommer 2012. http://www.dbb.de/fileadmin/pdfs/2012/120606_forsa_umfrage.pdf (15.10.2013).

Frey, B. S.; Frey Marti, C. (2011): Glück: Die Sicht der Ökonomie. Zürich.

Helfrich, S.; Tuschen, S. (2012): Die Commons. Von wegen alternativlos! In: Böll Thema (1), 30-32.

King, S. D. (2013): When the money runs out: The end of Western affluence. New Haven.

Kroll, C. (2012): Neue Indikatoren – und ein Glücks-Audit für die Politik. In: Aus Politik und Zweitgeschichte (27-28), 27-32.

Levine, J. (2007): Not buying it. My year without shopping. London/Berlin.

Lohmann-Haislah, A. (2012): Stressreport Deutschland 2012. Psychische Anforderungen, Ressourcen und Befinden. Dortmund.

Madlener, R.; Alcott, B. (2011): Herausforderungen für eine technisch-ökonomische Entkoppelung von Naturverbrauch und Wirtschaftswachstum unter besonderer Berücksichtigung der Systematisierung von Rebound-Effekten und Problemverschiebungen. Berlin.

Meadows, D.; Meadows, D. H.; Zahn, E. (1972): Die Grenzen des Wachstums. Bericht des Club of Rome zur Lage der Menschheit. Stuttgart.

Miegel, M. (2012): Exit: Wohlstand ohne Wachstum. Berlin.

Müller, M.; Strasser J. (2012): Geht der Weltgeist auf andere Völker über? In: RegioPol (1-2), 65-75.

Nutzinger, H. G. (2012): Nachhaltiges Wirtschaften im 21. Jahrhundert. In: RegioPol (1-2), 77-87.

Ott, K. (2011): Vier Pfade ins Postwachstums-Zeitalter. In: Vorgänge – Zeitschrift für Bürgerrechte und Gesellschaftspolitik 50 (3), 54-69.

Ott, K. (2007): Ökologischer Ordoliberalismus. Zur Legitimität staatlichen Handelns für die Umwelt. In: Vorgänge – Zeitschrift für Bürgerrechte und Gesellschaftspolitik (46) 179, 4-12.

Paech, N. (2012): Befreiung vom Überfluss. Auf dem Weg in die Postwachstumsökonomie. München.

Paqué, K.-H. (2012): Wert des Wachstums: Kompass für eine Kontroverse. In: Aus Politik und Zeitgeschichte (27-28), 15-19.

Pennekamp, J. (2011): Wohlstand ohne Wachstum. Ein Literaturüberblick. Köln = MPIfG Working Paper 1/11.

Randers, J. (2012): 2052: Droht ein globaler Kollaps? In: Aus Politik und Zeitgeschichte (51-52), 3-10.

Reich, R. (2008): Superkapitalismus. Wie die Wirtschaft unsere Demokratie untergräbt. Frankfurt/New York.
Rosa, H. (2005): Beschleunigung. Die Veränderung der Zeitstrukturen in der Moderne. Frankfurt/M.
Schirrmacher, F. (2013): Ego. Das Spiel des Lebens. München.
Schneider, F.; Kallis, G.; Martinez-Alier, J. (2012): Crisis or opportunity? Economic degrowth for social equity and ecological sustainability. Introduction to this special issue. In: Journal of Cleaner Production 18 (6), 511-518.
Schoeck, H. (1968): Der Neid. Eine Theorie der Gesellschaft. Freiburg.
Schuppert, G. F, Hrsg. (2005): Der Gewährleistungsstaat – ein Leitbild auf dem Prüfstand. Baden-Baden.
Slade, G. (2007): Made to break. Technology and obsolescence in America. Cambridge/MA.
SVU – Sachverständigenrat für Umweltfragen (2012): Verantwortung in einer begrenzten Welt. Berlin.
Tichy, G. (2009): Nachhaltiges Wachstum? In: Wirtschaft und Umwelt Interdisziplinär (13), 4-11.
Trainer, T. (2011): The radical implications of a zero-growth economy. In: Real-World Economics Review (57), 71-82.
UNEP – United Nations Environment Programme (2011): Towards a green economy. Nairobi.
Von Weizsäcker, E. U. (2012): Ressourceneffizienz als Wegweiser in den Krisen. In: RegioPol (1-2), 109-111.
WBGU – Wissenschaftlicher Beirat der Bundesregierung Globale Umweltveränderungen (2011): Welt im Wandel. Gesellschaftsvertrag für eine Große Transformation. Zusammenfassung für Entscheidungsträger. Berlin.

Zu den Autorinnen und Autoren

Albert, Christian; Dr.

Jahrgang 1980, wissenschaftlicher Mitarbeiter und Dozent am Institut für Umweltplanung der Leibniz Universität Hannover und PostDoc am Department für Umweltpolitik des Helmholtz-Zentrum für Umweltforschung (UFZ) in Leipzig. Christian Albert forscht in Hannover zu Theorien und Methoden der Landschaftsplanung, aktuell insb. zur Integration des Konzepts der Ökosystemleistungen. Am UFZ erarbeitet Christian Albert eine Sondierungsstudie für ein Nationales Assessment von Ökosystemleistungen für Deutschland. Albert hat seine Promotion und sein Diplom im Bereich Landschafts- und Freiraumplanung an der Leibniz Universität Hannover absolviert und einen Master in Design Studies (Abschluss in Landscape Planning and Ecology) an der Harvard Universität erworben.

Brandt, Arno; Dr.

Jahrgang 1955, Studium als Diplom-Ökonom an der Leibniz Universität Hannover; von 1985 bis 1990 wissenschaftlicher Mitarbeiter im Fachbereich Wirtschaftswissenschaften. Ab 1990 Norddeutsche Landesbank, zuletzt als Bankdirektor Leiter der Abteilung Regionalwirtschaft; seit Mitte 2012 Büroleiter des CIMA Instituts für Regionalwirtschaft am Standort Hannover. Darüber hinaus ist er Lehrbeauftragter am Institut für Umweltplanung der Leibniz Universität Hannover sowie Mitglied des Konvents der Evangelischen Akademie Loccum und des Beirates der Zeitschrift „Neues Archiv für Niedersachsen".

Czada, Roland; Prof. Dr.

Lehrstuhl für Staat und Innenpolitik am Fachbereich Sozialwissenschaften der Universität Osnabrück, studierte Politikwissenschaft, empirische Kulturwissenschaft und Psychologie an der Universität Tübingen. 1980/81: Wissenschaftlicher Mitarbeiter an der Universität Konstanz. 1981-84: Wissenschaftlicher Mitarbeiter am Otto-Suhr-Institut der FU Berlin im Bereich „Innenpolitik und Komparatistik", 1983/84 beurlaubt für journalistische Tätigkeiten bei der Südwestpresse, Süddeutscher Zeitungsdienst. 1984-1992: Wissenschaftlicher Mitarbeiter und Hochschulassistent an der Universität Konstanz, Fakultät für Verwaltungswissenschaft; 1986 Promotion, 1992 Lehrbefugnis für Politik- und Verwaltungswissenschaft (Habilitation). 1992-95: Wissenschaftlicher Mitarbeiter am Max-Planck-Institut für Gesellschaftsforschung, Köln, und Privatdozent an der Universität Konstanz. 1995-2002: Professor für Politikfeldanalyse und Verwaltungswissenschaft an der FernUniversität Hagen. 2001/02: Willy-Brandt Lehrstuhl für Transformationsforschung, Graduate School in Humanities, Universität Kapstadt. 2003: Gastprofessor am Forschungsinstitut für Sozialwissenschaften an der Universität Tokio. Mitherausgeber der Zeitschrift „Leviathan".

Fürst, Dietrich; Prof. Dr.

Jahrgang 1940, Studium VWL (Kiel, Köln), 1968 Promotion, 1974 Habilitation, 1974-1981 Professor in Konstanz, 1981-2003 Professor in Hannover (Landesplanung und Regionalforschung); seit 2003 im Ruhestand. Forschungsschwerpunkte: Regionalplanung, Planungsorganisation und Regionalmanagement, regional governance, Planungstheorie, Steuerungstheorie.

Glomb, Martina; Prof.

Martina Glomb studierte im Anschluss an die Ausbildung zur Damenschneiderin im Couture-Bereich an der Hochschule für Künste in Bremen. Freiberuflich arbeitete sie für Auftraggeber aus den Bereichen Messepräsentation, Werbung, Video, Film und Theater. Nach dem Diplomabschluss in Modedesign entwarf sie für die Designerin Vivienne Westwood in London. Nach mehrjähriger Tätigkeit im Design- und Produktbereich des Hauses und für Lizenzfirmen im Ausland übernahm sie 1997 das Design der Kollektion „Anglomania" und 1999 die Pret-a-Porter-Linie „Red Label". Ab 2001 war sie freiberuflich tätig in Lehre, Design und konzeptioneller Konsultanz, u.a. für das Landesmuseum Oldenburg, die Akademie JAK in Hamburg und das Royal College of Art, Lon-

Zu den Autorinnen und Autoren 171

don. Seit Oktober 2005 ist sie Professorin an der Hochschule Hannover, Studiengang Modedesign mit Schwerpunkt konzeptionellen interdisziplinären Modeprojekten. Sie unterrichtete außerdem an der Textilhochschule in Boras, Schweden und war Gastprofessorin der China Academy of Art in Hangzhou. Als Leiterin des Studiengangs hat sie 2009 den Modepreis Hannover initiiert.

Heine, Martin; Dipl.-Geogr.

Jahrgang 1981, studierte bis 2006 Geographie mit der Vertiefung Wirtschaftsgeographie und den Nebenfächern Betriebswirtschaftslehre, Rechts- und Verwaltungswissenschaften und Stadtplanung an der Leibniz Universität Hannover. Im Anschluss an sein Studium war er freier Mitarbeiter bei der NORD/LB Regionalwirtschaft sowie wissenschaftlicher Mitarbeiter am Niedersächsischen Institut für Wirtschaftsforschung (NIW) in Hannover. Von 2008 bis 2012 war er als Projektmitarbeiter bei der RegioNord Consulting GmbH ebenfalls in Hannover tätig. Seit April 2012 ist er Berater beim CIMA Institut für Regionalwirtschaft in Hannover.

Hülz, Martina; Dr.

Jahrgang 1976, studierte Geographie mit den Nebenfächern Soziologie und Stadt- und Regionalplanung an der Freien Universität Berlin, der Rheinischen Friedrich-Wilhelms-Universität Bonn und der University of Southampton. Im Anschluss an ihr Studium arbeitete sie als wissenschaftliche Mitarbeiterin an den Universitäten Dortmund, Duisburg-Essen und Luxembourg. Sie erhielt ein Doktorandenstipendium vom Fonds National de la Recherche Luxembourg (FNR) und promovierte 2009 zu regionalen Lernprozessen. Von 2010 bis 2012 war sie als Projektleiterin bei der RegioNord Consulting GmbH in Hannover tätig und ist seit Februar 2012 Referatsleiterin der Akademie für Raumforschung und Landesplanung.

Köhler, Thomas; Dr.

Sozialwissenschaftler und praktisch tätiger Kulturwandels-Soziologe. Nach vielen Jahren als Dozent und wiss. Mitarbeiter an diversen Universitäten seit 2010 Mitarbeiter am Pestel Institut und im gleichen Jahr Mitbegründer von Transition Town in Hannover. In beiden Institutionen als Projektentwickler im Bereich Cultural Change und Suffizienzstrategien tätig. Derzeit laufende Projekte sind unter anderen UGuL (Urbanes Gärtnern und Landwirtschaften), POPS

(Peak Oil Peak Soil), EnGeno (Transformationspotentiale von Energiegenossenschaften) und Klimaschutzdialog.

Küster, Hansjörg; Prof. Dr.

Jahrgang 1956, studierte Biologie an der Universität Stuttgart-Hohenheim, wo er auch promovierte. Nach langjähriger Tätigkeit an der Universität München wurde er 1998 auf eine Professur für Pflanzenökologie am Institut für Geobotanik der Leibniz Universität Hannover berufen, die er bis heute innehat. Er ist außerdem ehrenamtlicher Präsident des Niedersächsischen Heimatbundes, Vorsitzender der Wissenschaftlichen Gesellschaft zum Studium Niedersachsens und Vorsitzender des Vorstandes der Stiftung Naturschutzgeschichte in Königswinter.

Palmas, Claudia; Dr.

2000-2007 Studium Umweltingenieurwissenschaften Cagliari, Italien (Bachelor und Master); 2008-2012 Doktorarbeit über die Integration von EE in der Raumplanung (Cagliari, Italien; Norwich, UK; Hannover). Seit 2012 Wissenschaftliche Mitarbeiterin am Institut für Umweltplanung, LUH. Themenschwerpunkte: Umweltingenieurwissenschaften, Energiepotentialanalyse, Statistische und mathematische Methoden in GIS für die Raumplanung.

Priebs, Axel; Prof. Dr.

Jahrgang 1956; 1983 Dipl.-Geograph, Universität Kiel; 1989 Promotion, Universität Kiel. Wissenschaftliche Tätigkeiten an den Universitäten Kiel und Kopenhagen. Honorarprofessor an der Leibniz-Universität Hannover. Planungstätigkeiten: Landkreis Verden, Senatsverwaltungen der Freien Hansestadt Bremen und Berlin, Kommunalverband Großraum Hannover. Seit 2002 Erster Regionsrat der Region Hannover.

Stefansky, Andreas; Dr.

Jahrgang 1967, Abschluss als Dipl.-Ing. an der Fachhochschule Dortmund (1994) sowie als Dipl.-Ing. an der Universität Dortmund (2006); Promotion zum Dr. rer. pol. an der Technischen Universität Dortmund (2011); technischer Angestellter der Gemeinde Wentorf (1995-2000) sowie der Stadt Kempen (2000-

2002); seit 2010 Leiter des Referats „Rechtliche und konzeptionelle Grundlagen der Raumentwicklung" der Akademie für Raumforschung und Landesplanung.

Stadt und Region als Handlungsfeld

Herausgegeben vom
Kompetenzzentrum für Raumforschung und Regionalentwicklung in der Region Hannover

Das für den norddeutschen Raum einzigartige Kompetenzzentrum für Raumforschung und Regionalentwicklung in der Region Hannover (KompZ) will mit ihren Bänden der Schriftenreihe Stadt und Region als Handlungsfeld Beiträge in die Diskussionen zu aktuellen und brennenden Fragen der Raumentwicklung einbringen und zugleich für eine nachhaltige Entwicklung unserer Städte und Regionen werben. Städte und Regionen sehen sich schwierigen Herausforderungen gegenüber. Der schärfer werdende Wettbewerb der Standorte im Zuge der Globalisierung und Europäisierung, die Finanzsituation der öffentlichen Haushalte, der demografische Wandel, die Energiewende, der Klimaschutz und die Anpassung an den Klimawandel, der Umgang mit den Umweltmedien Luft, Wasser und Boden, der Verlust an Artenvielfalt und Freiraum unter anderem durch wachsende Flächeninanspruchnahme für Siedlungen und Verkehr in bestimmten Teilräumen sind nur einige Stichworte.

Band 1 Barbara Zibell (Hrsg.): Zur Zukunft des Raumes. Perspektiven für Stadt – Region – Kultur – Landschaft. 2003.

Band 2 Marion Cools / Dietrich Fürst / Holger Gnest: Parametrische Steuerung. Operationalisierte Zielvorgaben als neuer Steuerungsmodus in der Raumplanung. 2003.

Band 3 Dietmar Scholich (Hrsg.): Integrative und sektorale Aspekte der Stadtregion als System. 2004.

Band 4 Heiko Geiling (Hrsg.): Soziale Integration als Herausforderung für kommunale und regionale Akteure. 2005.

Band 5 Hansjörg Küster (Hrsg.): Kulturlandschaften. Analyse und Planung. 2008.

Band 6 Bernhard Friedrich (Hrsg.): Bewegung im Raum – Raum in Bewegung. 2009.

Band 7 Renate Bornberg / Klaus Habermann-Nieße / Barbara Zibell (Hrsg.): Gestaltungsraum Europäische StadtRegion. 2009.

Band 8 Eckart Güldenberg / Tobias Preising / Frank Scholles (Hrsg.): Europäische Raumentwicklung. Metropolen und periphere Regionen. 2009.

Band 9 Dietmar Scholich / Peter Müller (Hrsg.): Planungen für den Raum zwischen Integration und Fragmentierung. 2010.

Band 10 Mareike Köller / Dietrich Fürst (Hrsg.): Kommunale Finanznot. Auswirkungen und Lösungsansätze. 2012.

Band 11 Carl-Hans Hauptmeyer (Hrsg.): Neue Chancen für Kommune und Region. Entstaatlichung, Finanzkrise, demographischer Wandel. 2012.

Band 12 Dietmar Scholich / Lena Neubert (Hrsg.): Nachhaltiges Flächenmanagement. Flächensparen, aber wie? 2013.

Band 13 Dietrich Fürst / Andrea Bache / Lina Trautmann (Hrsg.): Postfossile Gesellschaft. 2014.

www.peterlang.com